Claude Vilain

Das Gebet des Herzens

Die Tiefe des Betens spürbar erleben

Claude Vilain, geboren 1946 in Brüssel, ist evangelischer Theologe. Nach Abschluss seines Studiums war er als Hochschulseelsorger tätig sowie als Leiter für Kirchensendungen im belgischen Fernsehen verantwortlich. Mehr als drei Jahrzehnte lehrte er an verschiedenen Schulen und Institutionen und war gleichzeitig im Pastoralrat einer evangelikalen Gemeinde südlich von Brüssel aktiv.
In den 90er-Jahren entdeckte er die Wege der Meditation und des Herzensgebets, die fortan seine Theologie prägten. Seit über 25 Jahren organisiert und leitet er *lectio divina*-Abende sowie Seminare und Einkehrtage zum Thema Herzensgebet.

Claude Vilain

DAS GEBET DES HERZENS

Die Tiefe des Betens spürbar erleben

Aus dem Französischen übersetzt
von Eva-Maria Nietzke

BONIFATIUS

Bibliografische Information der Deutschen Nationalbibliothek:
Die Deutsche Nationalbibliothek verzeichnet diese Publikation in der Deutschen Nationalbibliografie; detaillierte bibliografische Daten sind im Internet über http://dnb.d-nb.de abrufbar.

Klimaneutrale Produktion.
Gedruckt auf umweltfreundlichem, chlorfrei gebleichtem Papier.

MIX
Papier aus verantwortungsvollen Quellen
FSC® C083411
www.fsc.org

Klimaneutraler Druck
2022
firstclimate

Umschlaggestaltung: Weiss Werkstatt München, *werkstattmuenchen.com*
Umschlagfoto: © shutterstock / Pablo_G
Satz: Bonifatius GmbH, Paderborn
Druck und Bindung: CPI books GmbH, Leck
Printed in Germany
ISBN 978-3-89710-914-8

Weitere Informationen zum Verlag:
www.bonifatius-verlag.de

Inhalt

Vorwort

Ich bin mir bewusst, dass ich den Leser mit diesem Buch auf einen Weg einlade, der ihm vermutlich kaum vertraut ist – einen Weg ins Innere der Seele, einen Weg der Meditation und der Stille. Möglicherweise hat man uns beigebracht, diesen Dingen gegenüber misstrauisch zu sein: Erinnert das nicht zu sehr an die östlichen Religionen oder an psychologische Erfahrungen ohne solide Grundlage? Man hat uns immer wieder dahingehend beeinflusst, nicht den Boden unter den Füßen zu verlieren, alles zu kontrollieren, mit anderen Worten: Vernunftwesen zu sein. Für viele Menschen bedeutet Gott „kennen" zunächst einmal, das richtige Wissen zu erlangen und sich eine rigoros konstruierte Theologie zu eigen zu machen. Emotionen sind bestimmten Milieus vorbehalten, die man mit einem gewissen Argwohn betrachtet.

Und doch – zieht sich nicht eine jubelnde Freude wie ein roter Faden durch die Heilige Schrift? Der Psalmdichter spricht von vollkommener Freude in der Gegenwart Gottes und von tiefer Zufriedenheit mit und in Gott. Doch auch wenn wir eine tiefere, sensiblere Erfahrung mit Gott suchen, müssen wir viele Hindernisse überwinden: Wir sind Kinder unserer Gesellschaft, Menschen, die aktiv und engagiert leben und deren Terminkalender so angefüllt sind, dass kaum noch Platz für Gott bleibt. Es fällt uns schwer, innezuhalten, zu meditieren und in tiefes Gebet einzutauchen. Dieses Buch lädt dazu ein, sich Zeit zu nehmen, um anzuhalten, durchzuatmen und den

Reichtum zu schmecken, den der Herr uns verheißt, wenn wir einen Raum der Begegnung und des Dialogs mit ihm schaffen.

Ich habe diesen Weg des Herzensgebets – den wir noch genau definieren werden, um Missverständnissen vorzubeugen – eines Tages begonnen, ohne wirklich vorbereitet zu sein. Es ist mehr als zwanzig Jahre her. Ich war zunehmend unzufrieden mit der Mittelmäßigkeit meines geistlichen Lebens, insbesondere meines Gebetslebens. Ein tiefes Erlebnis der Gnade Gottes war dann der Auslöser für das Hinterfragen meiner Spiritualität – oder dessen, was ich damals dafür hielt. Ich entdeckte, dass die Kenntnis Gottes nichts mit der Anhäufung von theologischem Wissen zu tun hat, sondern dass es dabei in erster Linie um eine Beziehung geht. Es war die Einladung, Gott zu kennen, den Sieg des Kreuzes und die Kraft seiner Auferstehung.

Einer der Wüstenväter sagte: „Wenn du ein wahrer Theologe bist, wirst du wahrhaftig beten, und wenn du wahrhaftig betest, bist du ein Theologe.“ Damit brachte er zum Ausdruck, dass man das Gebet nicht von der rechten und tiefen Kenntnis Gottes und seines Wortes trennen kann. Unser Gebet wird vom Wort Gottes gespeist, und das aufrichtige Nachdenken über Gottes Wort führt uns unweigerlich zu Lob und Anbetung. Nun stellte sich mir die Frage, ob mein Erlebnis als ein „Zeichen“ Gottes oder als Erfahrung einzustufen war, die man mithilfe der Psychologie und ohne Bezug zur Religion erklären konnte.

Gewiss kann man jede spirituelle Erfahrung psychologisch erklären, aber wenn wir das tun und es dabei bewenden lassen, laufen wir Gefahr, ein an uns persönlich gerichtetes Wort Gottes zu missachten. Gott kann die Bewegungen unseres Herzens nutzen, um uns einzuladen, ihn tiefer kennenzulernen.

Er spricht auf vielfältige Weise zu uns, doch oft sind wir wenig empfänglich für die Subtilität seiner Sprache.

Mein Erlebnis war für mich der Ausgangspunkt einer Reihe von Begegnungen. Die wohl wichtigste für mich war die mit Pastor Daniel Bourguet.[1] Er hat mich mithilfe einiger Schriften die Spiritualität des Gebets der orientalischen Christen entdecken lassen, darunter die Anthologie des Gebets von Higoumène Chariton de Valamo[2] und die Korrespondenz von Theophan[3]. Das waren die ersten Schritte, und es sollten viele andere folgen.

Meine nächste Entdeckung war die der Kirchen- und Wüstenväter, jener Männer, die alles aufgaben, um an kargen, einsamen Orten ihr Leben Gott zu weihen. Ich begann orthodoxe und katholische Schriften zu lesen, die mir die Tür zu einer mir bisher unbekannten Welt öffneten. Auf diesem Weg entdeckte ich unvermutete Schätze, die mich immer wieder zu Lob und Anbetung motivierten, voller Dankbarkeit gegenüber dem Herrn, der es mir erlaubt hatte, eine solche Tiefe des Glaubens und der Spiritualität zu entdecken.

Natürlich gab es auch Dinge, die ich nicht unbesehen annehmen konnte. Wie die Christen damals in Beröa (s. Apostel-

---

1 Zitate aus den Werken von Daniel Bourguet ziehen sich durch das gesamte Buch. Daniel Bourguet ist Pastor der Église réformée de France (Reformierte Kirche Frankreichs) und lebt als Einsiedler ein mönchähnliches Leben in Südfrankreich. Er war viele Jahre lang Prior der *Fraternité spirituelle des Veilleurs*. Er ist Verfasser einer Reihe von Büchern zum Thema christliche Meditation und Gebet und führt andere mit viel Einfühlungsvermögen auf den Weg des spirituellen Lebens. Für weitere Informationen: *www.editions-olivetan.com/27-coll-veillez-et-priez*

2 Higoumène Chariton, *L'art de la prière*, Spiritualité orientale n° 18, Bégrolles-en-Mauges, Abbaye de Bellefontaine, 1976.

3 Theophan der Klausner (1815–1894), Rektor der Akademie Petersburg, Bischof von Tambow und später von Wladimir, zog sich 1886 in das Wyscha-Kloster zurück, wo er 28 Jahre lang, bis zu seinem Tod, als Einsiedler lebte. Er verbrachte seine Zeit mit Gebet, dem Verfassen geistlicher Literatur und dem Beantworten zahlreicher Briefe von Menschen in ganz Russland. Ein großer Teil dieser Korrespondenz hatte das Gebetsleben und insbesondere das Herzensgebet zum Thema.

geschichte 17,11) musste ich für mich abwägen und prüfen. Aber diese Mühe lohnte sich! Und so formte sich Schritt für Schritt die Entdeckung und Anwendung des „Herzensgebets“ oder „Jesusgebets“ in meinem Leben.

Ich bin davon überzeugt, dass es sich dabei um einen Weg unter mehreren handelt. Es liegt mir fern, ihn als den einzig wahren anzupreisen. Man kann das Herzensgebet als Grundlage für sein gesamtes Gebetsleben oder nur dann und wann praktizieren ... oder sich gar nicht davon berührt fühlen. Doch diejenigen, die es leben, können bezeugen, dass es ihren Glaubensweg entscheidend geprägt hat. Diese Personen sprechen zumeist diskret darüber, zurückhaltend, um Missverständnisse zu vermeiden. Das Herzensgebet ist ein Weg zu tieferer Gemeinschaft mit dem Einen, der uns von jeher liebt und geduldig darauf wartet, dass wir auf seine Liebe antworten.

Ohne meine evangelikalen Wurzeln zu leugnen, habe ich in diesem Buch auf eine Vielfalt von Ressourcen zurückgegriffen. Der Leser sollte sich also nicht zu sehr wundern, Autoren zu entdecken, die er kaum oder gar nicht kennt und die alle auf ihre eigene Art ein ehrliches Verlangen nach Gott ausdrücken, so wie sie ihn in ihrer eigenen kirchlichen Geschichte innerhalb ihrer Tradition erlebt haben – eine Spiegelung der Spiritualität ihrer jeweiligen Glaubensgemeinschaft.

Das Gebet ist eine lebenslange Reise, dessen Ziel wir nicht auf dieser Erde erreichen werden. Wir werden bis zum letzten Tag unseres Lebens Lernende sein, die sich vorantasten. Und selbst wenn Gott uns die Gnade einer sehr tiefen Erfahrung mit ihm schenkt, werden wir demütig sagen: „Das ist nur ein Vorgeschmack dessen, was uns verheißen ist.“

Gebet und Demut gehen Hand in Hand – wir lesen gewissermaßen die Krümel auf, die vom Tisch des Königs herabfallen.

Hüten wir uns davor, hochmütig zu werden und zu glauben, wir seien große „Beter" geworden, die das Ziel des Weges erreicht haben. Vielmehr werden wir immer Bettler bleiben, die wie die Jünger bitten: *„Herr, lehre uns beten."*

Eine letzte Bemerkung zum Buch: Sein Entstehen zog sich über mehrere Jahre hin. Wie oft war ich versucht, das Manuskript unberührt in der Schublade zu lassen – ich fühlte mich nicht würdig, über ein solches Thema zu schreiben. Doch schließlich war das Schreiben eine Art Therapie für mich; denn bei jedem Absatz stellte ich mir die Frage: „Lebst du auch, was du da schreibst?"

Ich hoffe, dass auch Sie sich diese Frage beim Lesen stellen und dass der Heilige Geist Ihren Blick und Ihre Gedanken während der Lektüre dieser Seiten auf den Vater, unseren „Abba" lenkt, der uns unaufhörlich zuflüstert, dass wir seine geliebten Kinder sind.

1. Die Quelle freilegen

> *„Ich habe das Gefühl, dass ich das Gebet seit Jahren in meinem Herzen trug, ohne es zu wissen. Es war wie eine Quelle, die von einem Stein bedeckt war. Eines Tages nahm Jesus den Stein fort und die Quelle begann zu sprudeln. Seitdem hat sie nie aufgehört zu sprudeln."* [001]

Erstaunliche Worte von André Louf: Das Gebet „plätschert" ohne unser Bewusstsein in unserem Innern, bis eines Tages auf geheimnisvolle Weise „ein Stein" fortgenommen wird, sodass es ungehindert sprudeln kann – als Ergebnis einer Gnade oder als Antwort auf eine unermüdliche Suche. Zwar ist das Gebet für jede christliche Erfahrung von grundlegender Bedeutung, doch wie viele Hindernisse gilt es zu überwinden, bevor es zu einer Realität wird, die in unserem tiefsten Innern wohnt und unser Leben mit Sinn erfüllt!

Das Gebet ist im Herzen jedes Gläubigen präsent, doch oft ist es wie ein Stammeln. Unsere Herzen sind manchmal wie Mauern, die der Gnade trotzen. Wir fühlen uns so hilflos, wenn es ums Beten geht. Wir schwanken zwischen Entmutigung und Schuldgefühlen. Wir fühlen uns dem Jünger nah, der angesichts des Gebetslebens von Jesus die Bitte auszusprechen wagte: *„Herr, lehre uns beten."*

Ist das Gebet tatsächlich wie ein fernes, unerreichbares Ufer? Müssen wir ebenso beten: „*Herr, lehre uns beten*"? Der Herr lädt uns quer durch die Heilige Schrift zum Gebet ein. Wie gehen wir mit dieser Einladung um? Ist es für uns eine Utopie, eine nie zu erreichende Wirklichkeit, oder ist es wie ein Kanal, durch den das lebendige Wasser fließen kann, von dem Christus allen, die sich ihm aufrichtig nähern, verspricht, dass es im Überfluss sprudeln wird? Jesus sagte:

> „*Wer Durst hat, der soll zu mir kommen und trinken! Wer an mich glaubt, wird erfahren, was die Heilige Schrift sagt: Von seinem Inneren wird Leben spendendes Wasser ausgehen wie ein starker Strom*" (Johannes 7,37.38).

Das lebendige Wasser, das Jesus uns anbietet, ist das Einzige, das unseren Durst – all unseren Durst - stillen kann.

Auch der samaritanischen Frau am Brunnen in Johannes 4 bot Jesus dieses Wasser an: „*Wenn du wüsstest, was Gott dir geben will und wer dich hier um Wasser bittet, würdest du mich um das Wasser bitten, das du wirklich zum Leben brauchst. Und ich würde es dir geben*" (Johannes 4,10).

Mehrere Jahrhunderte zuvor hatte der Psalmdichter bereits die Quelle des wahren Lebens in Gott entdeckt: „*Denn du bist die Quelle – alles Leben strömt aus dir*" (Psalm 36,10).

Dieses lebendige Wasser ist Jesus Christus selbst, der durch den Heiligen Geist in uns wohnt. Aber seine Gegenwart kann sich nur dann in ganzer Fülle entfalten und unser Leben bewässern, das Gebet kann nur dann wie eine Quelle sprudeln, wenn der Stein fortgenommen wird, der unser Herz verschließt.

> Das Gebet kann nur dann wie eine Quelle sprudeln, wenn der Stein fortgenommen wird, der unser Herz verschließt.

Unsere Gesellschaft bietet uns so viele Möglichkeiten, unseren Durst an allen möglichen Quellen zu stillen. Darum laufen wir Gefahr, die eine Quelle zu verpassen, die allein unseren Durst stillen kann, wie Jeremia so treffend ausdrückte: *„Denn mein Volk hat eine doppelte Sünde begangen: Erst haben sie mich verlassen, die Quelle mit Leben spendendem Wasser, und dann haben sie sich rissige Zisternen ausgehauen, die überhaupt kein Wasser halten"* (Jeremia 2,13).

Wir haben Durst nach dem Leben spendenden Wasser, doch unser Leben ist von so vielen Dingen angefüllt, dass dieser Durst oft unterdrückt wird. Wir haben uns eine Vielzahl von Brunnen erschaffen, die mehr oder weniger unseren Durst stillen ... und meistens belassen wir es dabei, bis wir eines Tages erkennen, dass sie unseren tiefsten Durst nicht stillen können, ähnlich wie das Wasser des Brunnens, das die samaritanische Frau täglich neu schöpfen musste.

Ich bin davon überzeugt, dass das Gebet der uns von Gott vorgeschlagene Königsweg ist, um den Geschmack am Leben spendenden Wasser Gottes wiederzufinden und es reichlich in unserem Leben fließen zu lassen. Wir werden im Laufe dieses Buches gemeinsam zu entdecken versuchen, was den Zugang zum tiefen Gebet – dem Gebet der Gemeinschaft mit Gott, des gegenseitigen Zuhörens – so schwierig macht. Gott hat für jeden von uns diese Gebetsqualität geplant. Sie ist keineswegs einer Elite vorbehalten, sondern steht für jeden offen, der sich danach sehnt. Wir werden versuchen herauszufinden, warum unser Wunsch nach einem tiefen Gebetsleben oft nur einige Tage anhält und warum wir so oft meinen, es gäbe viele andere, konkretere, spannendere Dinge zu tun als zu beten.

Der in diesem Buch beschriebene Weg ist praktisch und konstruktiv. Der Leser wird einige Hinweise und Spuren entdecken, die ihm helfen können, ein tieferes und authentischeres

Gebetsleben zu praktizieren, sowohl in seiner täglichen „stillen Zeit" als auch mitten in seinen Alltagsaktivitäten.

Viele Wege

Es gibt zahlreiche Wege des Gebets und unterschiedliche Formen, je nach Umstand und Sensibilität. Im Laufe dieses Buches werden wir uns in erster Linie auf das individuelle Gebet konzentrieren – jenes Gebet, das wir einerseits im Verborgenen unseres Zimmers und andererseits in den unterschiedlichen Situationen unseres Alltags leben. Es sind zwei unterschiedliche, einander ergänzende Wege, die uns geschenkt werden, um unser Leben in Gott zu verankern.

Der erste Weg ist sicherlich der uns vertrauteste. Es ist der Weg, den wir ganz natürlich beschreiten, wenn wir uns Zeit nehmen, in der Bibel zu lesen, darüber nachzudenken und zu beten. Es geht hier also nicht um das gemeinschaftliche Gebet, sondern um das Gebet im Verborgenen, von dem Jesus in der Bergpredigt spricht:

> *„Wenn du beten willst, zieh dich zurück in dein Zimmer, schließ die Tür hinter dir zu und bete zu deinem Vater. Denn er ist auch da, wo niemand zuschaut. Und dein Vater, der auch das Verborgene sieht, wird dich dafür belohnen"* (Matthäus 6,6).

Es ist das Gebet im Inneren, im Angesicht des Herrn, von Herz zu Herz. Man tritt nicht ganz so leicht in dieses Gebet ein, wie man glauben könnte. Und doch ist dies ein ganz entscheidender Schritt, den wir gehen müssen, wenn wir uns nach tieferer Gemeinschaft mit unserem Vater im Himmel sehnen.

Der zweite Weg verfolgt das demütige Ziel, das Gebet als Realität zu erleben, die uns den ganzen Tag über begleitet, sogar mitten in unseren zahlreichen Aktivitäten. So können wir auf die Aufforderung von Jesus und von Paulus antworten, „unablässig“ zu beten.

Der erste Weg handelt also vom tiefen Gebet, das unsere Momente der Andacht und der Stille erleuchtet, während uns der zweite Weg zeigt, dass es möglich ist, ständig mit dem Herrn in Gemeinschaft zu bleiben, selbst mitten in der Geschäftigkeit unseres Lebens, und jederzeit im Dialog mit dem Vater zu sein. Beide Wege sind „Herzensgebet“. Der erste betrifft die spezifischen Momente der Andacht, der zweite will alle Momente unseres Lebens bewässern. Die beiden Gebetsbewegungen stehen nicht miteinander im Wettbewerb – keine von beiden ist reicher oder sinnvoller als die andere. Es sind zwei Wege, die zum gleichen Ziel führen: Sie sollen uns helfen, eine authentischere Gemeinschaft mit dem Herrn zu entwickeln.

Doch bevor wir uns näher mit den beiden Wegen beschäftigen, sollten wir uns einige grundlegende Wahrheiten in Erinnerung rufen, sofern wir den Wunsch haben, ein Gebetsleben in Übereinstimmung mit den Gedanken Gottes, genährt von seinem Wort und erleuchtet von seinem Geist, zu entwickeln.

Wir sind von Gott geliebt!

Die gesamte biblische Offenbarung ist eine einzigartige Liebesgeschichte: Die Geschichte der Liebe Gottes zu einem Volk, das er sich auserwählt hat, und zur Menschheit in ihrer Gesamtheit. Es ist die stürmische Geschichte einer Braut, die oft, viel zu oft, der Liebe ihres Bräutigams gegenüber gleichgültig ist. Die Geschichte von der leidenschaftlichen Liebe eines

Gottes, der sich selbst opfert, um uns mit ihm zu versöhnen. Gott sagt uns nachdrücklich, dass wir seine *„geliebten Kinder“* (Matthäus 3,17) sind und wartet voller Ungeduld auf unsere Antwort auf seine Frage: *„Liebst du mich?“* (Johannes 21,15).

Unsere Antwort ist mit Nachfolge verbunden: *„Wer mich liebt, richtet sich nach dem, was ich gesagt habe. Auch mein Vater wird ihn lieben [...]“* (Johannes 14,23). Diese wiederum hat zur Folge, dass wir seine Nachahmer werden: *„Ihr seid Gottes geliebte Kinder, daher sollt ihr in allem seinem Vorbild folgen. Geht liebevoll miteinander um, so wie auch Christus euch seine Liebe erwiesen hat [...]“* (Epheser 5,1–2).

Alle Überlegungen im weiteren Verlauf dieses Buches gründen sich auf diese Realität: Wir sind von Gott geliebt! Wenn wir in das Mysterium des Gebets eintreten wollen, sollten wir diese Überzeugung an die erste Stelle setzen: „Gott liebt mich.“

Das Gebet kommt uns anfangs vielleicht wie eine Pflichtübung vor, die es zu erledigen gilt, doch wir werden entdecken, dass es in Wirklichkeit eine Quelle des Lebens, der Freude und des tiefsten Glücks ist. Das Gebet nach dem Herzen Gottes ist niemals eine Last oder Pflicht oder Unannehmlichkeit, sondern die Begegnung mit dem Einen, der uns von aller Ewigkeit her liebt. Das bedeutet jedoch nicht, dass das Gebet nie Kampf oder Ringen, manchmal schmerzvolles Ringen ist. Doch wenn wir uns auf diesen Kampf einlassen, dann sicherlich nicht, um Gottes Widerstand zu besiegen, sondern unseren eigenen Widerstand, uns seinem Willen unterzuordnen.

Wir werden später den ganzen Weg sehen, zu dem wir eingeladen sind, damit unser Ja zu Gottes Liebe nicht theoretisches Wissen bleibt, sondern zur Lebensrealität wird, die uns zutiefst verändert. Wir werden entdecken, dass dieser Weg schwierig und mühsam sein kann, weil sich unser kulturelles, soziales und intellektuelles Umfeld dagegenstellen.

Vielleicht würde unser Leben völlig umgekrempelt, wenn wir nur ein wenig dieses Wort *„von Gott geliebt“* ernst nehmen würden. Lässt sich unsere Mittelmäßigkeit und unsere geistliche Armut darauf zurückführen, dass wir nicht ausreichend dazu in der Lage sind, die Wahrheit, von Gott geliebt zu sein, in unser Leben zu integrieren?

Lieben und geliebt werden sind Grundbedürfnisse unserer Existenz, eine entscheidende Komponente unserer Persönlichkeit, ein Bedürfnis, das im Herzen jedes Menschen verankert ist. Ohne Liebe verkümmert unser Leben. Es ist uns gleichermaßen ein Bedürfnis, geliebt zu werden, wie Liebe zu schenken. Wir wissen, welche tiefen Wunden im Herzen eines Kindes entstehen, dem es an Liebe fehlt. Wir wissen, dass die Liebe alles verändert. Wenn man verliebt ist, wird alles von diesem Gefühl erhellt: Eine gewöhnliche Mahlzeit wird zum Fest, ein trüber, grauer Himmel erscheint strahlend wie der Sommerhimmel in Italien.

Lieben und geliebt werden sind also grundlegende Bedürfnisse des Menschen, doch die Erfahrung lehrt uns, dass es in der Praxis nicht so einfach ist, wie es in Liebesliedern besungen wird. Wir können die Freude, den Genuss der Liebe wertschätzen, ohne zu begreifen, dass Liebe auch Geben und miteinander Teilen bedeutet. Jesus sagte, es gäbe keine größere Liebe als die, sein Leben für seine Freunde zu geben (Johannes 15,13). In der Bibel werden die drei griechischen Begriffe *eros*, *philia* und *agape* verwendet, um die unterschiedlichen Facetten der Liebe zu beleuchten, wobei *agape* die Liebe beschreibt, die Gott uns zuwendet.

Wir kennen die dramatische Erfahrung einer einseitigen, nicht erwiderten Liebe. Was für unsere zwischenmenschliche Liebe gilt, gilt noch mehr in Bezug auf die Liebe Gottes zu uns:

Er ist der Erste, der die Erfahrung eines Liebesangebots macht, das bei uns nur eine schwache Antwort auslöst. Unser Widerstand gegenüber seinem Werben bricht ihm sein Vaterherz. Er schenkt uns seine Liebe in ihrer ganzen Fülle und erwartet von uns ein Zeichen, eine Reaktion, und sei sie noch so diskret. Wie viele Widerstände, wie viel Verrat, wie viele Kompromisse unsererseits hindern ihn daran, in unser Herz hineinzulegen, was er seit ewigen Zeiten für uns bereithält?

Gewiss ist es leichter, jemanden zu lieben, den wir mit unseren physischen Augen sehen, als jemanden, der unseren natürlichen Sinnen verborgen bleibt. Die zwischenmenschliche Liebe ist konkret, sichtbar, spürbar. Sie zeigt sich mit Blicken und Worten, die uns unserer Liebe zueinander versichern. Es ist leichter zu lieben, wenn man sich geliebt weiß und diese Liebe durch spürbare Gesten erfährt. Wenn wir sagen, dass Gott uns liebt, dann müssen wir akzeptieren, dass seine Liebe einer anderen Realität angehört, sich auf einer anderen Ebene ausdrückt und erlebt wird als die zwischenmenschliche Liebe.

Doch die Bibel beschränkt sich nicht darauf, uns zu sagen, dass wir von Gott geliebt sind; sie zeigt uns auch einen Weg, auf dem sich diese Liebe ganz praktisch erfahren lässt – durch das Befolgen seines Wortes, den Dienst am Nächsten, in Solidarität und Gemeinschaft.

Ich bin zutiefst davon überzeugt, dass unser wahres Glück in Gott verborgen ist. Alle anderen Dinge, die uns glücklich machen – ob zu Recht oder nicht –, sind nur ein Schatten, ein schwacher Abglanz des Glücks, das Gott uns anbietet. Um Gemeinschaft mit Gott zu erfahren, ist das Gebet unumgänglich: Es ist keine Option, keine Nebensache, sondern der Königsweg zum Glück der Gemeinschaft mit Gott.

Auf den folgenden Seiten werden wir ausgiebig darauf zurückkommen.

2.
Sehnsucht

Liebe und Glück stehen im Mittelpunkt einer Suche, die sich wie ein roter Faden durch die gesamte Geschichte der Menschheit zieht. Doch was früher ein Suchen, eine Hoffnung, eine Erwartung war, ist heute ein „Recht" geworden. Man glaubt, ein *Recht* auf Glück und Genuss zu haben. Das wiederum kurbelt die Wirtschaft und insbesondere das Marktsegment der Selbstverwirklichung an. Die Werbung hat sich perfekt darauf eingestellt und spricht pausenlos Bedürfnisse an, die es zu befriedigen gilt, um glücklich zu sein: Reisen, Anschaffungen, der Kult des jungen und schönen Körpers … Lauter Vorschläge, die suggerieren, dass diejenigen, die all das nicht haben, Außenseiter, Benachteiligte, oder einfach frustrierte Menschen sind.

Genuss, Glück und Freude

Diese drei Begriffe werden häufig verwechselt, obwohl sie unterschiedliche Realitäten darstellen. Wir wollen sie uns näher ansehen und voneinander unterscheiden:

- **Genuss** ist ein vorübergehendes Empfinden, das sich einstellt, wenn eine Erwartung, ein Bedürfnis, ein Wunsch erfüllt wird. Ich habe Durst, also trinke ich. Das bereitet mir Genuss. Doch sobald mein Durst gestillt ist, verschwindet das Empfinden des Genusses. Das Gleiche gilt für die Befriedigung anderer Bedürfnisse: Essen, Schlafen, Zärtlichkeit empfangen… Sogar das Betrachten einer wunderschönen Landschaft ruft nur eine vorübergehende Empfindung hervor. Sicherlich bewahrt man die Erinnerung daran, doch sie verblasst schon bald.

- **Freude** ist ebenfalls eine Empfindung, doch sie ist viel intensiver und berührt unser ganzes Wesen. Sie kann uns zum Tanzen, Jubeln, Singen oder Lachen animieren. Wir empfinden jedes Mal Freude, wenn wir einen persönlichen Sieg errungen haben: eine bestandene Prüfung, ein gelungenes Kunstwerk, die Befriedigung einer erledigten Aufgabe oder die Ankündigung einer guten Nachricht.
  Die Freude nimmt im Wort Gottes einen hohen Stellenwert ein. Im Alten Testament steht sie in Verbindung mit der Erwartung des Heils, der Rückkehr aus dem Exil und der Ankunft der Endzeit (siehe Jesaja 9,2 und Jesaja 35,10). Das Neue Testament spricht von der Freude als einer Realität, die der Gläubige bereits hier und heute erfahren kann. Das Thema Freude kommt immer wieder in den Schriften des Johannes vor. Jesus verheißt diese Freude und erbittet sie von seinem Vater (Johannes 17,3), und sie wird den von Trauer gezeichneten Jüngern nach seiner Auferstehung geschenkt (Johannes 16,20–24).

- **Glück** ist – im Gegensatz zum Genuss und auch zur Freude – ein Zustand tiefer Befriedigung, ja der Fülle und heiteren Ruhe, der sogar inmitten schwieriger Umstände erhalten bleiben kann. Dieser Zustand erfordert, dass wir an uns arbeiten; er will gesucht und genährt werden. *„Es ist ein dauerhafter Zustand, das Ergebnis einer Arbeit, eines Willens, einer Bemühung.“* [002]

In einer Gesellschaft, in der die Suche nach dem Glück großgeschrieben wird, ist die Aufforderung des Psalmschreibers, Freude und Glück in Gott zu finden (Psalm 37,4), brandaktuell: *„Freue dich über den Herrn“* (HFA) oder *„Habe deine Lust am Herrn“* (LUT) könnten übersetzt werden mit: *„Finde dein größtes Glück im Herrn.“* David spricht offensichtlich nicht von einem flüchtigen Glück, sondern von der aktiven Suche nach der Gegenwart des Herrn, geprägt von Vertrauen, aber auch von einer verbindlichen Nachfolge. In Psalm 4,7 stellt er die Frage: *„Wer wird uns das Glück schauen lassen?“* Die Antwort lautet: Das Glück findet sich in einer tiefen, persönlichen Beziehung zu Gott.

Eine Einladung

Die Aufforderung, uns an Gott zu erfreuen, findet ihr Echo im ersten und größten Gebot, das Jesus in Erinnerung ruft: *„Du sollst den Herrn, deinen Gott, lieben von ganzem Herzen, mit ganzer Hingabe und mit deinem ganzen Verstand“* (Matthäus 22,37). Nun könnte man sich darüber wundern, dass diese Einladung zum Glück wie ein Gebot formuliert wird: *„Du sollst lieben!“* Kann man Liebe gebieten? Wenn man liebt, weil man es *soll*, ist das wirklich Liebe oder nur die Antwort auf einen Zwang, die Unterwerfung unter ein Gesetz? Was genau ist mit diesen Worten gemeint: *„Habe deine Lust am Herrn […]“* – *„Du sollst den Herrn lieben […]“*

Allzu häufig reduzieren wir die Liebe auf den Ausdruck von Gefühlen. Gibt es etwas Mitreißenderes und zugleich Zerbrechlicheres als die Verliebtheit? Das Gefühl des Verliebtseins weckt in uns die Illusion „ewiger Liebe“. Wie viele Enttäuschungen, Misserfolge und Dramen entstehen, weil man glaubte, man brauche sich nur von seinen Gefühlen leiten zu lassen, um sicherzugehen, dass die Liebe der Zeit und Gewohnheit widersteht. Doch Liebe kann sich nur in ihrer ganzen Kraft und Schönheit entfalten, wenn sie von einem konkreten Engagement begleitet wird: Wirklich lieben bedeutet, es zu *wollen*. Ansonsten läuft man Gefahr, dass die kleinste Widrigkeit, die geringste Enttäuschung, weil der andere nicht komplett unseren Erwartungen entspricht, die Liebe ins Wanken bringt. Wahre Liebe schließt unser ganzes Wesen ein: unser Herz, unsere Kraft, unseren Willen, unsere Seele, unser Denken. Die Liebe auf den ersten Blick steht vielleicht am Anfang einer großen Verliebtheit, doch es braucht Geduld und Ausdauer, um dieses Gefühl in eine Liebe zu verwandeln, die tragfähig genug ist, sowohl die Freuden als auch die Tiefschläge des Lebens auszuhalten.

Das Gleiche gilt für das Liebesprojekt, das Gott für uns bereithält. Er ergreift voll und ganz die Initiative, doch es liegt an uns, der Aufforderung zu folgen, in dieser Liebe zu bleiben. Das ist der Preis für die Freiheit, die Gott uns schenkt: Wir können seiner Aufforderung, ihn zu lieben, widerstehen oder nur zaghaft darauf antworten, wie es leider oft, zu oft, der Fall ist. Doch wenn wir entdecken, dass Gott uns liebt, und den Wunsch haben, dass diese Liebe Leben hervorbringt, dann müssen wir auf diese Liebe antworten. Gott zündet die Flamme in unserem Herzen an, doch es liegt an uns, sie am Leben zu halten, sie zu nähren, damit sie größer und nachhaltiger wird. Mangelnde Investition in die Liebesbeziehung zu Gott führt oft zu spirituellem Scheitern. Doch Gott lässt uns keinesfalls allein: Wenn er in uns den Wunsch weckt, ihn zu lieben und mit ihm Gemeinschaft zu haben, so ist er auch derjenige, der uns hilft, auf diesem Weg zu wachsen und Fortschritte zu machen, sofern wir das wollen und uns ihm öffnen. Unsere Liebe zu ihm wird immer eine stammelnde Liebe sein, doch wenn wir uns bemühen, sie im Laufe unseres Weges und durch unsere Lebensumstände hindurch zu nähren, dann wird sie sich immer mehr zu einer Lebens- und Glaubensrealität entwickeln, wie Daniel Bourguet schreibt:

> *„Die kleine Liebe, die ich heute für Gott habe, ist nur der Beginn dessen, was ich eines Tages in ganzer Fülle besitzen werde. Doch selbst dieses wenige ist bereits ein Geschenk von ihm. Meine kleine Liebe ist nicht etwa das Ergebnis meiner Arbeit, die Frucht meiner Aktivität, sondern vielmehr ein Gut, das niemand anderer als Gott selbst in mich hineingelegt hat. Wer anders könnte dies tun? Dieses zerbrechliche Gut ist das Zeichen des Handelns Gottes mit mir – ein Handeln seiner Liebe. Daher kann ich sagen, dass Gott den ersten Schritt getan hat: ‚Wir lieben, weil Gott uns zuerst geliebt hat'" (1. Johannes 4,19).*[003]

Unablässige Suche oder unverhofftes Geschenk?

Die Entdeckung der Liebe Gottes bleibt ein Mysterium. Für manche ist sie mit einer unablässigen Suche verbunden, andere erfahren sie auf erstaunlich unverhoffte Weise. Diese beiden Aspekte finden sich auch in den Worten von Jesus über das Reich Gottes:

> *„Gottes himmlisches Reich ist wie ein verborgener Schatz, den ein Mann in einem Acker entdeckte und wieder vergrub.*

In seiner Freude verkaufte er sein gesamtes Hab und Gut und kaufte dafür den Acker mit dem Schatz. Mit Gottes himmlischem Reich ist es auch wie mit einem Kaufmann, der auf der Suche nach kostbaren Perlen war. Als er eine von unschätzbarem Wert entdeckte, verkaufte er alles, was er hatte, und kaufte dafür die Perle" (Matthäus 13,44–46).

Jesus stellt uns hier zwei kontrastierende Situationen vor: Einige von uns sind auf der Suche nach der kostbaren Perle und geben sich nicht eher zufrieden, bis sie sie gefunden haben. Sie sind bereit, alles zu opfern und aufzugeben, um diese Perle zu erwerben. Es ist eine unablässige Suche, die ein ganzes Leben beanspruchen kann. Gott ist in Jesus Christus die kostbare Perle, die alle anderen übertrifft. Andere finden den Schatz, indem sie den Acker umgraben, ohne zu wissen, dass sich der Schatz darin befindet. Sie haben keine Erwartungen, und plötzlich zeigt Gott sich ihnen auf eindrückliche Weise. Zahlreiche Zeugnisse sprechen von Männern und Frauen, die nicht aktiv suchten und dann eines Tages von der Offensichtlichkeit der Realität Gottes überwältigt wurden. Für einige hat diese Entdeckung ihr ganzes Leben umgewälzt; andere haben nur für einen Moment in dieser lichtvollen Erfahrung geschwelgt, ohne Folgen für ihr weiteres Leben. Leider gibt es viele Berichte von Menschen, die einen solchen Moment der Gnade erlebten, sich aber damit begnügten; Gott hat ihnen die Hand gereicht, doch sie hielten sie nicht fest. Derjenige jedoch, der den Acker bearbeitet, hat begriffen, dass dieser Schatz wert ist, alles andere dafür aufzugeben. Er verkauft seinen ganzen Besitz, um den Acker zu erwerben und damit den Schatz, der darin verborgen ist.

In dem Gleichnis von Jesus verhalten sich der Kaufmann und der Mann, der den Acker bearbeitet, beide gleich:

Sie opfern alles, um die Perle bzw. den verborgenen Schatz zu erwerben. Doch egal, ob Gott sich uns auf unerwartete Weise oder als Antwort auf anhaltendes Suchen zeigt – unsere Antwort auf seine Liebe ist immer mit einem gewissen Ringen verbunden. Die Begegnung der Gnade ist niemals das Ziel, sondern der Beginn eines Weges. Gottes Wort antwortet auf unsere legitime Suche nach dem Glück, doch es macht auch deutlich, dass die Entdeckung desselben oft das Ergebnis eines langen Weges, die Frucht einer Suche ist, die Ausdauer und Engagement erfordert.

Als Jakob Gott in der Furt am Jabbok begegnet, ruft er aus: *„Ich lasse dich nicht eher los, bis du mich gesegnet hast!"* (1. Mose 32,27). Der Segen, den Jakob sucht und von ganzem Herzen erhofft, wird ihm erst nach einem Kampf gewährt, der die ganze Nacht anhält. Wollte Gott Jakob diesen Segen denn nicht schenken? Ganz gewiss wollte er das, doch er wartete darauf, dass Jakob bereit war, sich mit seinem ganzen Wesen einzusetzen. Erst nach dem langen Ringen in der Nacht konnten die Sehnsucht Gottes und die Sehnsucht Jakobs miteinander in Einklang kommen. *„Wenn wir mit Gott kämpfen, dann ist es kein Kampf gegen Gott, sondern mit Gott gegen den Zweifel, die Trägheit oder unsere Auflehnungen, gegen Entmutigung und Verzweiflung…"*[004]

Nach dem Ringen mit Gott erhält Jakob den Segen des Herrn und trägt fortan einen neuen Namen, doch er hat nun auch eine lahme Hüfte und hinkt. Habe ich je ein solches Gebet gewagt? Haben wir je gewagt, eine solche Bitte auszusprechen? Haben wir je zu Gott gesagt: *Ich lasse dich erst los, wenn du mich gesegnet hast?*

Wie schwer fällt es uns, so zu beten. Henry Nouwen schrieb mit großer Ehrlichkeit und Klarsicht, nachdem er das Rembrandt-Gemälde „Rückkehr des verlorenen Sohnes" betrachtet hatte: *„Hatte ich jedoch selber jemals wirklich gewagt, in die Mitte zu treten, niederzuknien und mich von einem vergebenden Gott umarmen zu lassen?"* [005] Im Licht voranzugehen und Gott zu bitten, uns zu segnen, ist mit einem gewissen Risiko verbunden; denn wir wissen nicht, wohin uns diese Erfahrung Gottes führen wird. Henry Nouwen fährt fort:

> *„Das ist der Ort, an den zu gelangen ich mich so sehr sehne, an dem zu sein ich mich aber so sehr fürchte. Es ist der Ort, an dem ich alles empfangen werde, was ich begehre, alles, was ich je erhoffte, alles, was ich je benötige, aber es ist auch der Ort, an dem ich alles loslassen muss, was ich am liebsten festhalten möchte."* [006]

Sind wir bereit, loszulassen und das aufzugeben, was wir für sicher hielten, um Gott zu unserer einzigen Sicherheit zu machen? Als Gott Abraham dazu aufforderte, sein Heimatland zu verlassen, nannte er nicht das Ziel seiner Reise; *„[...] zieh in das Land, das ich dir zeigen werde!"* (1. Mose 12,1). Könnte es ein unklareres Ziel geben? Gott forderte ihn auf, sein Land, das Haus seines Vaters, mit einem Wort: seine Wurzeln und Sicherheiten aufzugeben, um sich auf den Weg der Karawanen zu machen, ohne zu wissen, wo seine Reise enden sollte. So war es auch, als Jesus seine Jünger aufrief, ihm zu folgen. Er gab ihnen nur eine Verheißung mit auf den Weg: *„Ich werde euch zu Menschen machen, die andere für Gott gewinnen"* (Matthäus 4,19). Wie viel Mut und Vertrauen sind nötig, um auf dieses einzige Wort Gottes hin ins Ungewisse zu ziehen. *„Es ist eine schwierige Entscheidung"*, stellt Michel Cornuz fest, *„denn man weiß, was man verliert, aber man weiß noch nicht, wo sich das verheißene Land befindet, ja man weiß nicht einmal, ob es wirklich ein verheißenes Land gibt."* [007]

Ob wir uns nach tieferer Gemeinschaft und einer authentischeren Erfahrung Gottes ausstrecken wie Jakob oder aber wie bei Abraham Gottes Ruf an uns ergeht – die Widerstände und Risiken sind gleich: Es ist immer eine Reise ins Ungewisse, eine Reise des Glaubens, eine Prüfung unseres Vertrauens in den Einen, der uns liebt und auf uns wartet.

Henri Nouwen erkannte, dass all seine Sehnsüchte und Erwartungen ihre Antwort in Gott finden, und doch musste er einräumen, dass es eine Herausforderung bleibt, ihm alles zu geben:

> *„Oh Herr, was oder wen könnte ich mir wünschen außer dir? Du bist mein Gott, der Herr meines Herzens, meines Geistes und meiner Seele. Du kennst mich durch und durch. Du bist der Ursprung und das Ziel aller Dinge. Du trägst alles Seiende in deinen Händen und hältst es durch deine ewige Liebe und deine grenzenlose Barmherzigkeit am Leben.*
> *Warum also beharre ich darauf, Glück und Zufriedenheit außerhalb von dir zu suchen? Warum behandele ich dich wie einen Freund unter mehreren? Bist du nicht mein einziger Freund? Derjenige, auf dem alle anderen Freundschaften aufbauen?*
> *Warum, Herr, fällt es mir so schwer, dich zu meiner einzigen Liebe zu machen? Warum zögere ich, loszulassen und mich dir vorbehaltlos auszuliefern?*
> *Hilf mir, Herr, das falsche Ich zu töten, das ich immer wieder auf tausendfache Weise zu konstruieren suche, indem ich mich an meine trügerischen Begierden klammere. Lass mich in dir zu neuem Leben erwachen. Hilf mir, die Welt aus deiner Perspektive zu sehen, damit meine Taten, Worte und Gedanken ein Lobgesang zu deiner Verherrlichung sind.“* [008]

Ein Leben voller Sehnsucht

Es gibt kein wahres christliches Leben und somit authentisches Gebet, wenn ihm nicht eine tiefe Sehnsucht zugrunde liegt – die Sehnsucht nach Gott, nach der Gemeinschaft mit ihm. Das Wesen des Menschen ist von Wünschen und Bedürfnissen geprägt. Der Wunsch, die Sehnsucht nach etwas oder jemandem motiviert uns dazu, zu handeln, zu wählen, Entscheidungen zu treffen. Die physischen Grundbedürfnisse Essen, Trinken und Schlafen müssen erfüllt werden, um nicht zu sterben. Auch das psychische Grundbedürfnis nach Liebe – geliebt zu werden und Liebe zu schenken – hat diesen elementaren Charakter. Wünsche dagegen dienen nicht zum Überleben, sondern dazu, dem Leben Geschmack und Würze zu verleihen - man kann essen, um zu überleben, aber man kann auch leben, um zu essen.

Unsere Gesellschaft kreiert eine Vielzahl von Bedürfnissen, die oft zweitrangig oder überflüssig sind, von denen wir aber trotzdem den Eindruck haben, es sei wichtig, sie zu befriedigen. Bei der Vielfalt der Angebote kann einem regelrecht schwindelig werden. Wir sind frustriert, weil wir den Eindruck haben, ein einziges Leben würde niemals ausreichen, um alle Angebote auszuschöpfen. Unsere Gesellschaft ist von dem Verlangen nach „immer noch mehr" gekennzeichnet. Wir sind davon wie gelähmt und zappen uns permanent durch das Programm: Wir laufen von einer Aktivität zur nächsten und nehmen uns nicht die Zeit, den gegenwärtigen Augenblick zu genießen. Diesen Druck spüren wir auch in unseren Andachts- und Gebetszeiten. Selbst wenn wir das Verlangen haben, Zeit mit Gott zu verbringen, laufen wir Gefahr, uns allzu schnell vom Klingeln des Telefons oder dem Eintreffen einer neuen Nachricht auf unserem Tablet oder unserem Smartphone ablenken zu lassen …

Und doch werden wir nur dann einen Weg lebendigen Glaubens und harmonischen Gebets finden, wenn wir unsere Beziehung zu Gott in den Mittelpunkt unseres Verlangens stellen. Natürlich kann man Gott aus Pflichtbewusstsein heraus gehorchen und eine Beziehung zu ihm entwickeln, die von Zwängen, Pflichten und Verboten geprägt ist. Ein solcher Ansatz kann rasch dazu führen, dass man Schuldbewusstsein empfindet, weil man nicht genug tut – oder aber, was noch schlimmer ist, man läuft Gefahr, hochmütig zu werden wie der Pharisäer, der seine Verdienste vor Gott ausbreitet, während der Zöllner nicht einmal wagt, seine Augen zum Himmel zu erheben (s. Lukas 18,9–14).

Wenn wir dagegen entdecken, dass unsere Beziehung zu Gott von gegenseitiger Sehnsucht geprägt ist – unserer Sehnsucht, uns Gott zu öffnen, und seiner Sehnsucht, uns zu begegnen –, dann erfahren wir die ganze Fülle unseres Glaubenslebens.

„Lass dein Herz zur Ruhe kommen.
Du, der du Gott suchst, der du in deiner Seele das Verlangen spürst zu beten, der du die Stimme des Herrn vernimmst, der dich zu einer tiefen Begegnung mit ihm einlädt – höre auf seine Stimme.
Gib dich der heiteren Ruhe und Verfügbarkeit hin, die notwendig sind, um deine Zeit mit Gott ‚zu verlieren'.
Höre einen Moment lang auf mit dem, was du tust.
Lass dich nicht von den unerbittlich voranschreitenden Zeigern deiner Uhr versklaven.
Erlebe deine Zeit für Gott wie eine Zeit außerhalb der Zeit.
Sei achtsam: Schlafe nicht, aber beeile dich auch nicht.
Denke an dich. Versuche dein eigenes, inneres Universum zu schaffen.

Mach dir keine Sorge darüber, dass diese Haltung egoistisch sei. Die Menschen, die dein Leben teilen, brauchen nicht nur deine Verfügbarkeit und deine Dienste. Sie erwarten vielmehr, dass du ihnen mit deinem Leben ein Wort vermittelst, dass aus dem Inneren, aus der Seele kommt. Lebe nicht mit einer Einstellung der Unabhängigkeit oder Entfremdung, aber mache dir klar, dass dein Inneres Erneuerung benötigt. Und deshalb sage klar und deutlich Ja zum Herrn.
Wenn du diesen Raum schaffst, ihm zu begegnen, dann wirst du voll und ganz sein Zeuge sein.“ [009]

Gibt es in unserem Leben Umstände oder Situationen, die uns für diese Sehnsucht nach Gemeinschaft mit Gott öffnen? Wir wollen uns drei ansehen: unsere Verluste, unseren Mangel und den Weg der Schönheit.

Unsere Verluste

Der Verlust unserer Gesundheit infolge eines Unfalls oder einer Krankheit, der Verlust eines geliebten Menschen, unseres Arbeitsplatzes, unserer Sicherheit – all das kann die Suche nach tieferer Gemeinschaft mit Gott auslösen. Nachdem wir seinen Zuspruch in unseren Ängsten und Tränen erfahren und im Gebet tiefen Halt und Trost gefunden haben, atmen wir auf. Doch erfahrenes Leid kann auch dazu führen, dass wir unsere Prioritäten überdenken. Es kann uns helfen, zu erkennen, dass wir vielen Dingen, die es nicht wert waren, übermäßige Aufmerksamkeit geschenkt haben: Unseren beruflichen Ambitionen (um den Preis der *„Erschöpfung durch das Streben nach Reichtum“*, von der in Prediger 23,4 gesprochen wird), bestimmten Beziehungen oder Freundschaften oberflächlicher

Art, Freizeitaktivitäten, die uns keine Zufriedenheit brachten. Die Erfahrung des Verlustes kann uns lehren, zu relativieren, was wir zuvor für unumgänglich hielten, um den Weg des Gebets und der tiefen Gemeinschaft mit Gott wiederzuentdecken. Viele Menschen bezeugen, dass sie nach einer Erfahrung des Verlusts und des Leids ihren Lebensstil völlig umgekrempelt haben, um sich auf das konzentrieren, was ihnen zuvor als zweitrangig erschien.

Unser Mangel

Unsere Wünsche entstehen durch das, was wir sehen und hören, aber auch durch das, was uns fehlt. Wir sehnen uns nach Sonne, nach Erholung, vielleicht nach einem neuen Auto. Ungestillter Hunger weckt in uns Verlangen. Doch wenn uns bewusst wird, dass die Güter, die uns unsere Konsumgesellschaft anbietet, unseren inneren Durst nicht stillen können, wird in uns die Sehnsucht nach einer tieferen Beziehung zu Gott wach. Der Philosoph Jean-Francois Jobin drückt es so aus:

> *„Ich bezweifle, dass man Christ wird, indem man intellektuell einer Reihe von christlichen Glaubenssätzen oder Dogmen zustimmt. Ich persönlich wurde ganz klar von der Gnade Gottes berührt, als ich mit meinen Misserfolgen und Einschränkungen konfrontiert wurde. Ohne diese Erfahrung hätte ich mich wohl weiterhin mit kritischer Befriedigung mit meinen Opiaten begnügt.“* [010]

Die mangelnde Erfüllung durch das, was uns Glück verspricht, kann in uns die Suche nach der Quelle anstoßen, die wirklich den Durst unserer Seele stillt: *„Gott! Du bist mein Gott!*

Ich sehne mich nach dir, dich brauche ich! Wie eine dürre Steppe nach Regen lechzt, so dürste ich, o Gott, nach dir" (Psalm 63,2). Ähnlich drückte sich der berühmte Kirchenvater Augustinus zu Beginn seiner *„Bekenntnisse" (confessiones)* aus: *„Geschaffen hast du uns auf dich hin, o Herr, und unruhig ist unser Herz, bis es Ruhe findet in dir."*[011] Eine klare Aussage angesichts der inneren Leere des Menschen, die kein materielles Gut füllen kann.

Auch Johannes von Kreuz stützte seine gesamte spirituelle Pädagogik auf die Überzeugung, dass wir unseren Mangel erkennen müssen, *„um zu begreifen, dass unser Leben niemals vollständig ist, solange Gott nicht im Mittelpunkt unseres Lebens steht"*.[012] Nutzen wir also unseren Mangel, unsere Unzufriedenheit, unser Gefühl der Unvollständigkeit, um unser Herz für die authentische Suche nach tieferer Gemeinschaft mit dem Einen zu öffnen, der uns von Ewigkeit her und bis in alle Ewigkeit liebt.

Im Gleichnis vom verlorenen Sohn erinnert sich der Sohn inmitten der Schweinetröge an den Überfluss im Haus seines Vaters. Im Schlamm unter den Schweinen beschließt er, sich auf den Weg zurück zum Vaterhaus zu machen. Er musste erst an den Punkt völliger Verwahrlosung und Verzweiflung kommen – denn nichts anderes bedeutete für einen Sohn Israels das Hüten von Schweinen –, um endlich die Tiefe der Trauer und der Liebe seines Vaters zu begreifen.

Erfahrungen des Scheiterns und Verrats in unserem Leben sind nur dann todbringend, wenn wir darin verharren. Wenn sie dagegen in uns das Verlangen wecken, die Gnade der Vergebung zu erfahren und die Gemeinschaft mit Gott wiederzufinden, dann sind diese leidvollen Erfahrungen Meilensteine auf unserem Weg zu tieferer Gemeinschaft mit Gott. Der Apostel Paulus spricht von einer Traurigkeit, die von Gott bewirkt wird und Leben hervorbringt: *„Denn die von Gott bewirkte Traurigkeit führt zur Umkehr und bringt Rettung. Und wer sollte das jemals bereuen! Nur die Traurigkeit, die rein menschlicher Art ist, bewirkt den Tod"* (2. Korinther 7,10). Inmitten der Dunkelheit sehnt man sich nach dem Licht, und eine kleine Kerze erscheint dann strahlend hell wie die Sonne zur Mittagszeit.

Wir können eine Spiritualität des Mangels entwickeln, um wahre Suchende nach Gott zu werden. Wenn wir in uns die Sehnsucht nach Gott nähren und uns weigern, unseren inneren Durst außerhalb von Gott zu stillen, dann können wir wie der Psalmschreiber ausrufen:

> *„Ich bekenne: Du bist mein Herr und mein ganzes Glück! [...] Du zeigst mir den Weg, der zum Leben führt. Du beschenkst mich mit Freude, denn du bist bei mir; aus deiner Hand empfange ich unendliches Glück"* (Psalm 16,2.11).

Gott als den souveränen Herrn unseres Lebens anzuerkennen bedeutet also keineswegs, ein strenges Leben voller Entbehrungen zu führen. Die einfachen Freuden des Daseins sind durchaus auch Geschenke Gottes, doch sie sollten uns nicht vom Wesentlichen, dem Glück in Gott allein, ablenken. Wir laufen stets Gefahr, uns von den Reichtümern und Freuden des Lebens einnehmen zu lassen und das in uns gepflanzte Samenkorn damit zu ersticken, anstatt reiche Frucht zu bringen (siehe Lukas 8,14). Wir müssen achtsam bleiben: Wir können das Empfinden der Unvollständigkeit und die Sehnsucht nach tieferer Gemeinschaft mit Gott leicht unterdrücken und auf einen späteren Zeitpunkt verschieben. Die Möglichkeiten der Zerstreuung sind vielfältig – jene Zerstreuung, von der Blaise Pascal sprach. Aktuell sind das Fernsehen, Zeitschriften, Facebook, Twitter und so fort. All das kann uns dazu verführen, unsere Begegnung mit dem Herrn auf morgen zu verschieben.

Der Weg der Schönheit

Dieser dritte Weg ist mit der Bezeichnung „Weg der Schönheit“ nur unzureichend beschrieben. Wir haben gesehen, dass die Oberflächlichkeit, die Leere der Dinge uns zur Suche nach tieferer Gemeinschaft mit Gott anspornen können. Aber es gibt auch den vielleicht selteneren, jedoch ebenso reichen Weg der Schönheit, wenn Gott durch das Erleben glücklicher Ereignisse unsere Herzen berührt, die sich dann nach noch größerer Erfüllung, nach einem bleibenden Glück sehnen. Das kann zum Beispiel geschehen, wenn wir ein Musikstück hören, das uns zutiefst berührt, das Staunen über die Schönheit der Natur, eine besonders reiche Begegnung mit Freunden, die uns so erfüllt, dass wir am liebsten die Zeit anhalten würden – kurzum das aufwühlende Gefühl, uns im Herzen eines Glücks zu befinden, das wir nicht richtig fassen können und nicht verdienen.

Denken wir an das Erwachen des Frühlings mit seinen zarten Farben und dem Gesang der Vögel. Christiane Rancé entdeckte darin einen Vorgeschmack des Paradieses, das auf uns wartet: *„Diese Stimmen sind nur ein schwaches Echo eines Konzertes, das wir uns gar nicht vorstellen können; sie bereiten uns auf die wundervolle Überraschung vor, die uns jenseits erwartet.“*[013] Schwester Myriam von den Diakonissen von Reuilly, Versailles, drückt es so aus:

> *„Extreme Schönheit lässt uns den Atem anhalten und schweigen: Ein Kunstwerk in einer romanischen Kirche, Humani-*

tät ausstrahlend, die Strenge des Winters in seiner Kargheit, die Farbe der Felsen und Wüsten im Abendlicht, das eine oder andere transparente Gesicht, und wir sind sprachlos … Angesichts dessen, was uns überwältigt, lasst uns schweigen und den Herrn anbeten.“ [014]

Solche seltenen, kostbaren Glücksmomente sind wie ein Vorgeschmack einer größeren Realität in der Dimension der Ewigkeit. Wir können darin Gottes Stimme vernehmen, der uns zuflüstert, dass er auf uns wartet, dass er uns einen Ort bereitet hat, wo alle Schatten und Unvollkommenheiten des Lebens sowie die Grenzen, die uns in unserer Menschlichkeit gesetzt sind, verschwunden sind. Auch die Patriarchen im Alten Testament suchten nach dem Glück, wie der Verfasser des Hebräerbriefes schreibt:

„Alle, die hier erwähnt wurden, haben sich ganz auf Gott verlassen. Doch sie starben, ohne dass sich Gottes Zusage zu ihren Lebzeiten erfüllte. Lediglich aus der Ferne haben sie etwas davon gesehen und sich darüber gefreut; denn sie sprachen darüber, dass sie auf dieser Erde nur Gäste und Fremde seien. Wer aber zugibt, hier nur ein Fremder zu sein, der sagt damit auch, dass er seine wirkliche Heimat noch sucht. Unsere Vorfahren betrachteten das Land, aus dem sie weggezogen waren, nicht als ihre Heimat; dorthin hätten sie ja jederzeit zurückkehren können. Nein, sie sehnten sich nach einer besseren Heimat, nach der Heimat im Himmel. Deshalb bekennt sich Gott zu ihnen und schämt sich nicht, ihr Gott genannt zu werden; denn für sie hat er seine Stadt im Himmel gebaut“ (Hebräer 11,13–16).

Erstaunlich ist in diesem Text die Entdeckung, dass die Patriarchen in diesem Leben keine Belohnung erwarteten.

Die versprochene Belohnung ist nicht die eines langen, erfüllten Lebens, sondern der Segen jenseits des Todes, so als ob die Patriarchen lange vor der Zeit den Gedanken einer finalen Auferstehung und Belohnung vorweggenommen hätten.

Diese erstaunliche Verheißung gilt auch uns – das Versprechen eines Ortes, „einer Stadt“, die Gott für uns vorbereitet und nach der wir uns sehnen. Manch einer träumt vielleicht von einem neuen Garten Eden, doch es ist eine *Stadt*, die auf uns wartet, nicht ein paradiesischer Strand mit weißem Sand und tiefblauem Wasser. Diese Stadt wird der Wohnort der neuen Menschheit sein, und Gott wird in ihrem Zentrum wohnen. Es wird eine Stadt mit ihrer vollen Dimension des Zusammenlebens und des miteinander gelebten Friedens sein – das Gegenteil dessen, was viele Städte derzeit sind oder zu werden im Begriff stehen: menschenunwürdige Großstädte, in denen sich jede Art von Gewalt und alle erdenklichen Exzesse konzentrieren.

Wir können uns darin üben, die Bruchstücke des Glücks, die uns hier und heute geschenkt werden, als Vorgeschmack auf das Glück in der Ewigkeit, im Licht Gottes, zu genießen. Die letzten Verse der Offenbarung drücken wie ein Seufzen diese Sehnsucht des Gläubigen aus: *„Der Geist und die Braut sagen: ‚Komm!‘ […] Amen! Ja, komm, Herr Jesus!“* (Offenbarung 22,17.20).

Schmecken, dass der Herr gut ist

Wir alle kennen und erleben – in unterschiedlicher Intensität je nach unseren Lebensumständen – Gefühle des Verlusts und des Mangels. Doch reichen diese Gefühle aus, um uns zur Suche nach dem zu motivieren, was uns wirklich erfüllen und befriedigen kann?

Viele Menschen greifen nach Ersatzbefriedigungen. Die Einnahme von Beruhigungsmitteln explodiert geradezu in unserer Gesellschaft; andere stürzen sich in die Anhäufung von Konsumgütern, in Reisen, Sex und diverse Zerstreuungen – meistens ohne sich bewusst zu sein, dass all dies nur Ablenkungen sind, die vorübergehend Erleichterung bringen. Doch unser grundlegender Mangel, unsere tiefe Sehnsucht, bleibt unbefriedigt.

Was brauchen wir noch, um an der richtigen Tür zu klopfen und die Quelle zu entdecken, die in Wahrheit unseren Durst stillt? Der Psalmschreiber spricht von einer besonderen Erfahrung Gottes: Er hat die Güte des Herrn *geschmeckt* und *gesehen*: *„Schmeckt und seht, dass der Herr gütig ist!"* (Psalm 34,9; ELB).

Schmecken und sehen haben nichts mit einem rationalen Zugang zu Gott zu tun. Diese beiden Verben sprechen von der Erfahrung Gottes anhand der Sensibilität, die mit „schmecken" bezeichnet wird, und anhand unserer Sicht auf das Handeln Gottes in unserem Leben und in der Welt.

Der Apostel Johannes bezeugt nach Jahren der tiefen Gemeinschaft mit Christus, was er vom Wort des Lebens *„gehört"*, *„mit seinen Augen gesehen"* und *„betrachtet"*, ja sogar *„mit seinen Händen betastet"* hat (1. Johannes 1,1). Eine tiefere Gemeinschaft ist kaum vorstellbar. Die Evangelien beschreiben sie, indem sie die emotionale Nähe zu Christus suchen. Wir sind hier weit entfernt von einer rein intellektuellen Erfahrung Gottes. Unsere Person in ihrer Gesamtheit ist in die Entdeckung der Güte und Gnade Gottes eingebunden.

Kirchenvater Augustinus sprach von einer Erfahrung, die offenbar sein ganzes Leben umgekrempelt hat: *„Ich habe dich geschmeckt: Ich habe Hunger und Durst."*[015] Er hat geschmeckt, und was er da entdeckt hat, begründete seine gesamte spirituelle Suche, seinen Hunger und Durst nach einer immer tieferen, authentischeren Beziehung zu Gott. Müssen wir denselben Weg gehen, um unsererseits eine Beziehung zu Gott zu entwickeln, die von so überragendem Geschmack ist, dass alles andere daneben verblasst? Der Apostel Petrus spricht ebenfalls von einer umwälzenden Erfahrung Gottes, einer Lebensethik und einem Durst nach Gottes Wort, die er erstaunlicherweise im Konditional ausdrückt: *„Wenn ihr wirklich geschmeckt habt […]“:*

> *„Legt nun ab alle Bosheit und allen Trug und Heuchelei und Neid und alles üble Nachreden, und seid wie neugeborene Kinder, begierig nach der vernünftigen, unverfälschten Milch – damit ihr durch sie wachset zur Rettung – wenn ihr wirklich geschmeckt habt, dass der Herr gütig ist!“* (1. Petrus 2,1–3; ELB)

Ablehnung und Sehnsucht wirken in diesen Worten zusammen: Die Ablehnung von allem, was den Gedanken Gottes entgegensteht, und die Sehnsucht nach dem Wort Gottes, das uns nährt und unseren Durst stillt. Doch Petrus nennt eine Bedingung: Es geht nicht allein um eine Entscheidung, die reiflich abgewogen wurde, oder um eine rein vom Willen gelenkte Annäherung, sondern um eine persönliche Gotteserfahrung als Grundlage des Glaubenslebens. Er hat die Güte Gottes geschmeckt, und als Folge davon wurde sein Leben als Nachfolger von Jesus komplett umgestaltet. Er hat geschmeckt und handelt entsprechend.

Für Petrus war das Schmecken der Güte Gottes ausschlaggebend für ein authentisches geistliches Wachstum und wahre geistliche Reife. Wie steht es mit uns? Sollten nicht auch wir diesen Weg gehen, damit unsere Nachfolge ihren vollen Sinn erhält? Müssen nicht auch wir zuerst die Güte Gottes „schmecken“, damit unsere Bemühungen, dem Herrn zu folgen und ihm zu gefallen, nicht Mühe und Pflicht sind? Es geht hier nicht allein darum, unseren Mangel auszufüllen, sondern darum, Gott auf eine Weise zu erfahren, die unser Leben formen und uns neue Ziele setzen kann.

Wir finden einen analogen Gedanken im Gebet des Apostels Paulus für die Christen in Ephesus, in dem er Gott bittet, ihnen die *„Augen ihres Herzens zu erleuchten“* (Epheser 1, 18; ELB). Offenbar geht der Wunsch des Apostels über ein verstandesmäßiges Herangehen an das Mysterium Gottes hinaus. Sein Gebet bezieht die Person in ihrer Gesamtheit ein: das Herz, die Gefühle, aber auch den Verstand. Der glaubende Mensch wird eingeladen, sich in all seinen Dimensionen von der herrlichen Schönheit und Größe Gottes überwältigen zu lassen.

In den ersten Versen des Kapitels zeichnet der Apostel das Bild des grandiosen Projekts, das Gott von aller Ewigkeit her geplant und in Jesus Christus vollkommen erfüllt hat – ein Projekt, dessen Gegenstand wir sind: *„Er hat uns gesegnet [...] er hat uns in ihm auserwählt [...] er hat uns vorherbestimmt [...] er hat uns begnadigt [...] er hat uns vergeben [...].“* Nach solchen Worten können wir nur schweigend innehalten, damit das Gesagte ganz allmählich in unser Herz vordringen und es erwärmen kann, bis es so sehr brennt wie das Herz der Jünger von Emmaus. Man kann unmöglich in ein solches Mysterium eintreten, ohne zunächst seine Schuhe auszuziehen (s. 2. Mose 3,3), in dem Bewusstsein, sich auf heiligem Boden zu befinden. Die Erleuchtung des Herzens, von der Paulus spricht, beschreibt einen Weg – von der „rationalen Kenntnis“ Gottes zur Kenntnis des Herzens, wobei unsere ganze Person von der unergründlichen Liebe Gottes durchströmt wird und sie vollständig „schmecken“ kann.

Wenn wir niemals diese intensive Begegnung mit dem Herrn gesucht oder erfahren haben, laufen wir Gefahr, ein fades christliches Leben zu führen, in dem das Gebet nur eine untergeordnete Rolle spielt. Dann werden wir eine Reihe anderer Dinge interessanter finden und uns ihnen zuwenden. Damit der Stein, der die Quelle verstopft, fortgenommen wird, muss Gott sich uns mitten in unserem Leben offenbaren. Die tiefe Erfahrung der Präsenz Gottes sollte das innerste Verlangen unseres Herzens sein.

Unser erstes Gebet könnte also die Gnade erbitten, unser Herz so zu berühren, dass es für ihn brennt. Das kann eine einmalige Erfahrung sein, die Erfahrung eines Augenblicks, aber sie kann ein ganzes Leben beeinflussen. Wir können durch so einen Augenblick darauf hoffen, dass Gott einen Zipfel des Schleiers anhebt, um uns seine Schönheit sehen zu lassen, sodass all unser Durst gestillt wird und wir Tag für Tag nur noch nach diesem Brot hungern.

Haben wir schon begriffen, dass der Herr sich während des Abendmahls im Brot und Wein „schmecken“ lässt? Wir müssen uns eingestehen, dass wir diesen Moment häufig oberflächlich erlebt und ihm wenig Bedeutung beigemessen haben. Als Jesus dieses Mahl einführte, wollte er uns die Möglichkeit einer ganz besonderen Begegnung mit ihm schenken, bei der wir ihn symbolisch gesprochen essen und trinken. Das gebrochene Brot erinnert uns daran, dass Gott unsere erste Speise sein möchte, in Erwartung des Festmahls in seinem Königreich. Der Wein, der sein vergossenes Blut symbolisiert, ist als Leben spendendes Getränk zu verstehen, das den Durst unseres Lebens stillen will.[016]

Unser Gebet ist Antwort auf die Sehnsucht, von Gott und in Gott zu leben, auf ihn zu hören und von ihm gehört zu werden, ihm zu folgen, ihn zu lieben, so wie er uns liebt – doch Vorsicht: Wir sollten dies nicht im Zuge der Emotion eines Augenblicks tun, der keine Folgen für unser weiteres Leben hat. Wir müssen an uns arbeiten und Zeit und Mühe investieren, um die lebendige Gemeinschaft mit dem Herrn zu bewahren und nachhaltig zu leben. Das Evangelium fordert uns dazu auf, uns nicht von unseren Neigungen, Gewohnheiten und Abhängigkeiten mitreißen zu lassen, sondern uns vielmehr bereitwillig zu hinterfragen, um die Gültigkeit unserer Handlungen und unseres Engagements zu überprüfen. Diese Arbeit kann schmerzvoll sein. Es ist so viel einfacher, zu leben, ohne sich Fragen zu stellen! Doch wir nehmen diesen Weg in Kauf, weil wir davon überzeugt sind, dass Gott in uns das Verlangen nach ihm geweckt hat und dass er uns helfen wird, auf diesem Weg zu bleiben und voranzugehen. Wir sind nicht allein auf dem Weg, auch wenn die Gegenwart Gottes nicht immer deutlich spürbar ist.

Gottes Sehnsucht

Wir sind Wesen, die von Wünschen geprägt sind, und Gott ist es ebenfalls: Er sehnt sich danach, eine Beziehung zu jedem Einzelnen von uns aufzubauen, und diese Sehnsucht übertrifft bei Weitem unsere Vorstellung. Die gute Nachricht des Evangeliums lautet: Gott hat durch den Glauben an Jesus Christus in uns Wohnung genommen!

In seinen Worten über den Weinstock in Johannes 15 bestätigt Jesus ganz deutlich, dass er in jedem Gläubigen wohnt: *„Bleibt in mir und ich in euch!“* (Johannes 15,4). Seine Gegenwart in uns ist nicht an Bedingungen gebunden, sondern sie ist uns geschenkt; doch es ist unsere Verantwortung, dafür zu sorgen, dass sie sich vollständig entfalten kann. Ansonsten laufen wir Gefahr, auszutrocknen, statt Frucht zu bringen: „*Wenn jemand nicht in mir bleibt, so wird er hinausgeworfen wie die Rebe und verdorrt; und man sammelt sie und wirft sie ins Feuer, und sie verbrennen*" (Johannes 15,6; ELB).

Wir befinden uns hier vor einer der beeindruckendsten Aussagen der ganzen Heiligen Schrift: Gott, der Schöpfer des Universums, nimmt in jedem Gläubigen persönlich Wohnung! Der Apostel Paulus drückt dasselbe aus, wenn er sagt: *„Ja, ich bete, dass ihr diese Liebe immer tiefer versteht, die wir doch mit unserem Verstand niemals ganz fassen können. Dann werdet ihr auch immer mehr mit dem ganzen Reichtum des Lebens erfüllt sein, der bei Gott zu finden ist*" (Epheser 3,19). Und auch hier: *„Oder habt ihr etwa vergessen, dass euer Körper ein Tempel des Heiligen Geistes ist, der in euch wohnt und den euch Gott gegeben hat?*" (1. Korinther 6,19).

Dass Gott in dem Gläubigen wohnt, ist nicht an Bedingungen geknüpft, sondern eine Tatsache des Glaubens. Die gesamte Lehre von Jesus ist eine Einladung an uns, unser Leben mit seinen Worten in Einklang zu bringen. Er überreicht uns das Geschenk, doch wir müssen die Hände ausstrecken, um es in Empfang zu nehmen. Die Einladung ist klar: In Christus zu bleiben bedeutet, unser Leben seinem Willen anzupassen, seine Gebote zu halten, von seiner Liebe zu leben – in dem Bewusstsein, dass unsere Liebe zu ihm nur die Antwort auf Gottes Liebe ist, die er selbst in unser Herz gelegt hat.

Gottes Gegenwart in uns ist uns also geschenkt, doch sie wartet auf eine Antwort: Gott sehnt sich danach, dass wir vollständig auf diese Realität eingehen. So entdecken wir, dass unsere Wünsche einander begegnen und zusammenwirken können: Gottes Wunsch, uns in seine Gemeinschaft zu ziehen, und unser

Wunsch, darauf einzugehen. Zu wissen, dass Gott auf uns zugekommen ist, dass wir ihn nicht anbetteln oder auf ihn warten müssen, ist eine überwältigende Verheißung. Wir werden noch darauf zurückkommen: Gott ist immer als Erster zur Stelle. Häufig sind wir diejenigen, die abwesend oder verspätet sind!

Gottes unermüdliche Suche nach jedem Mann, jeder Frau ist bereits erkennbar, als Gott sich nach Adams Ungehorsam mit dieser erstaunlichen Frage an ihn wendet: *„Adam, wo bist du?“* (1. Mose 3,9). Gott kommt wie gewohnt in der Kühle des Abends zu ihm und findet ihn nicht. Adam versteckt sich aus Scham und Schuldgefühlen. Gott weiß das, und doch kommt er zu ihm und fragt ihn, warum er sich versteckt.

Selbst mitten in unserem Ungehorsam, in unserer Ablehnung und unserer Wut ist Gott unermüdlich auf der Suche nach uns. Durch die ganze Bibel zieht sich wie ein roter Faden dieses unermüdliche Suchen Gottes, der auf die Antwort des Menschen wartet. Die Propheten beschreiben mit eindrucksvollen Worten das Leiden Gottes wie das Leiden eines Liebenden, dessen Liebe nicht erwidert wird. Die Vorwürfe, die Gott an sein Volk richtet, erscheinen uns hart, doch in Wahrheit sind sie die Ausrufe einer unverstandenen und unerwiderten Liebe, das herzzerreißende Seufzen eines Liebenden, der hilflos die Untreue und Gleichgültigkeit seiner Geliebten mitansehen muss. Jesus selbst ruft, während sich die Nägel in seine Hände bohren: *„Vater vergib ihnen, denn sie wissen nicht, was sie tun“* (Lukas 23,34). Richard Foster drückt es so aus: *„Das Herz Gottes ist wie eine offene Wunde. Es tut ihm weh, dass wir uns von ihm entfernt haben und anderen Dingen nachjagen […] Er weint über unsere hartnäckige Anhäufung von Dingen. Er sehnt sich nach unserer Gegenwart.“* [017]

Gottes Sehnsucht nach uns prallt immer wieder auf unsere Gleichgültigkeit, unser Unverständnis, unsere Ablehnung.

Ist nicht genau das die Tragik unseres Lebens? Das kleinste Zeichen einer Antwort von unserer Seite ist für Gott eine Quelle der Freude. Der Sohn, der nach Hause zurückkehrt, nachdem er die Hälfte des Vermögens seines Vaters durchgebracht hat, wird ohne Vorwurf empfangen – auch wenn seine Heimkehr möglicherweise weniger aufrichtig als eigennützig ist. Der Vater läuft ihm entgegen, wirft sich ihm an den Hals, bedeckt ihn mit Küssen und befiehlt seinen Dienern, ihm das schönste Kleid zu bringen und ein großes Fest vorzubereiten. Das Gleichnis endet mit diesen Worten: *„Ich sage euch: So wird auch im Himmel Freude herrschen über einen Sünder, der zu Gott umkehrt – mehr als über neunundneunzig andere, die nach Gottes Willen leben und es deshalb gar nicht nötig haben, zu ihm umzukehren"* (Lukas 15,7).

Jean Lafrance schreibt:

> *„Wenn du betest, dann antwortest du auf die flehentliche Bitte Gottes. Bedenke dies: Nicht nur wir bringen unser Flehen vor Gott, sondern er tut es als Erster. Was erwartet und erhofft er von uns? Nun, er sagt es von jeher: Willst du mich? Willst du meine Liebe erwidern?"* [018]

Wir müssen endlich aufräumen mit der Vorstellung des unbeteiligten Gottes in der fernen Pracht seines Himmels.

Wir müssen endlich aufräumen mit der Vorstellung des unbeteiligten Gottes in der fernen Pracht seines Himmels.

Wir sind also für Gott entweder Quelle der Freude oder Quelle des Leidens – je nachdem, wie wir auf seine Liebe antworten. Jedes Mal, wenn wir ihm den Rücken kehren, verletzen wir sein Vaterherz. Jedes Mal, wenn wir zu ihm zurückkehren, ist Freude im Himmel.

Den Gedanken des Leidens Gottes zu akzeptieren hilft uns dabei, in das Mysterium eines Gottes einzutreten, der intensiver nach dem Menschen sucht als der Mensch nach ihm. Wenn wir uns dagegen weigern, diese Tatsache zu akzeptieren und in dieses Projekt einzutreten, so fügen wir dem Vater unermessliches Leid zu, wie Francois Varillon schreibt:

> *„Ich kann also davon ausgehen, dass jede Bequemlichkeit und Langsamkeit meinerseits, jede Nachlässigkeit, jede nicht aufgebrachte Energie, um den Sohn zu lieben und ihn bekannt zu machen, den Vater verletzt und den Heiligen Geist betrübt. Dieser Gedanke sollte genügen, um die Flamme in mir neu zu entfachen.“* [019]

Gott begleitet jeden Menschen sein ganzes Leben lang. Er ist in unseren Freuden präsent, aber auch in unserer Untreue und unserer Ablehnung. Er ist bei uns, auch wenn wir uns noch so selten bei ihm aufhalten. Doch seine Liebe respektiert unsere Freiheit. Sie greift nicht ein, wenn wir vom Weg abirren, wenn die Unaufrichtigkeit sich ihren Weg in uns bahnt, wenn unsere Zaghaftigkeit, unser Egoismus und unsere Angst uns daran hindern, die richtige Wahl zu treffen. Wenn Gott demgegenüber unsensibel und unverletzlich wäre, dann wäre er nicht länger ein Gott inniger Liebe.

Gott weint mit uns, leidet mit uns, freut sich mit uns. Die Gnade, mit der er uns einlädt, ihm zu folgen, erstrahlt angesichts dieser Wahrheit noch heller. Gott bietet uns die Möglichkeit, in einen Dialog der Liebe mit ihm einzutreten und ihn so zu kennen, dass wir ganz und gar von seiner Gegenwart erfüllt sind.

Können wir so weit gehen, zu sagen, dass Gott unsere Liebe fehlt? Die Haltung des Vaters im Gleichnis vom verlorenen

Sohn ist in gewisser Hinsicht schockierend. Der Sohn hat ihn um die Hälfte seines Vermögens gebracht, hat den Vater verlassen – und der Vater wartet auf ihn, Tag für Tag. Wie lange mag er gewartet haben? Der Text gibt keine Antwort darauf, aber wir können vermuten, dass es eine lange Wartezeit war. Als der Vater endlich am Horizont den Sohn erkennt, läuft er auf ihn zu – ein skandalöses Verhalten in der orientalischen Kultur, in der ein älterer Mann niemals läuft. Das ist das Bild vom Vater, das Jesus uns zeichnet: Ein Gott, der leidet und sehnsüchtig auf die Rückkehr seiner verirrten Kinder wartet!

Gott bittet inständig: *„Siehe, ich stehe an der Tür und klopfe an; wenn jemand meine Stimme hört und die Tür öffnet, zu dem werde ich hineingehen und mit ihm essen und er mit mir“* (Offenbarung 3,20; ELB). Er klopft an und bittet uns flehentlich, ihm zu öffnen! Wann werden wir endlich seinen Schmerz begreifen? Den Schmerz einer nicht erwiderten Liebe, der bei uns oft nur ein Schulterzucken auslöst?

3. Die Liebe Gottes

Das Gebet ist ein Weg, den es zu entdecken gilt – ein Weg, der leicht und zugänglich und zugleich verwirrend und anspruchsvoll ist. Beten ist eine elementare Tätigkeit von erstaunlicher Einfachheit, und doch gibt es so viele Widerstände zu überwinden, bevor das Gebet ein Raum der Entfaltung und des Friedens wird. Bevor wir miteinander den ganzen Reichtum des Gebets zu entdecken suchen, wollen wir uns einige grundlegende Wahrheiten ins Gedächtnis rufen. Wir werden über drei uns vertraute, jedoch in ihrer Bedeutung nicht immer klare Begriffe nachdenken: *Erkenntnis*, *Gemeinschaft* und *Herz*. Wie sind diese Begriffe aus biblischer Sicht zu verstehen?

Die Liebe Gottes steht an erster Stelle

Wir haben bereits gesehen, dass wir von Gott geliebt sind und dass er uns zuerst geliebt hat. Wir wollen noch ein wenig bei diesem Gedanken verweilen; denn es fällt uns schwer, den ganzen Reichtum dieser Wahrheit zu erfassen und in unser Leben zu integrieren.

Gibt es eine größere Enttäuschung als eine unerwiderte Liebe? Die Liebe erfährt ihre volle Entfaltung, wenn sie auf Gegenseitigkeit beruht. Die Liebe, die Gott uns entgegenbringt, hofft auf eine Antwort. Auch wenn unsere Antwort schwach und stammelnd ist – Gott wartet sehnsüchtig darauf. Wir entdecken das im Gespräch von Jesus mit Petrus am Ufer des Sees Genezareth nach seiner Auferstehung. Auf seine Frage *„Liebst du mich?"* (*agapas*) antwortet Petrus: *„Du weißt, dass ich dich lieb habe"* (*phileo*). Jesus wiederholt seine Frage (*agapas*), und Petrus antwortet auf dieselbe Weise (*phileo*). Beim dritten Mal verwendet Jesus ein anderes Verb, nämlich das von Petrus benutzte Verb *phileis*: *„Hast du mich lieb?"* Petrus ist traurig und kann wieder nur auf dieselbe Weise antworten: *„Herr, du weißt alles; du erkennst, dass ich dich lieb habe" (phileo)* (Johannes 21,17; ELB).

Wie sehr kann ich die ehrliche Antwort von Petrus verstehen! Jesus fragt ihn, ob seine Liebe zu ihm allumfassend ist (*agape*), und Petrus antwortet mit entwaffnender Aufrichtigkeit: *„Ich habe dich lieb" (phileo).* Und selbst diese Form der weniger vollkommenen Liebe wird von Christus hinterfragt, als er beim dritten Mal sagt: *„Petrus, hast du mich lieb (phileis)?"* Könnte unsere Unfähigkeit, vollkommen auf die vollkommene Liebe Gottes zu antworten, besser illustriert werden?

Wie oft sage ich dem Herrn: „Herr, du weißt, dass ich dich *so unvollkommen* liebe!" Und dennoch zieht die Antwort von Petrus keine Disqualifizierung nach sich. Auch wenn seine Liebe schwach, unvollkommen, stammelnd ist, überträgt Jesus ihm die Verantwortung, *seine Schafe zu hüten* (Johannes 21,16).

Wenn unsere menschliche Liebe unerwidert bleibt, verkümmert sie. Mit der Liebe Gottes verhält es sich völlig anders! Seine Liebe ist uns gewiss und hängt nicht von unserer Antwort ab. Lassen Sie uns einen Moment innehalten und diese Liebe betrachten, die alles Verstehen übersteigt!

Die Liebe Gottes steht am Anfang. Sie geht uns voraus, sie umgibt uns, sie trägt uns und befähigt uns, unsererseits zu lieben, wie der Apostel Johannes betont: *„Das Einzigartige an dieser Liebe ist: Nicht wir haben Gott geliebt, sondern er hat uns seine Liebe geschenkt. Er gab uns seinen Sohn, der alle Sünden auf sich nahm und sie gesühnt hat"* (1. Johannes 4,10). Die Liebe Gottes hat sich vollständig in der Hingabe seines Sohnes am Kreuz offenbart. Solange wir nicht die Wahrheit verinnerlicht haben, dass Gott uns zuerst geliebt hat, werden all unsere Bemühungen, ihm unsere Dankbarkeit zu zeigen, vergeblich sein. Gott liebt uns leidenschaftlich – *„manikos eros"* – und es ist essenziell wichtig, dass wir uns zu *gelegener und ungelegener Zeit* daran erinnern[020] – was in der Praxis sicherlich schwieriger ist als in der Theorie.

Wie kann es uns gelingen, uns der Liebe Gottes vollständig bewusst zu sein? Die Jünger von Emmaus brauchten nur wenige Stunden, um die Verwandlung von der Ignoranz zum brennenden Herzen zu erleben – für andere mag dieser Weg mehrere Monate, mehrere Jahre oder ein ganzes Leben in Anspruch nehmen. Der Psychiater Pablo Martinez berichtet von einem Gespräch mit einer jungen Studentin nach einer seiner Konferenzen. Die Studentin erklärte ihm, sie sei nicht in der Lage, sich der Existenz Gottes wirklich bewusst zu sein. Daraufhin schlug er ihr vor, folgenden Text zu lesen: *„Ja, mit ewiger Liebe habe ich dich geliebt; darum habe ich dir meine Güte bewahrt"* (Jeremia 31,3; ELB). Er fuhr fort: „Lesen Sie diesen Text immer wieder, so lange, bis die Worte Sie zum Weinen bringen."

Nach sechs Monaten schrieb sie ihm, ihr Herz sei noch immer kalt. Pablo Martinez ermunterte sie, einfach weiterzumachen. Weitere drei Monate später erhielt er einen neuen Brief von ihr: „Dieser Text hat mich tatsächlich zum Weinen gebracht, und zwar so sehr, dass ich gar nicht mehr aufhören kann, zu weinen.“ Gottes Wort hatte endlich ihr Herz berührt: Die Liebe Gottes war nicht länger eine abstrakte, sondern eine tiefe, sie ganz und gar einnehmende Realität geworden. Neun Monate waren nötig, bevor diese Liebeserklärung Gottes ihr Leben erleuchten und verändern konnte.

Johannes vom Kreuz (1542–1591) erlebte während seiner Gefangenschaft in Toledo die „dunkle Nacht der Seele“, das Schweigen Gottes, bevor er entdeckte, wie sehr Gott ihn liebt. Diese Erfahrung brachte ihn dazu, einige seiner schönsten Gedichte zu schreiben[021]. Später schrieb er einen Kommentar zu seinem Gedicht *„Die lebendige Liebesflamme“*. Dieser Kommentar ist laut Iain Matthew auf jeder Seite *„geprägt vom Bewusstsein eines Gottes, der sich mitteilt und der uns glücklich machen möchte, indem er sich selbst uns schenkt.“*[022]

Die Entdeckung der Liebe Gottes ist ein umwälzendes Ereignis: *„Ihr seid von Gott auserwählt und seine geliebten Kinder, die zu ihm gehören“* (Kolosser 3,12). Wie lange braucht es, bevor solche Worte – von denen wir in der Bibel viele finden – unser Herz erwärmen und schließlich in Brand setzen? Wenn man bedenkt, welches Glück wir empfinden, wenn wir uns von anderen geliebt oder einfach nur geschätzt wissen, dann müssen wir uns die Frage stellen, warum Gottes ewige Liebe zu uns nur auf so wenig Echo in unserem Leben stößt. Um den Weg einer wahren, tiefen Gemeinschaft mit dem Herrn zu gehen, müssen wir zunächst den Heiligen Geist bitten, unsere Herzen für die Entdeckung der einzigartigen Liebe Gottes zu öffnen. Die Notwendigkeit dieser Bitte sollte uns nicht schockieren – sie hängt einfach mit unserer von Gott abgefallenen menschlichen Natur zusammen.

Unser erstes Gebet sollte also die Bitte sein, Gott möge unsere harten Herzen für seine Gnade empfänglich machen:

„Ich will euch ein neues Herz und einen neuen Geist geben. Ja, ich nehme das versteinerte Herz aus eurer Brust und gebe euch ein lebendiges Herz“ (Hesekiel 36,26). Alle anderen Gebete sind diesem Gebet untergeordnet, denn es öffnet die Tür zu allen anderen Gebeten.

In der Bibel finden wir eine Fülle von nahezu umstürzlerischen Worten, wenn es um die Tiefe der Gemeinschaft und des Lebens geht, das Gott uns anbietet. *„Können unsere Worte und Vorstellungen bezüglich des Reiches Gottes in uns und unter uns und unsere Zugehörigkeit zu diesem Reich mit unseren der realen Welt entsprechenden Begriffen in Verbindung gebracht werden?“*, fragte der nordamerikanische Theologieprofessor Eugene Peterson.[023] Paulus schrieb an die Epheser: *„Ja, ich bete, dass ihr diese Liebe immer tiefer versteht, die wir doch mit unserem Verstand niemals ganz fassen können. Dann werdet ihr auch immer mehr mit dem ganzen Reichtum des Lebens erfüllt sein, der bei Gott zu finden ist“* (Epheser 3,19). Unser Verstand ist tatsächlich überfordert angesichts solcher Worte!

Unser kulturelles und intellektuelles Umfeld legt diesen Worten Steine in den Weg. Für uns ist die „reale Welt“ diejenige, die uns umgibt: unsere Arbeit, unsere Familie, unsere Freunde, unsere Freizeitaktivitäten, aber auch die intellektuellen Einflüsse, die unsere Gesellschaft uns aufzwingt. Die Vorstellung, dass Gott „in uns wohnt“, ergibt für unsere Zeitgenossen keinen Sinn. Inwiefern werden wir von diesem uns umgebenden Argwohn beeinflusst, der den Glauben mit dem Aberglauben vergangener Zeiten gleichsetzt? In einem solchen Kontext wird die Überzeugung, Gott unterhielte mit jedem seiner Kinder eine persönliche Beziehung, als eine Form des Obskurantismus aufgefasst.

An Gott zu glauben und daran, dass er mitten in unserem Leben gegenwärtig ist, erweist sich mehr und mehr als ein reiner Glaubensakt. Alles um uns herum scheint darauf angelegt zu sein, die Wahrheit dieser Worte und der Verheißungen Gottes infrage zu stellen. Der Zweifel schleicht sich in unser Leben: *„Hat Gott wirklich gesagt [...]?"* (1. Mose 3,1). Die Stimme des Versuchers, der die ersten Menschen zum Ungehorsam anstachelte, ist auch heute noch aktiv und kann uns in Verzweiflung stürzen. Daher müssen wir *„gegen Hoffnung auf Hoffnung hin glauben"* (Römer 4,18; ELB).

Die Kluft zwischen dem, was Gottes Wort uns sagt, und der Realität unseres Alltags – die Kluft zwischen scheinbarer Illusion und der materiellen Realität unserer Welt – treibt uns ins Gebet: Wir beten voll Zuversicht, Gott möge die Augen unseres Herzens und unseres Verstandes erleuchten, sodass wir den Weg des Glaubens an die souveräne Gnade Gottes beschreiten können. Wir dürfen Gott bitten, unsere harten Herzen weich zu machen, und wir dürfen ihn gleichermaßen bitten, unserem schwankenden Glauben zu Hilfe zu kommen.

Wir können es nicht oft genug wiederholen: Das Gebet ist eine absolute Priorität, es ist die Grundlage für ein Leben des Glaubens, der dem Geist dieser Welt widersteht und uns fähig macht, die Größe und Liebe Gottes zu verkünden. Nur auf den Knien können wir diesen Kampf gewinnen.

Liebe ist Erkenntnis

Johannes hebt hervor: *„Und genau darin besteht das ewige Leben: dich, den einen wahren Gott, zu erkennen und Jesus Christus, den du gesandt hast"* (Johannes 17,3). Was ist unter Erkenntnis und insbesondere unter der Erkenntnis Gottes zu verstehen? Dieser Begriff ist wichtig, denn das ewige Leben ist zunächst „Erkenntnis", bevor es als zeitliche oder örtliche Dimension der Zukunft zu verstehen ist. Diese Erkenntnis, zu der wir eingeladen sind, vollzieht sich im Jetzt unseres Lebens, im Hier und Heute. Auch wenn die Erkenntnis bruchstückhaft und begrenzt ist, birgt sie die Dimension der Ewigkeit in sich. Eines Tages werden wir erkennen, wie wir erkannt worden sind (siehe 1. Korinther 13,12).

Erkenntnis ist also von grundlegender Bedeutung, doch der Begriff ist mehrdeutig. Für uns Menschen der westlichen Welt bedeutet Erkenntnis in erster Linie die Bekräftigung eines intellektuellen Wissens. Wenn man ein Kind fragt, ob es sein Einmaleins *kennt*, dann hofft man, dass es fähig ist, die grundlegenden mathematischen Operationen durchzuführen. Die Kenntnis wird also zunächst mit der Beherrschung eines Wissens oder Könnens gleichgesetzt. Und genau darin liegt die Schwierigkeit der Interpretation dieses Verses: Für viele Menschen beschränkt sich die Erkenntnis Gottes auf ein korrektes theologisches Wissen *über* Gott und auf die Aufzählung einer Reihe von Wahrheiten in Bezug auf Gott. Und es stimmt, dass wir mit unserem Verstand viele Dinge *über* Gott kennen und komplexe theologische Konzepte entwickeln und sogar eine theologisch perfekte Ansprache über ihn halten können – ohne ihn zu *kennen*!

Wir müssen also klar unterscheiden zwischen der Kenntnis von Wahrheiten *über* Gott und der persönlichen *Er*-kenntnis Gottes. Auch wenn sich unser Glaube auf Fakten und eine objektiv begreifbare Realität stützt, ist dies doch nur ein Teil der Erkenntnis Gottes, die zu erfahren wir aufgerufen sind. Gott zu erkennen geschieht also nicht nur mit dem Verstand, sondern auch durch eine tiefe, intime Erfahrung, eine Erfahrung des Herzens, wie Hubert Goudineau schreibt:

„Gott liebt uns zu sehr, um sich uns allein durch intellektuelle Erkenntnis mitzuteilen. Welcher Liebhaber, welcher Freund,

welcher Vater, welche Mutter würde sich mit so wenig zufriedengeben? Das ewige Leben wird vom Apostel Johannes, der sich damit auf die Lehre und das Gebet seines Meisters bezieht, als lebendige, tiefe und liebevolle Beziehung mit dem Herrn des Lebens beschrieben – eine Beziehung, die alle Komponenten unserer Persönlichkeit einschließt (Verstand, Willen, Affektivität, Körperlichkeit). Es handelt sich also nicht nur um eine intellektuelle Kenntnis, die vom Verstand gelenkt wird und deren Anteil keinesfalls missachtet werden darf, sondern darüber hinausgehend um eine Erkenntnis, die mit Beziehung, Gemeinschaft und Erfahrung zu tun hat." [024]

Unsere westlich geprägte Mentalität hat eine Trennung zwischen intellektuellem und emotionalem Wissen vollzogen: Die intellektuelle Kenntnis ist im Kopf angesiedelt und die emotionale Kenntnis im Herzen. Das hat praktisch zur Folge, dass man gewisse Wahrheiten über Gott begreifen kann, ohne davon emotional berührt zu sein. Der lange Weg vom Verstand zum Herzen wird im Bericht über die Emmaus-Jünger (Lukas 24,13–35) besonders anschaulich illustriert. Auf dem Weg erklärt ihnen Jesus, *„was durch die ganze Schrift hindurch über ihn gesagt wird – von den Büchern Mose angefangen bis zu den Propheten"* (V. 27).

Ein theologisches Meisterseminar! Der Sohn Gottes selbst legt die Heilige Schrift aus! Der Verstand der Jünger ist wachsam, doch ihr Herz bleibt anfangs unberührt, oder besser gesagt: Die Verbindung zwischen Herz und Verstand muss erst noch stattfinden: *„Und sie sprachen zueinander: Brannte nicht unser Herz in uns, wie er auf dem Weg zu uns redete und wie er uns die Schriften öffnete?"* (V. 32; ELB). Dieser Text illustriert, wie wesentlich es für uns ist, vollständig in die tiefe, vom Herzen kommende Erkenntnis Gottes einzutauchen.

Dieselbe Schwierigkeit wird in einem anderen Text im Johannesevangelium beleuchtet:

> „*‚Wenn ihr mich wirklich kennt, werdet ihr auch meinen Vater kennen. Ja, ihr kennt ihn schon jetzt und habt ihn bereits gesehen!' Da bat Philippus: ‚Herr, zeig uns den Vater, dann sind wir zufrieden!' Jesus entgegnete ihm: ‚Ich bin nun schon so lange bei euch, und du kennst mich noch immer nicht, Philippus? Wer mich gesehen hat, der hat auch den Vater gesehen […]*'" (Johannes 14,7–9).

Philippus lebte wie die anderen Jünger seit mehreren Jahren in enger Gemeinschaft mit Jesus Christus, ohne ihn wirklich zu kennen. Um Jesus zu kennen, muss uns der Heilige Geist erleuchten und unseren Verstand und unser Herz öffnen. Nur durch das Wirken des Geistes Gottes können wir die Größe und die Liebe Gottes wirklich erfassen. Daniel Bourguet schreibt dazu:

> „*In der Bibel befindet sich der Sitz der Intelligenz nicht im Kopf, sondern im Herzen (siehe 5. Mose 29,3 und Jeremia 31,33–34), genau wie die Liebe. Der von Gott geschaffene Mensch, der biblische Mensch, der Mensch, der auch wir gewissermaßen sind, ist ein Mensch, der in seinem Herzen sowohl die Intelligenz als auch die Liebe trägt. Es ist bedeutsam, dass im griechischen Alten Testament meistens das Wort ‚Intelligenz' (dianoia) als Übersetzung für das hebräische Wort ‚Herz' (lev) verwendet wird (siehe 1. Mose 8,21; 2. Mose 35,26). Wir wechseln also vom Hebräischen ins Griechische über die Gleichsetzung des Herzens mit dem Verstand. Mit anderen Worten: In der Bibel gibt es keine Intelligenz im Kopf – die Intelligenz befindet sich im Herzen und nirgendwo sonst.*"[025]

Der Verstand ohne Liebe lässt uns am Wesentlichen vorbeigehen – doch umgekehrt ist auch die Liebe ohne Verstand zu vermeiden. Die Liebe braucht den Verstand, um sich nicht in den Mäandern der Gefühlsduselei und des Subjektivismus zu verirren. Es ist ein schwieriges Gleichgewicht, in dem Herz und Kopf gleichmäßig miteinander funktionieren, um emotionale Trockenheit und auf der anderen Seite übertriebene, illusorische Emotionalität zu vermeiden.

Der Prophet Hesekiel wird in einer erstaunlichen Vision dazu aufgerufen, den *„Fluss zu überqueren, der aus dem neuen Tempel kommt"* (Hesekiel 47). Er muss *„in tiefem Wasser"* vorangehen. Er geht voran, wobei ihm das Wasser zunächst bis an die Knöchel reicht, dann bis zu den Knien, bis zur Taille, und schließlich ist der Fluss so tief geworden, dass Hesekiel gezwungen ist, zu schwimmen und sich vom Strom mitreißen zu lassen. Ein eindrückliches Bild von der Erfahrung Gottes, die uns zunächst am Rande unseres Lebens berührt, dann aber immer tiefer in die Erkenntnis Gottes hineinführt, wenn wir es zulassen.

Der Aufruf, in tiefem Wasser voranzugehen, ist also eine Einladung zur Entdeckung einer tieferen, prägnanteren Kenntnis Gottes. Gott will nicht, dass wir am Ufer des Flusses herumwaten. Er will für uns das Beste, nämlich tiefe, lebendige, erfüllende Gemeinschaft mit ihm. Wir sollten uns nicht vor diesem Eindringen der Gnade in unser Leben fürchten; es ist das Beste, was uns passieren kann! Manchmal erfahren wir Gottes Gegenwart nach intensiver Suche, manchmal ohne diese Suche – in beiden Fällen ist es reine Gnade, denn Gott ist derjenige, der die Initiative ergreift und sich zu erkennen gibt.

Im biblischen Wortschatz, insbesondere im Alten Testament, wird das Verb „erkennen" gebraucht, um den Sexualakt zwischen Mann und Frau zu beschreiben. Die Heilige Schrift verwendet also den Begriff *erkennen* für die geschlechtliche Intimität genauso wie für die enge Beziehung des Gläubigen zu Gott. Wir können daraus ableiten, dass es bei der Erkenntnis Gottes nicht um eine oberflächliche oder zweitrangige Sache geht, sondern dass sie unsere gesamte Existenz beansprucht. Es ist Gottes Wunsch und seine Erwartungshaltung an uns, dass wir in enger, tiefer Gemeinschaft mit ihm leben.

> *„Das Verb erkennen, das die menschliche geschlechtliche Liebe beschreibt, ist hervorragend geeignet, uns metaphorisch die unbeschreibliche Liebe Gottes mitzuteilen. Wir können diesen Sprachgebrauch getrost akzeptieren, denn die Bibel selbst schlägt es uns vor, und Gott selbst gebraucht dieses Verb, wenn er von seiner Liebesbeziehung zu den Menschen spricht […].“* [026]

Die Erfahrung Gottes ist eine Erfahrung der Liebe – die Erfahrung einer doppelten Liebe: das Begreifen der Liebe Gottes zu uns und unsere Antwort auf diese Liebe. Liebe und Kenntnis sind zwei so stark miteinander verwobene Realitäten, dass es nicht leicht ist, sie voneinander zu unterscheiden. Gott ist Liebe, und ihn kennen bedeutet, von seiner Liebe zu leben. Michael Reeves schreibt:

> *„Gott als Vater zu kennen, verschönert nicht nur unsere Sicht von ihm, sondern bewirkt auch tiefen Trost und größtes Glück. Es ist eine unfassbare Ehre. Das Kind eines reichen Königs zu sein, ist schon eine tolle Sache, aber das geliebte Kind des Herrn des Universums zu sein, ist ein Glück, für das es keine Worte gibt. Das Heil, das von einem solchen Gott angeboten wird, geht offensichtlich über die reine Vergebung und Erlösung hinaus, und es schenkt große Sicherheit.“* [027]

Liebe ist Gemeinschaft

Der Apostel Paulus bestätigt: *„Gott ist treu, durch den ihr berufen worden seid in die Gemeinschaft seines Sohnes Jesus Christus, unseres Herrn"* (1. Korinther 1,9; ELB). In Gemeinschaft mit Gott zu leben bedeutet eine Intimität, die für uns in der Praxis nicht immer leicht zu leben ist. Viel zu oft lassen wir Gott am Rande unseres Lebens, während sein Plan für uns der einer lebendigen, uns ganz vereinnahmenden Beziehung zu ihm ist. Erneut haben wir es hier mit einem Begriff zu tun, dessen Bedeutung wir unterschätzen. *„In Gemeinschaft leben"* bedeutet tiefe Verbundenheit, eine gemeinsame Sicht, Überzeugung, gemeinsame Gefühle und Ziele – doch Gemeinschaft bedeutet nicht Fusion. Wenn wir mit Gott Gemeinschaft haben, lösen wir uns nicht in Gott auf, sondern wir erleben ein Zusammensein, bei dem unsere Identität gewahrt und zugleich von der Gegenwart Gottes erleuchtet wird. Das Zusammensein mit Gott ist stets eine Begegnung zweier Personen – der Mensch wird nicht von Gott absorbiert. Gott und Mensch begegnen sich und beide sind jeweils Subjekt.[4]

Wenn wir mit Gott Gemeinschaft haben, lösen wir uns nicht in Gott auf, sondern wir erleben ein Zusammensein, bei dem unsere Identität gewahrt und zugleich von der Gegenwart Gottes erleuchtet wird.

Theophan der Klausner, ein russisch-orthodoxer Mönch des neunzehnten Jahrhunderts, erwähnt mehrere Stufen der Gemeinschaft: Eine erste Stufe bezieht sich auf die Gedanken

4 Daniel Bourguet, ebd., S. 54: *„Warum vollzieht sich die Erfahrung durch Teilnahme oder Gemeinschaft? Weil in der geistlichen Erfahrung die Liebe Gottes zur Liebe des Menschen führt und umgekehrt. Beide Formen der Liebe sind beteiligt und rühren voneinander her. Gott verbindet sich mit dem Menschen, um ihn ‚ihm ähnlich' zu machen, wie der Apostel Johannes es ausdrückt"* (1. Johannes 3,2).

und Absichten und vollzieht sich bei der Bekehrung. Die zweite Stufe ist eine langsame Vertiefung unserer Beziehung zu Gott, die sich im Verborgenen entwickelt. Gott arbeitet mit uns in der Tiefe, ohne dass wir uns dessen wirklich bewusst sind – wie ein Wasserstrom, der unter der Erde fließt, geheimnisvoll und verborgen und dennoch real, bis er eines Tages in vollem Licht hervorsprudelt. Doch es ist möglich, ein ganzes Leben zu leben, ohne dass die Quelle hervorquillt. Gott ist zwar präsent, doch es ist eine diskrete, verschleierte Gegenwart. Vielleicht könnte man von einer *gedämpften, unterdrückten* Gegenwart sprechen. Entspricht das nicht oft unserem Erleben? Wir würden gern in eine tiefere Erkenntnis und Gemeinschaft Gottes eintreten, und doch bleiben wir auf Distanz gegenüber dem, wozu er uns einlädt.

Laut Theophan ist die dritte Stufe jene tiefe, sichtbare und für uns und andere deutlich spürbare Gemeinschaft. Doch wir sollten bescheiden und achtsam bleiben. Der Weg zu tiefer Gemeinschaft mit Gott wird immer ein anspruchsvoller Weg sein, auf dem Gefahren und Hinterhalt lauern – nicht vonseiten Gottes, sondern aufgrund unserer Natur, die zutiefst von der Sünde geprägt ist.

Wie können wir an uns selbst arbeiten? Wir müssen Gott bitten, die Hindernisse aus dem Weg zu räumen, um auf dem Weg zu tieferer Gemeinschaft mit ihm Fortschritte zu machen. In die lebendige, wirkliche und bewusste Gemeinschaft mit Gott einzutreten, ist der Plan Gottes für unser Leben.[028]

Der evangelikale Pastor John Piper schreibt:

„Kein Christ kann die vollkommene Freude kennen, wenn er nicht eine lebendige Gemeinschaft mit Jesus Christus pflegt. Es reicht nicht, Wahrheiten über den Herrn zu kennen. Auch für ihn zu arbeiten, genügt nicht. Jeder Christ muss eine

persönliche, lebendige Beziehung zu Christus pflegen, ansonsten wird sein Christsein schon bald eine schwer zu tragende Last werden.“ [029]

Die Einladung zu einer so gelebten Gemeinschaft mit dem Herrn findet sich auch in den Worten des Apostels Petrus:

„Er hat uns das Größte und Wertvollste überhaupt geschenkt: Er hat euch zugesagt, dass ihr an seinem ewigen Wesen und Leben Anteil habt. Denn ihr seid dem Verderben entronnen, das durch die menschlichen Leidenschaften und Begierden in die Welt gekommen ist“ (2. Petrus 1,4).

Das Werk Gottes in Jesus Christus lässt uns an der göttlichen Natur teilhaben; diese Realität hat Christus für uns erworben, doch es fällt uns schwer, den ganzen Reichtum dieser Realität zu erfassen. Wir müssen einen langen und langsamen Weg zurücklegen, um dieses Geheimnis zu begreifen und die Wirklichkeit der Gemeinschaft mit Gott vollständig zu genießen. Im Gebet und in der Suche nach dem vertrauten Miteinander mit dem Herrn wird diese Einheit – nach dem Vorbild der Einheit zwischen dem Vater und dem Sohn – für uns erfahrbar. Wir können also sagen, dass die Erkenntnis Gottes, die Gemeinschaft mit ihm bedeutet, dass wir am Leben Gottes selbst teilhaben: *„Und genau darin besteht das ewige Leben: dich, den einen wahren Gott, zu erkennen und Jesus Christus, den du gesandt hast*“ (Johannes 17,3).

Der Ort der Liebe: das Herz

Das Gebet öffnet uns für die Erkenntnis Gottes und stellt die Gemeinschaft mit ihm her. Dies geschieht in unserem Herzen. Erkenntnis und Gemeinschaft sind Begriffe, deren Bedeutung oft missverstanden wird; mit dem Begriff „Herz“ verhält es sich genauso. Wir müssen zunächst klarstellen, was die Bibel mit dem Begriff meint.

Im Allgemeinen hört man, das Herz sei der Sitz der Gefühle, der Empfindungen und Zuneigungen. Doch in der Bibel geht der Begriff *Herz* weit darüber hinaus. Das Herz ist das entscheidende Organ des Menschen, sowohl auf körperlicher als auch auf spiritueller Ebene. Es ist das Zentrum des Lebens und bestimmt alle Wünsche, Motivationen und Handlungen einer Person. Natürlich ist das Herz auch der Sitz der Gefühle, doch es umfasst darüber hinaus alles, was eine Person ausmacht. Das Herz ist auch der Sitz des Glaubens: Wir werden aufgefordert, mit unserem Herzen zu glauben (Römer 10,9). Die Bibel sagt uns aber auch, dass das Herz sich gegenüber dem Glauben verhärten kann und dass es sich ihm nur langsam öffnet (Lukas 24,25). Doch das Herz ist ebenfalls und in erster Linie der Sitz der Intelligenz, wie wir bereits zuvor gesehen haben. Der moderne Mensch trennt den Verstand vom Glauben und von der Liebe – und hat damit seine innere Einheit verloren.[030]

Das Herz nimmt also in unserer Wahrnehmung der spirituellen Realitäten eine zentrale Stellung ein. Es ist unser Herz, das sich für die Gegenwart und das Handeln Gottes öffnen muss. *„Das Herz, das ist der Mensch in seiner Tiefe, der Geist“*, erklärt Theophan der Klausner. *„Dort befindet sich das Bewusstsein von Gott und von unserer Abhängigkeit von Gott, und ebenso finden sich dort alle ewigen Schätze des geistlichen Lebens.“*[031]

In der orthodoxen Theologie ist mit dem Herzen das tiefe Wesen des inneren Menschen gemeint, das sich der Gegenwart Gottes öffnet. Dort, in der Tiefe des Herzens, findet die Begegnung mit Gott statt. Um die Schwierigkeit dieses Ansatzes, seine Grenzen und die zu überwindenden Hindernisse zu unterstreichen, lädt die orthodoxe Theologie dazu ein, *„mit dem Verstand im Herzen"* zu beten – eine seltsam anmutende Formulierung, die jedoch treffend den langen Weg vom Verstand zum Glauben ausdrückt.

Es lohnt sich, einige Augenblicke innezuhalten und über das reiche Konzept des „Verstandes im Herzen" nachzudenken, das uns unsere innere Spaltung vor Augen führt. Theophan erklärt weiter:

> *„Solange ein Mensch mit dem Verstand im Kopf betet, handelt er allein mit den Ressourcen der menschlichen Intelligenz; so wird er niemals eine persönliche und direkte Begegnung mit Gott erleben. Durch die Benutzung seines Gehirns kann der Mensch etwas über Gott wissen, doch er kann Gott selbst nicht kennen. Wir können Gott nur erkennen, wenn eine tiefe Liebe mitspielt, und eine solche Liebe kann nicht allein vom Kopf kommen, sondern betrifft den ganzen Menschen, das heißt sein Herz."* [032]

Erkenntnis, Gemeinschaft, Herz: drei Begriffe, die uns unsere enorme Schwierigkeit vor Augen führen, Gottes Wort zu verinnerlichen. Unser Verstand ist oft wach, unser tiefes Inneres dagegen eingeschlafen, und so können wir uns dem Reichtum und der Tiefe der Liebe Gottes nicht öffnen.

Vielleicht könnte man sagen, dass der „Verstand im Herzen" mit der Erweckung des „inneren Menschen" gleichzusetzen ist, von dem der Apostel Paulus spricht:

„Er gebe euch nach dem Reichtum seiner Herrlichkeit, mit Kraft gestärkt zu werden durch seinen Geist an dem inneren Menschen; dass der Christus durch den Glauben in euren Herzen wohnt und ihr in Liebe gewurzelt und gegründet seid, damit ihr imstande seid, mit allen Heiligen völlig zu erfassen, was die Breite und Länge und Höhe und Tiefe ist, und zu erkennen die die Erkenntnis übersteigende Liebe des Christus, damit ihr erfüllt werdet zur ganzen Fülle Gottes" (Epheser 3,16–19; ELB).

Das Konzept des „Verstandes im Herzen" wird in gewisser Weise in diesen Versen zusammengefasst. Wie oft nähern wir uns den Wahrheiten des Glaubens auf einem oberflächlichen Niveau, als sei unser Herz unsensibel und unfähig, den ganzen darin verborgenen Reichtum zu erfassen. Allein im Gebet – manchmal unter Tränen – können wir von Gott die innere Erleuchtung erbitten, die uns für die Schätze der Gnade öffnet.

Wir wollen zum Abschluss noch einen weiteren orthodoxen Theologen, Dimitri von Rostow, zu Wort kommen lassen:

„Der Mensch muss sich öfter in der inneren Zelle seines Herzens einschließen als zwischen den Wänden seiner Klosterzelle. Dort trägt er all seine Gedanken zusammen, unterwirft seinen Verstand Gott und betet im Verborgenen mit dem Feuer des Geistes und des lebendigen Glaubens; so lernt er zugleich, seine Gedanken auf Gott auszurichten, so dass er zum vollen Wuchse des Mannes heranreift." [033]

4.
Jesus und die Apostel im Gebet

Man kann nicht über das Gebet schreiben, ohne bei dem größten aller Beter zu verweilen. Das Gebet war für Jesus von grundlegender Bedeutung. Wiederholt lesen wir in den Evangelien, wie er sich isoliert, häufig nachts, während die Jünger schlafen, um ungestört mit seinem Vater zu sprechen. Hier findet er die Worte, die sein Handeln untermauerten: *„Was ich euch sage, habe ich mir nicht selbst ausgedacht. Mein Vater, der in mir lebt, handelt durch mich"* (Johannes 14,10).

Jesus beim Beten beobachten

In den Evangelien finden sich nur wenige Details über das Gebetsleben von Jesus. Meistens betet er im Verborgenen, ohne Zeugen, wenn möglich weit entfernt von der Geschäftigkeit des Tages. Die Jünger wundern sich darüber, welche Ausstrahlung am frühen Morgen von ihm ausgeht, nachdem er die Nacht in Gemeinschaft mit dem Vater verbracht hat. Natürlich hören sie dann und wann bei bestimmten Vorfällen kurze Gebete von Jesus, doch die tiefe Gebetsgemeinschaft mit seinem Vater ist für sie nicht sichtbar.

Doch auch wenn die Jünger Jesus nicht beten sehen, können sie die Frucht der vertrauten Gemeinschaft mit dem Vater an seinem Gesicht, an seinen Gesten und an seinen Worten ablesen. Offensichtlich betet Jesus nicht so, wie man es ihnen beigebracht hat, und noch weniger wie die Pharisäer und die Schriftgelehrten. Das, was sie vom Gebetsleben von Jesus mitbekommen, treibt sie zu der Bitte: *„Herr, lehre uns beten."* Vielleicht haben sie begriffen, dass ihre eigenen Gebete stammelnd, wiederholend und steril sind, wie die Gebete der Gelehrten ihrer Zeit.

Zu ahnen, wie Jesus betete, bedeutet, in das Mysterium des Gebets einzutreten und zu entdecken, dass es bereits hier auf dieser Erde möglich ist, eine echte, persönliche Beziehung zu Gott zu genießen. Es ist möglich zu erleben, dass das Gebet kein Monolog ist, sondern zu einem Ort werden kann, an dem eine authentische Begegnung mit Gott stattfindet, bei der die Zeit stehen bleibt. Genau das haben die Jünger am Gesicht von Jesus gesehen, das von der Liebe des Vaters erleuchtet war: *„Wer mich gesehen hat, der hat auch den Vater gesehen"* (Johannes 14,9).

Es ist möglich zu erleben, dass das Gebet kein Monolog ist, sondern zu einem Ort werden kann, an dem eine authentische Begegnung mit Gott stattfindet.

Die Realität der Gegenwart des Vaters spiegelte sich auch in der Autorität Jesu wider, in seinen Worten, Heilungen, Ermahnungen – und seiner Liebe. Das überströmende Mitgefühl für die Menschenmengen, für die Ärmsten, die Gestrandeten war eine Folge seiner tiefen Gemeinschaft mit dem Vater. Sein Gebet war nicht steril, sondern hatte sichtbare Folgen in seinem Alltag.

Die Jünger machten die Erfahrung der außerordentlichen Herrlichkeit Gottes, die sich in den Gesichtszügen von Jesus widerspiegelte, während der sogenannten *Verklärung*. Jesus war so sehr mit den Angelegenheiten seines Vaters beschäftigt (siehe Lukas 2,49), dass sein Gesicht davon strahlte – und nicht nur sein Gesicht, sondern sein ganzer Körper und sogar seine Kleider leuchteten strahlend hell von der göttlichen Gegenwart. Wir können annehmen, dass das, was die Jünger als besonderes Vorrecht betrachteten, für Jesus die übliche Erfahrung der Gemeinschaft mit dem Vater war.[5]

Jedes Mal, wenn die Evangelien den Schleier anheben und uns Jesus im Gebet zeigen, sodass wir ein Stück weit an der Intimität dieser Momente teilnehmen können, bekommen wir einen Einblick in die besondere Kraft seines Gebets: Bei der Verklärung wird die strahlende Herrlichkeit Gottes hervorgehoben, in Gethsemane werden wir Zeugen seines inneren Kampfes, bei dem „der Schweiß wie Blutstropfen" von seiner Stirn rinnt. Die „Verklärung" ist eine der seltenen Gelegenheiten, bei denen Jesus drei seiner Jünger – den engen Kreis, nämlich Petrus, Jakobus und Johannes – dazu einlud, am Geheimnis seines Gebets teilzuhaben. Der Bericht der „Verklärung" bleibt für uns sonderbar und geheimnisvoll. Was die drei Jünger dort gesehen haben, ist nur schwer vorstellbar für uns: Jesus, hell strahlend in seiner göttlichen *„chekinah"* (Anwesenheit), und Mose und Elias im Licht des Sohnes der Herrlichkeit. Die Jünger waren vermutlich müde, wie schlafend, und erkannten erst später, welche außergewöhnliche Gnade ihnen widerfahren ist. Sie haben gesehen, was kein Mensch vor ihnen gesehen hat: die Herrlichkeit Gottes im Angesicht von Jesus Christus. Was die Jünger hier erlebt haben, hat sie für immer geprägt:

5 *„Die Verklärung ist ein Ereignis des Gebets. Was hier sichtbar wird, ist das, was geschieht, wenn Jesus mit seinem Vater spricht. Die absolute Einheit mit Gott dem Vater wird pures Licht"*, erklärt Joseph Ratzinger, der spätere Papst Benedikt XVI, in seinem Buch *Jésus de Nazareth*, Paris, Flammarion (freie Übersetzung).

„Wir selbst haben seine göttliche Herrlichkeit gesehen, eine Herrlichkeit, wie sie Gott nur seinem einzigen Sohn gibt. In ihm sind Gottes Gnade und Wahrheit zu uns gekommen“ (Johannes 1,14).

Die Art und Weise wie Jesus betet, lässt uns erkennen, dass das Gebet einen abgeschiedenen, verborgenen, intimen Raum benötigt, um frei und authentisch gelebt werden zu können. Gott ist der einzige Zeuge dieses Gebets, doch es wird sichtbare Spuren in unserem Leben hinterlassen.[6]

Natürlich beschränkten sich die Gebete von Jesus nicht auf wenige besondere Momente, in denen er sich zurückzog, um ein vertrautes Gespräch mit seinem Vater zu führen. Die Gemeinschaft mit seinem Vater prägte seinen gesamten Tag: Während er von einem Ort zum anderen ging, während seiner Begegnungen und Gespräche. Er war vollständig vom Gebet erfüllt, das Beten zog sich wie ein roter Faden durch sein Leben. Wenn er uns dazu auffordert, unablässig zu beten, so lädt er uns dazu ein, so zu leben wie er: In Gemeinschaft mit Gott, die sich nicht auf bestimmte Augenblicke beschränkt, sondern das ganze Leben erleuchtet.

Wenn wir uns das Gebetsleben von Jesus anschauen, können wir einige entscheidende Merkmale für das wahrhaftige Gebet herausstellen:

- **Es ist von Vertrauen geprägt** – von der Gewissheit, dass der Vater hört, und von der ruhigen inneren Überzeugung, dass er antworten wird, weil es mit seinem Willen übereinstimmt (siehe Johannes 11,42).

6 Wir werden später darauf zurückkommen, wenn wir die Einladung von Jesus, uns in die stille Kammer zurückzuziehen, um zu beten, betrachten: *„Wenn du beten willst, zieh dich zurück in dein Zimmer, schließ die Tür hinter dir zu und bete zu deinem Vater. Denn er ist auch da, wo niemand zuschaut. Und dein Vater, der auch das Verborgene sieht, wird dich dafür belohnen“* (Matthäus 6,6).

- **Es ist maßvoll** – es enthält nicht eine Unmenge von Worten (siehe Matthäus 6,8), denn es wird voll Vertrauen in den Vater ausgesprochen.
- **Es ist diskret und vertraulich** – es braucht keine Zeugen, um wirkungsvoll zu sein. Im Gegenteil: Es benötigt Stille und Innerlichkeit, um sich zu entfalten.
- **Es ist demütig** – wer wahrhaftig betet, kann sich nur seiner Grenzen und Schwächen bewusst sein. Hochmut, in welcher Form auch immer, hat hier keinen Platz (auch wenn wir das Gefühl haben, eine intensive geistliche Erfahrung zu machen).
- **Es ist kohärent** – ohne Abweichung zwischen dem, was wir beten, und dem, was wir leben. Das wahrhaftige Gebet formt und bestimmt unser Leben.
- **Es ist solidarisch** – es führt nicht dazu, dass wir uns von der Außenwelt abkapseln. Das wahrhaftige Gebet öffnet uns für die anderen, für die tiefen Bedürfnisse der Menschen, die uns nahestehen, und auch derer, die wir nicht kennen. Es öffnet uns für die Leidenden in der Welt.

Die Apostel beim Beten beobachten

Jesus ist offensichtlich der Meister, das ultimative Vorbild des Betenden; doch es lohnt sich, auch das Gebetsleben der Apostel unter die Lupe zu nehmen und zu entdecken, welchen Platz das Gebet in ihrem Leben einnahm.

Die Evangelien geben nur wenige Hinweise auf das Gebet der Jünger, das eher stammelnd zu sein schien – ob während der Verklärung oder im Garten Gethsemane, wo sie nicht einmal eine Stunde neben ihrem Herrn wachen konnten. In der Apostelgeschichte dagegen und in den Briefen ist eine radikale

Veränderung zu entdecken: Dort erweisen sich die Apostel als wahre Männer des Gebets. Wir werden uns zunächst mit der Bedeutung des Gebets für die Apostel und anschließend mit dem Inhalt ihrer Fürbitten beschäftigen.

Es ist offensichtlich, dass das Gebet für die Apostel eine tragende Rolle einnahm: Im Gebet nährten sie ihre Beziehung zu Gott, fanden Orientierung für ihre Entscheidungen und Aktionen, empfingen von Gott Liebe für die Mitgläubigen. Einer der Ratschläge von Jesus wurde von den Aposteln in besonderer Weise beherzigt. Jesus schloss seine Belehrung über die Ankunft des Menschensohns mit einem Aufruf zur Wachsamkeit ab. Er warnte seine Zuhörer davor, sich von einem bequemen Leben und übermäßiger materieller Behaglichkeit, von Festen und Trunkenheit und den Sorgen des Lebens einschläfern zu lassen: *„Bleibt zu jeder Zeit wachsam und betet“* (Lukas 21,36).

Diese Aufforderung, zu aller Zeit zu beten, findet sich in den Worten des Apostels Paulus wieder: *„Hört niemals auf zu beten“* (1. Thessalonicher 5,17). Eine Aufforderung, die sich inmitten einer Reihe anderer Empfehlungen scheinbar verliert: *„Freut euch zu jeder Zeit […] Dankt Gott, ganz gleich, wie eure Lebensumstände auch sein mögen […] Lasst den Geist Gottes ungehindert wirken […].“* Mitten in diesen zahlreichen Ermahnungen, mit denen der 1. Brief an die Thessalonicher abschließt, könnte man dazu neigen, der Aufforderung zu beständigem Beten nicht genug Aufmerksamkeit zu schenken. Doch sie steht hier keineswegs isoliert, sondern taucht immer wieder in den Worten des Apostels Paulus auf. An die Christen in Kolossä schreibt er: *„Lasst euch durch nichts vom Gebet abbringen und vergesst dabei nicht, Gott zu danken“* (Kolosser 4,2). Die Epheser fordert er zu unablässiger Wachsamkeit auf: *„Hört nie auf zu beten und zu bitten! Lasst euch dabei vom Hei-*

ligen Geist leiten. Bleibt wach und bereit. Bittet Gott inständig für alle Christen" (Epheser 6,18). Er bezieht sich auch auf seine eigene Erfahrung und erklärt, dass das Gebet seine Tage und Nächte ausfüllt: „*Tag und Nacht bitten wir ihn inständig um die Gelegenheit, euch wiederzusehen und euch im Glauben weiterzuhelfen*" (1. Thessalonicher 3,10) und fügt hinzu: „*Deshalb beten wir immer wieder für euch*" (2. Thessalonicher 1,11).

Wir werden später sehen, wie wir diese Aufforderung zu verstehen haben. Sie bedeutet nicht, dass wir pausenlos beten sollen – das ist menschlich und praktisch gar nicht möglich. Vielmehr werden wir dazu eingeladen, in innerer, gedanklicher Gemeinschaft mit dem Herrn zu leben. Offenbar hat Paulus genau das in seinem Leben erfahren.

Das Gebet von Paulus gründete sich auf die inständige Suche nach Gemeinschaft mit Christus. Im Philipperbrief bezieht er sich auf seine noble Herkunft und seine Vorzüge im Judaismus und bezeichnet sie als „wertlosen Dreck" im Vergleich zur Erkenntnis des Herrn Jesus Christus:

> „*Um Christus allein geht es mir. Ihn will ich immer besser kennenlernen: Ich will die Kraft seiner Auferstehung erfahren, aber auch seine Leiden möchte ich mit ihm teilen und mein Leben ganz für Gott aufgeben […]*" (Philipper 3,10).

Diese Erkenntnis war keine Flucht in eine Art geistliches Wohlbefinden, sondern begründete sein Engagement im Dienst der Kirche – ein Engagement, das ihm zahlreiche Entbehrungen und große Schwierigkeiten eingebracht hat.

Die Apostel können ganz sicher als Männer des Gebets betrachtet werden. Es ist sehr aufschlussreich, zu entdecken, was sich im Herzen ihrer Gebete befand. Worum baten sie Gott, wenn sie für andere beteten? Offenbar sorgten sie sich mehr um das geistliche Wachstum der anderen als um die Fürsorge Gottes für ihre materiellen Bedürfnisse. Wenn wir nun überlegen, was den größten Teil unserer Gebete ausmacht – egal, ob es unsere persönlichen oder gemeinschaftlichen Gebete sind –, so müssen wir feststellen, dass die Erfüllung unserer materiellen Bedürfnisse einen sehr wichtigen Platz darin einnimmt. Unsere Arbeit, unsere Gesundheit, unser Bedürfnis nach Liebe und Freundschaft stehen häufig im Mittelpunkt unserer Gebete. Auch wenn diese Bitten völlig legitim sind und Gottes Gedanken entsprechen, können sie uns doch davon abhalten, für unser geistliches Wachstum zu beten:

> *„Darum knie ich nieder vor Gott, dem Vater, und bete ihn an, ihn, dem alle Geschöpfe im Himmel und auf der Erde ihr Leben verdanken und den sie als Vater zum Vorbild haben. Ich bitte Gott, euch aus seinem unerschöpflichen Reichtum Kraft zu schenken, damit ihr durch seinen Geist innerlich stark werdet. Mein Gebet ist, dass Christus durch den Glauben in euch lebt. In seiner Liebe sollt ihr fest verwurzelt sein; auf sie sollt ihr bauen. Denn nur so könnt ihr mit allen anderen Christen das ganze Ausmaß seiner Liebe erfahren. Ja, ich bete, dass ihr diese Liebe immer tiefer versteht, die wir doch mit unserem Verstand niemals ganz fassen können. Dann werdet ihr auch immer mehr mit dem ganzen Reichtum des Lebens erfüllt sein, der bei Gott zu finden ist“* (Epheser 3,14–19).

Hier sehen wir, worum es dem Apostel wirklich ging: nicht um das Wissen über Gott, sondern um die tiefe, persönliche Erkenntnis und Erfahrung Gottes. Für ihn war es ganz entscheidend, dass die Wahrheiten über Gott und seine Liebe nicht in unserem Kopf stecken bleiben, sondern tiefer gehen und unser

Herz erleuchten. Wofür er betete, ist anspruchsvoll, aber absolut unumgänglich, wenn wir wollen, dass diese Wahrheiten unser Leben zutiefst prägen.

Paulus erbat von Gott für die Gläubigen die Erfahrung der außerordentlichen Liebe Gottes, die er selbst erfahren hat. Der presbyterianische Pastor Timothy Keller schreibt:

> *„Was Paulus vor allem anderen am Herzen liegt, ist das öffentliche und private Gebetsleben der Christen in seinen Gemeinden. Das höchste Gut ist für ihn die Gemeinschaft des Einzelnen mit Gott. Ein reiches, dynamisches, trostvolles, hart erkämpftes Gebetsleben ist das eine Gut, das uns alle in die Lage versetzt, alle anderen Güter so zu empfangen, wie es richtig und gut für uns ist. Für Paulus ist Beten nicht so sehr eine Methode, immer mehr Gaben von Gott zu bekommen, sondern immer mehr von Gott selber zu bekommen.“*

Könnte es eine edlere Sorge geben als ein Gebet, das darum bittet, Christus so zu kennen, bis man zur ganzen Fülle Gottes gelangt? Dieses Gebet von Paulus findet sich auch im Philipperbrief:

> *„Ich bete darum, dass eure Liebe immer reicher und tiefer wird und dass ihr immer mehr Einsicht und Verständnis erlangt. So lernt ihr entscheiden, wie ihr leben sollt, um an dem Tag, an dem Jesus Christus Gericht hält, untadelig und ohne Schuld vor euren Richter treten zu können. Alles Gute, was Christus in einem von Schuld befreiten Leben schafft, wird dann bei euch zu finden sein. Und das alles zu Gottes Ehre und zu seinem Lob!“* (Philipper 1,9–11).

Das Gebet von Paulus wird von der Überzeugung genährt, dass das Werk, das Gott in jedem Gläubigen begonnen hat, darauf ausgelegt ist, Gottes Gnade und Liebe immer tiefer zu erfahren, auch wenn der Weg dahin lang, zögernd und von Stürmen durchzogen sein kann:

> *„Deshalb haben wir seitdem nicht aufgehört, für euch zu beten. Wir bitten Gott, dass sein Geist euch mit Weisheit und Einsicht erfüllt und ihr auf diese Weise seinen Willen immer besser erkennt. Dann nämlich könnt ihr so leben, dass der Herr dadurch geehrt wird und er sich in jeder Hinsicht über euch freut. Euer Leben wird für Gott Frucht bringen, indem ihr in vielerlei Weise Gutes tut. Ihr werdet ihn immer besser kennenlernen […]"* (Kolosser 1,9–10).

Es lohnt sich, eine Liste der Gebetsanliegen des Apostels aufzustellen. So können wir sehen, wie sehr seine Sorge um das geistliche Wachstum der Gläubigen im Mittelpunkt seines Denkens stand. Folgende Bitten können auch wir uns zu eigen machen:

- Bitte um den Geist der Weisheit, der uns Gott offenbart und uns hilft, ihn besser zu kennen.
- Bitte um die Erleuchtung unseres Herzens, damit unsere Hoffnung genährt wird und wir unser geistliches Erbe entdecken.
- Bitte um die Stärkung unseres inneren Menschen.
- Bitte um das Wohnen Christi in unserem Herzen, sodass wir in der Liebe gegründet und verwurzelt sind.
- Bitte, Gott möge uns befähigen, die Breite, Länge, Höhe und Tiefe der Liebe Christi zu ermessen.
- Bitte, bis zur ganzen Fülle Gottes erfüllt zu werden.
- Bitte um Freude durch die Teilnahme am Evangelium.
- Bitte um eine dankbare Haltung für den Fortschritt des Evangeliums in unserem Leben.

- Bitte um die volle Erkenntnis des Willens Gottes, seiner Weisheit und um geistliches Unterscheidungsvermögen.
- Bitte darum, dass wir ein Leben führen können, dass des Herrn würdig ist und seine volle Zustimmung findet.
- Bitte darum, dass unser Handeln auf das Gute ausgerichtet ist.
- Bitte um einen aktiven Glauben, eine aktive Liebe und anhaltende Hoffnung.
- Bitte darum, dass wir uns der Berufung Gottes würdig erweisen.
- Bitte um einen aktiven Glauben, der Gutes wirkt.
- Bitte um eine wachsende Erkenntnis Gottes, um gestärkt zu werden und unerschütterliche Geduld und Ausharren zu erlangen.

Die Liste ist nicht vollständig, doch sie gibt uns einen Einblick in konkrete Gebetsanliegen für uns selbst und für alle, die uns am Herzen liegen.

5.
Das Herzensgebet

> *„Das Herzensgebet ist kein Ziel, das es zu erreichen gilt. Es ist vielmehr eine Form des Seins, ein Weg, auf dem man vorangeht.“* [034]

Wir haben bereits ausführlich dargelegt, dass das Gebet des Herzens einem doppelten Ansatz folgt. Es findet statt, wenn wie uns die Zeit nehmen, innezuhalten und zu lesen, zu meditieren und zu beten. In einem solchen besonderen, privilegierten Augenblick, in dem wir uns nach einer echten Begegnung ausstrecken, können wir wie der junge Samuel ganz einfach sagen: *„Rede, Herr, dein Knecht hört“* (1. Samuel 3,10). Während einer solchen Zeit des Rückzugs sollten wir darauf achten, optimale Voraussetzungen für das Hören zu schaffen: Es gilt, den günstigsten Zeitpunkt zu finden, einen geeigneten Ort des Rückzugs und auch die klare Entschlossenheit aufzubringen, jede äußere wie innere Unruhe zum Schweigen zu bringen. So antworten wir auf die Aufforderung von Jesus an seine Jünger, sich in „die stille Kammer“ zurückzuziehen, um eine tiefe, intime Begegnung mit dem Vater zu erleben, der bereits an diesem stillen Ort auf uns wartet.

Doch es gibt noch eine andere Form des Herzensgebets, mit der wir uns in den folgenden zwei Kapiteln beschäftigen werden. Diese Form des Herzensgebets geht über die begrenzte

Zeit hinaus, die wir der Meditation widmen. Sie lädt uns dazu ein, jeden Moment – selbst mitten in unseren Aktivitäten – zum Dialog mit dem Herrn zu nutzen und ihn einzuladen, in unserem Alltag gegenwärtig zu sein. Es handelt sich nicht um die besonders reservierten Momente des Gebets, sondern um eine stille, beständige Gemeinschaft mit dem Vater mitten in unserem täglichen Leben. Jeder Augenblick, jede Geste, jeder Gedanke, jedes Wort, jede Begegnung wird von diesem Dialog gespeist.

Wie sollen wir beten?

„Wenn du beten willst, zieh dich zurück in dein Zimmer, schließ die Tür hinter dir zu und bete zu deinem Vater. Denn er ist auch da, wo niemand zuschaut. Und dein Vater, der auch das Verborgene sieht, wird dich dafür belohnen" (Matthäus 6,6). Diese Aufforderung, die Jesus an seine Jünger und an die Menschenmenge am Fuß des Berges richtet, ist von erstaunlicher Aktualität. Jesus fordert seine Zuhörer dazu auf, im Verborgenen des Herzens den Ort der intimen Begegnung mit Gott zu suchen.

Es geht darum, sich zurückzuziehen, sich vom Lärm und der Geschäftigkeit der Außenwelt abzuschotten und still zu werden. Ein solches Vorgehen entspricht durchaus dem, wonach der moderne Mensch sucht. Unsere Mitmenschen sehnen sich nach Stille und Innerlichkeit – die zahlreichen existierenden Formen der Meditation erinnern uns ständig daran. Immer mehr Menschen interessieren sich dafür, zu lernen, im Stress und der Geschäftigkeit unseres Lebens zur Ruhe zu kommen, in die Stille zu gehen und inneren Frieden zu finden. Indem Jesus uns dazu einlädt, uns in die verborgene Kammer zurückzuziehen, geht er auf diese grundlegende Suche der Menschen ein, doch er verleiht ihr eine besondere geistliche Dimension. Wenn Jesus mich zur Stille und Innerlichkeit einlädt, dann schlägt er mir damit einen Weg der Begegnung und engen Gemeinschaft mit dem Einen vor, der in dieser Verborgenheit gegenwärtig ist und auf mich wartet – es ist ein Weg des Gebets von erstaunlichem Reichtum[7].

Die Tatsache, dass Jesus diese Worte nicht allein an seine Jünger, sondern an alle richtet, die ihm zuhören, verleiht dieser Unterweisung eine universelle Bedeutung. Er wendet sich nicht an „Spezialisten" des Gebets, sondern an Frauen und Männer, die sich nach Stille und Innerlichkeit sehnen und einen echten Dialog mit Gott suchen. Die Aktualität dieses Angebots betrifft uns alle, sofern wir tatsächlich den Wunsch haben, dem Stress und den Spannungen unseres Lebens zu entfliehen.

Im Matthäusevangelium ist die anwesende Menschenmenge Zeuge der Aufforderung von Jesus: *„[...] zieh dich zurück in dein Zimmer [...]"*, die dem Vaterunser vorangeht (Matthäus 6,6). (Ein geistlicher Lehrer brachte seinen Jüngern nicht nur Theologie und Ethik bei, sondern auch die religiösen Praktiken, die für die Juden in Gebet, Almosen und Fasten bestanden.) Im Lukasevangelium dagegen wird nichts von der verborgenen Kammer erwähnt - doch spielt sich die Unterweisung dort auch unter anderen Umständen ab. Bei Lukas richtete Jesus sich an den begrenzten Kreis seiner Jünger und antwortet auf eine konkrete Frage einer der Jünger. Dieser, dessen Identität nicht genannt wird, hat Jesus beten sehen und klar erkannt, dass seine Art des Betens nichts mit den Gebeten der religiösen Führer gemein hatte. Sie war auch nicht mit dem

7 Wir werden in Kapitel 12 noch näher auf die Herausforderungen eingehen, die mit den spirituellen Erwartungen unserer Zeitgenossen verbunden sind.

Gebet von Johannes dem Täufer zu vergleichen, und daher bat er Jesus: *„Lehre uns beten.“*

Matthäus gibt beinahe eine identische Formulierung des Vaterunsers wie das Lukasevangelium wieder, doch die Umstände sind anders. Jesus spricht nicht zu seinen Jüngern, sondern zu der auf dem Berg versammelten Menschenmenge. Matthäus erwähnt keine Frage, sondern integriert die Worte Christi in eine allgemeine Belehrung über die Ethik des Reiches Gottes, zu der eben auch die Beachtung der drei Pfeiler der jüdischen Frömmigkeit – Gebet, Almosen, Fasten – gehören.

Eine erstaunliche Antwort

Man könnte sich darüber wundern, dass Jesus keine Belehrung *über* das Gebet vornimmt, sondern ganz einfach ein Gebet vorschlägt: *„Wenn ihr betet, sagt: Vater [...].“* Die Jünger hatten vermutlich damit gerechnet, dass Jesus ihnen praktische Anweisungen zum Gebet geben würde: Welche Körperhaltung einnehmen? Mit Kopfbedeckung oder ohne? Sollte man stehen und die Hände zum Himmel heben oder lieber auf die Knie gehen?

Jesus stellt auch keine Liste von verschiedenen Gebetsformen vor, wie man sie in sämtlichen Büchern zum Thema Gebet findet: Bitten, Sündenbekenntnis, Anbetung, Gebet der Hingabe, Dank, Gebet um Heilung, Fürbitte - nichts von alldem! Jesus gibt ihnen ein einfaches Gebet, nur wenige Worte; doch sie enthalten alles!

Wir werden uns hier nicht mit dem Inhalt des Vaterunsers befassen, denn es gibt bereits eine Menge Literatur zu dem Thema. Was uns an dieser Stelle interessiert, sind die einleitenden Worte bei Matthäus: *„Wenn du beten willst, zieh dich zurück in dein Zimmer [...].“*

In dieser Perikope (Matthäus 6,5–15) geht es nicht mehr um die Bitte eines einzelnen Jüngers, sondern um eine grundsätzliche Unterweisung zum Gebetsleben. Das öffentliche Gebet birgt seinen Lohn in sich – es ist das Gebet der Religiösen, die so beten, dass sie von anderen gesehen werden. Das fromme Bild, das sie abgeben, ist ihnen wichtiger als die Erhörung ihres Gebets durch Gott. Solche Gebete klingen gut und sind formell perfekt, aber völlig fruchtlos. Dasselbe gilt für das Geben von Almosen, wenn es eine Zurschaustellung der Großzügigkeit ist, und für das Fasten, sollte es bloße Demonstration eines von Entbehrung gezeichneten Gesichts sein. Es gibt mehrere Zeugen: Die anderen, die uns verurteilen oder bewundern, und den einzigen wahren Zeugen: den Vater im Himmel!

Jesus spricht auch vom wiederholenden, monotonen Gebet, das in der Annahme heruntergeleiert wird, man könne Gott mit vielen Worten überreden. Jesus prangert diese Art des Betens scharf an. Angesichts der in der Öffentlichkeit zur Schau gestellten Frömmigkeit schlägt Jesus eine andere, verborgene, innere Frömmigkeit vor:

- Bezüglich der Almosen: *„Wenn du einem Bedürftigen hilfst, dann soll deine linke Hand nicht wissen, was die rechte tut […]“* (Matthäus 6,4).
- Bezüglich des Fastens: *„Wenn du fastest, dann pflege dein Äußeres so, dass keiner etwas von deinem Verzicht merkt“* (Matthäus 6,17).
- Bezüglich des Gebets: *„Wenn du beten willst, zieh dich zurück in dein Zimmer […]“* (Matthäus 6,6).

„Wenn du beten willst ..."

Im griechischen Text kommt das Verb „wollen" nicht vor, doch in vielen Übersetzungen wird es verwendet. Welcher Sinn steckt dahinter? Die Worte von Jesus über die stille Kammer und die verschlossene Tür weisen darauf hin, dass der Betende sich bewusst und willentlich zum Gebet zurückzieht und ganz und gar auf die Begegnung mit Gott einlässt. Es braucht unsere klare Willensentscheidung, alles stehen und liegen zu lassen, um die verborgene Gemeinschaft mit dem Herrn zu suchen, daher ist die Übersetzung „Wenn du beten *willst*" die bevorzugte Wahl des Autors.

Eine weitere einleitende Bemerkung: Jesus beginnt seine Unterweisung zum Gebet mit einer kollektiven Ansprache *(„Wenn* ihr *betet"*, Matthäus 6,5), geht aber dann zu einer persönlichen Ansprache über: *„Wenn* du *beten willst"*. Auf einmal ist jeder von uns persönlich angesprochen: „Du, der du nicht weißt, wie du beten sollst, du, dessen Gebet der lange Atem fehlt, du, dem es an Glauben, Tiefgang und Wahrheit mangelt ... ich werde dir sagen, wo Gott auf *dich* wartet!" Doch es gilt einen Weg zurückzulegen: „Du musst in deine Kammer gehen, die Tür verschließen, und dort – im Verborgenen – wirst du den Vater finden, der schon auf dich wartet."

„zieh dich in dein verborgenes Zimmer zurück ..."

Was ist mit der „verborgenen Kammer" oder dem „abgeschiedenen Zimmer" gemeint? Der griechische Begriff *tameion* bezeichnet die Vorratskammer, den Weinkeller oder die Dachkammer. Es handelt sich also nicht um den Hauptraum, nicht einmal um das Haus *oikia*, sondern wirklich um einen abgeschiedenen Raum. Ein Ort, an dem die anderen uns nicht sehen, im Gegensatz zu den öffentlichen Plätzen wie der Synagoge, den Straßenkreuzungen, den Straßen. Der Vorwurf, den Jesus an die Pharisäer richtet, ist genau der: vor den Augen der anderen zu beten, um von ihnen bewundert zu werden.

Doch Vorsicht – auch in der verborgenen Kammer kann man Zuschauer oder Zuhörer seines eigenen Gebets sein! Wie Dietrich Bonhoeffer schrieb: *„Die Öffentlichkeit, die ich mir suche, besteht dann darin, dass ich zugleich der bin, der betet, wie auch der, der hört"* [035], womit nach Jesu Worten „unser Lohn dahin ist".

Wo also befindet sich die verborgene Kammer? Es kann ein klar definierter räumlicher Ort in unserem Haus sein – ein Zimmer, ein Büro, in dem man nicht gestört und nicht gesehen wird. Wir können einen solchen Raum für Gebet und Meditation herrichten, was eine praktische Hilfe für unser Gebetsleben sein kann. Wir werden später darauf zurückkommen. Dieser Raum muss vor jeder Störung von außen abgeschirmt sein, sodass wir in aller Freiheit unseren Gefühlen Raum geben können[8]. Die Aufforderung, uns in ein stilles Zimmer zurückzuziehen, geht Hand in Hand mit der täglichen Andachtszeit, die wir für den Herrn reservieren, doch sie sollte uns auch dazu ermuntern, Raum für weitreichendere Phasen innerer Einkehr zu finden.[9]

8 Man könnte einmal hinterfragen, inwiefern öffentliche Gebete, in denen man ohne Diskretion seinen Gefühlen freien Lauf lässt, ihre Berechtigung haben. Ist es klug, Dinge, die eigentlich der persönlichen Gemeinschaft mit dem Herrn vorbehalten bleiben sollten, vor anderen auszubreiten? Manchmal wird man Zeuge von Worten und Tränen, die besser nicht die verborgene Kammer verlassen sollten, in der nur der Herr anwesend ist. Müssen wir wirklich vor anderen offenbaren, welche Arbeit Gott in unserem Leben vollbringt? Hetty Hillesum schrieb über ihr Gebetsleben, kniend auf dem Sisalläufer ihres Badezimmers: „Diese Dinge sind noch intimer als die Sexualität." (Siehe Hetty Hillesum, *Une vie bouleversée*, Paris, Seuil, 1988, S. 76.)

9 Wir werden später noch auf die Bedeutung dieser Rüst- oder Besinnungszeiten zurückkommen, in deren Verlauf man die Erfahrung der „Wüste" macht: *„Doch dann werde ich versuchen, sie wiederzugewinnen: Ich will sie in die Wüste bringen und in aller Liebe mit ihr reden"* (Hosea 2,16).

Sollten man nicht über einen solchen Ort verfügen, muss man sich deshalb keine Sorgen machen! Die stille Kammer muss nicht unbedingt ein geografischer Ort sein. Es kann auch ein verborgener Ort in unserem Herzen sein, zu dem wir uns regelmäßig zurückziehen. Der Ort, an dem Gott uns begegnen möchte, befindet sich in jedem von uns. Sagte Jesus nicht, dass das Reich Gottes mitten unter uns sei (Lukas 17,21)?

Diese tiefe Gebetsgemeinschaft können wir sogar mitten in einer Menschenmenge erleben. Die verborgene Kammer kann sich also im Herzen der Welt befinden. Ähnlich wie diejenigen, die mit Kopfhörern durch die Gegend spazieren und nicht mitbekommen, was um sie herum vor sich geht, können wir diesen verborgenen, inneren Raum finden, in dem Gott auf uns wartet.

Die Analogie mit den Kopfhörern stößt hier allerdings an ihre Grenzen. Wenn ich mitten in einer Menschenmenge bete, dann sehe ich immer noch die Menschen um mich herum. Jedes Gesicht – und wie viele davon sind traurig, verschlossen, mutlos – kann ich in aller Stille zu den Füßen des Herrn niederlegen: *„Herr, diese Frau scheint die Last der Welt auf ihren Schultern zu tragen. Bitte nimm dich ihrer an."*

Wenn unser Gebet aufrichtig ist, wird es nie steril sein, sondern Segen und Leben hervorbringen. So wie bei Jesus, der aus der Gemeinschaft mit dem Vater Kraft schöpfte, um für die Begegnung mit den Menschen gerüstet zu sein, die ihm oft feindlich gesinnt waren und ihn ablehnten. Im Verborgenen unseres Herzens, das im Einklang mit dem Herzen des himmlischen Vaters schlägt, können wir unsere Feinde lieben und in unser Gebet einschließen: *„Vater, vergib ihnen, denn sie wissen nicht, was sie tun!"* (Lukas 23,34). Es ist tatsächlich ein

Prüfstein für die Wahrhaftigkeit unseres Gebets: Wenn seine Quelle in Gott entspringt, dann entstehen daraus Liebe, Mitgefühl und Vergebung. Wenn nichts davon bei uns zu finden ist, dann müssen wir die Echtheit unseres Gebets hinterfragen. Wenn wir am Groll festhalten und die Vergebung verweigern, ist unser Gebet kein christliches Gebet!

„und wenn du deine Tür geschlossen hast ..."

Jesus verwendet in seiner Lehre häufig den Begriff der Tür. Er stellt sich selbst als die Tür/das Tor vor, die/das den Zugang zum Vater öffnet: *„Aber das Tor, das zum Leben führt, ist eng und der Weg dorthin schmal!"* (Matthäus 7,14). Die Symbolik spricht für sich: Die Tür ist der Übergang von einem Ort zum anderen, von einem Zustand zum anderen. Jesus fordert uns nicht nur auf, zum Beten durch die Tür in die Kammer einzutreten, sondern die Tür auch zu schließen und zu verriegeln. Damit ist klargestellt, dass wir uns willentlich zum Gebet und zur Begegnung mit dem Herrn entschlossen haben. Wir lassen alles andere vor der verschlossenen Tür.

Wenn man jemanden erwartet, lässt man normalerweise die Tür unverriegelt; doch hier werden wir aufgefordert, die Tür abzuschließen. Niemand kann also in den Raum kommen. Der Betende ist allein im Zimmer, und alle potenziellen Ablenkungen sind ausgesperrt. Doch wir betreten kein leeres Zimmer – wir öffnen die Tür, treten ein, schließen ab und entdecken, dass schon jemand dort ist, der auf uns gewartet hat.

Erstaunlich und absolut überwältigend: Jedes Mal, wenn wir uns bewusst an den Herrn wenden, mit dem tiefen Wunsch im Herzen, ihm zu begegnen, stellen wir fest, dass er bereits da ist. Er hat auf uns gewartet, er ist zur Stelle, immer rechtzeitig.

Wir sind diejenigen, die oft nicht zur Stelle oder meistens verspätet sind. Was für eine großartige Verheißung, deren Reichtum wir gar nicht ermessen können: Jedes Mal, wenn wir innehalten, um zu beten, ist der Herr bereits da und wartet auf uns – ob wir seine Gegenwart spüren oder nicht.

Beten ist also ein Akt des Glaubens an die Worte von Jesus: „Wenn du betest, erwartet Gott dich schon!“

„Und dein Vater, der auch das Verborgene sieht ...“

Der himmlische Vater befindet sich im Verborgenen unserer Kammer … und sieht uns. Wir hätten vielleicht erwartet, dass dort steht: *„Er hört dich“* oder *„Er hört dir zu“*. Doch im Text des Evangeliums steht das Verb *„sehen“*. Wir können also still sein und nichts sagen, einfach da sein. Manchmal ist unser Herz so schwer, angefüllt mit Sorgen, Traurigkeit und Schmerz, dass wir einfach stumm sind, so wie man schweigend bei einem Trauernden sitzen bleibt. Vielleicht schweigen wir auch, weil uns die Worte fehlen angesichts der Liebe und grenzenlose Güte Gottes. Er sieht uns … auch wenn keine Worte kommen, sieht er in unser Herz. Es ist nicht nötig, schöne und eindrucksvolle Worte auszusprechen. Gott in seiner innigen Liebe und Freundlichkeit erwartet keine großen Worte, sondern er sieht in unser Herz und erkennt, was in unserem Innersten vor sich geht.

Geheimnisvolle und wohltuende Stille. Gott legt uns gewissermaßen die Hand auf die Schulter und wartet darauf, dass wir einfach sagen: *„Vater …“* Er ist dort, im Verborgenen unserer Kammer, im tiefsten Inneren unseres Herzens und sagt uns einfach: *„Selig bist du!“* Wir verweilen dort, mit geöffneten

Händen, voller Sehnsucht und Freude über seine Gegenwart. Während wir Ruhe und innere Stille suchen, entdecken wir das Geschenk der persönlichen Gegenwart des Herrn.

Kann unsere Welt, die nach Meditation und Innerlichkeit sucht, den ganzen Reichtum dieser Einladung des Herrn Jesus Christus entdecken, uns in die verborgene Kammer zurückzuziehen, wo wir uns nicht allein mit uns selbst befinden, sondern in einen Dialog der Liebe mit Gott hineingezogen werden? Wir brauchen uns nicht vor diesen Momenten der Stille zu fürchten, die wir unter seinem Blick erleben, wo keine Worte gewechselt werden, wo aber jeder Augenblick von der Gegenwart des Herrn getränkt ist.

Die Einladung zum Rückzug in die verborgene Kammer kann uns helfen, einige Aspekte des tiefen Gebets zu entdecken – dieses Dialogs von Herz zu Herz. Zugleich birgt sie den Anspruch einer qualitativen Stille und Bereitschaft zum Hören.

Gebet ist: Begegnung und Dialog

„Man kann mit Gott sprechen oder still in seiner Gegenwart verharren, ohne Worte, aber im Bewusstsein seiner Nähe; er ist uns näher als unsere Seele selbst.“[036]

Das Gebet ist zuallererst eine Begegnung; wir können es nicht oft genug wiederholen. Solange wir das nicht begriffen haben, können wir nicht in ein authentisches christliches Gebet eintauchen.

Sich der Gegenwart Gottes bewusst sein – ob sie für uns spürbar ist oder nicht – ist der erste Schritt, den wir gehen müssen. Wir müssen akzeptieren, dass uns diese göttliche

Gegenwart *„näher ist als unsere Seele selbst"*, wie es Nicolas Cabasilas im vierzehnten Jahrhundert ausgedrückt und damit verdeutlicht hat, wie groß die Intimität ist, zu der wir im Gebet eingeladen sind. Das Gebet kann sogar als Oster-Begegnung verstanden werden: *„Das Gebet ist für jeden von uns eine Oster-Begegnung, die Begegnung mit dem auferstandenen Herrn, die in Form einer Allianz unsere persönliche heilige Geschichte begründet."* [037]

Das Gebet als Oster-Begegnung! In der Begegnung mit dem Auferstandenen gibt sich Gott selbst zu erkennen. Auch wenn das Gebet die Suche nach Gott ist, kann es nur auf Christus ausgerichtet sein. Wir sind hier weit entfernt von der Wiederholung mehr oder weniger auswendig gelernter Formulierungen oder der Bitte um Erfüllung unserer materiellen Bedürfnisse. Diese Form des Gebets ist die anspruchsvolle Suche nach der göttlichen Gegenwart, die uns verheißen ist, sofern unser Ansatz aufrichtig und tief ist. Jesus legt im Lukasevangelium Nachdruck darauf: *„Trotz all eurer Bosheit wisst ihr Menschen doch, was gut für eure Kinder ist, und gebt es ihnen. Wie viel mehr wird der Vater im Himmel denen den Heiligen Geist schenken, die ihn darum bitten!"* (Lukas 11,13).

Sich Gott im Gebet nahen bedeutet, dass man wünscht und hofft, gemäß der Gnade dessen, den wir anrufen, eine Verbindung – diskret oder umwälzend – zu erleben. Das Gebet ist also nicht die Erfahrung einer Art der Leere, eines Moments der Stille, sondern vielmehr die Suche nach einer Begegnung „von Angesicht zu Angesicht", die letztlich nur umwälzend sein kann – ein endlich wiederhergestellter Dialog mit dem Einen, der seit Urzeiten auf uns wartet! Jeder Moment des Gebets sollte von der Sehnsucht nach der spürbaren Gegenwart Gottes durchdrungen sein, so wie eine Braut sehnsuchtsvoll die Gegenwart ihres Bräutigams herbeisehnt.

Das Gebet ist jenes erstaunliche Rendezvous, zu dem Gott uns einlädt – erstaunlich, weil es von Kontrasten geprägt ist: Auf der einen Seite Gott selbst in seiner Größe und Majestät, der uns einlädt, auf uns wartet, uns begegnet – und auf der anderen Seite sind wir mit unseren Grenzen und Schwächen und unserer Unbeständigkeit. Doch trotz dieses gewaltigen Ungleichgewichtes ist diese Begegnung möglich und erwünscht, zunächst vonseiten Gottes – und zwar bevor wir uns dessen bewusst sind – und danach auch von uns selbst – allerdings auf diffuse Art, beinahe stammelnd. Es geht nicht um eine flüchtige, gelegentliche Begegnung, sondern um eine echte Beziehung im Hier und Jetzt unseres Lebens, angelegt auf Dauerhaftigkeit und Tiefe. Daniel Bourguet drückt es so aus:

> „*Von Angesicht zu Angesicht mit Gott! Haben wir eine Ahnung, was das bedeutet? Wir könnten niemals die ganze Tragweite dieser Worte erfassen: Gott, der unendlich Große, der ganz andere, ist mein Gegenüber – von Angesicht zu Angesicht! Wie lange sollten wir still vor ihm verweilen, bevor wir es wagen, das erste Wort zu sagen, nur ein winzig kleines Wort, nur ein einziges …*“ [038]

Viel zu oft haben wir aus dem christlichen Glauben eine Realität gemacht, die wir nur mit der Vernunft erfassen. Wir haben die erstaunliche Fähigkeit entwickelt, theologische Systeme auszuarbeiten, die sich zwar eng an den biblischen Text halten, aber häufig keinerlei spirituelle Wärme enthalten. Wann werden wir die Demut haben, zu erkennen, dass wir die Fähigkeit verloren haben, zu staunen? Über ein Wort, das uns die Liebe, die Zärtlichkeit oder die Freude an Gott vermittelt, in Begeisterung auszubrechen?

Wenn das Gebet eine Begegnung ist, dann ist es auch *Dialog*. Wir werden im Folgenden sehen, welche entscheidende Rolle die Stille spielt, wenn wir einen wirklichen Dialog mit Gott führen wollen.

Gebet ist: ein Gespräch von Herz zu Herz

Vielleicht ist das Gebet nicht nur eine Begegnung „von Angesicht zu Angesicht“, sondern eine Erfahrung der Begegnung „von Herz zu Herz“ mit Gott? Durch die gesamte Bibel zieht sich der überwältigende Aufruf, eine herzliche, intime, tiefe, liebevolle Beziehung mit Gott zu leben, wie ein roter Faden. Insbesondere in den Psalmen finden wir immer wieder die Einladung, Freude, Erfüllung und Glück in Gott zu finden. Und das Neue Testament steht dem in nichts nach. Jesus Christus selbst bahnt uns einen Weg des Lebens in der Fülle. Er macht denen, die auf sein Wort hören und ihm gehorchen wollen, ein überwältigendes Angebot der Intimität mit dem Vater:

> *„Wer meine Gebote annimmt und danach lebt, der liebt mich wirklich. Und wer mich liebt, den wird mein Vater lieben. Auch ich werde ihn lieben und mich ihm zu erkennen geben. (...) Wer mich liebt, richtet sich nach dem, was ich gesagt habe. Auch mein Vater wird ihn lieben, und wir beide werden zu ihm kommen und für immer bei ihm bleiben“* (Johannes 14,21.23).

Hier geht es nicht um eine kleinliche Anwendung einer Reihe von Vorschriften, Geboten oder Verboten. Die Worte Jesu sind getragen von der Realität einer Liebe, die entdeckt werden will und die sich schenkt. Ein Gebot aus Liebe motiviert zu erfüllen ist keine Last. Johannes drückt es in seinem ersten Brief so aus: *„Denn Gott lieben heißt nichts anderes als seine Gebote befolgen; und seine Gebote sind nicht schwer“* (1. Johannes 5,3).

Der Apostel Johannes ist in gewisser Weise der „Vorsänger“ dieser Liebe und dieser tiefen Gemeinschaft mit dem Herrn, wenn er in seinem Evangelium die letzten Gespräche zwischen Jesus und seinen Jüngern vor seinem Tod wiedergibt, genau wie die Fußwaschung, das Bild vom Weinstock und den Reben, die Verheißung des Heiligen Geistes (Trösters) …

Johannes hat in den Worten Jesu die Einladung herausgehört, Gott in seiner Trinität im Herzen des Gläubigen Wohnung nehmen zu lassen. Wir sind dazu eingeladen, in der Einheit mit Christus zu leben, so wie der Vater und der Sohn eins sind. Das ewige Leben wird nicht nur in seiner künftigen, eschatologischen Dimension vorgestellt, sondern als eine Realität, die wir schon hier und jetzt erleben dürfen: *„Und genau darin besteht das ewige Leben: dich, den einen wahren Gott, zu erkennen und Jesus Christus, den du gesandt hast“* (Johannes 17,3).

Der Apostel Paulus drückt diese Realität mit anderen Worten aus:

> *„Ja, ich bete, dass ihr diese Liebe immer tiefer versteht, die wir doch mit unserem Verstand niemals ganz fassen können. Dann werdet ihr auch immer mehr mit dem ganzen Reichtum des Lebens erfüllt sein, der bei Gott zu finden ist“* (Epheser 3,19).

Mit dem ganzen Reichtum des Lebens erfüllt zu sein, der bei Gott zu finden ist – darum geht es im Gebet! Diese Fülle soll nicht ein Begriff auf dem Papier sein, sondern eine Realität, die uns in unserem tiefsten Innern erschüttert! Auf diese Weise zu beten bedeutet, die tiefe Erfahrung der Ge-

Mit dem ganzen Reichtum des Lebens erfüllt zu sein, der bei Gott zu finden ist – darum geht es im Gebet!

meinschaft mit Gott zu suchen, die unser ganzes Wesen einbezieht. Diese intime Erfahrung ist das Herzensgebet. Es ist ein Eintauchen in die Gegenwart und Stille Gottes – ein Gebet der Stille, weil es über Worte hinausgeht, ein authentisches Gebet, in dem wir uns der Gegenwart Gottes bewusst sind. Mehrere Psalmen sprechen davon: *„Nur bei Gott komme ich zur Ruhe; geduldig warte ich auf seine Hilfe"* (Psalm 62,2); *„Warte still und geduldig darauf, dass der Herr eingreift!"* (Psalm 37,7).

In der Gegenwart Gottes, den wir lieben, werden unsere Worte zweitrangig, ja sogar überflüssig. Diese Erfahrung der Tiefe des Gebets werden wir in diesem Leben wohl nur unvollständig kennen. Wir bekommen jedoch eine Art Vorgeschmack darauf, wie es sein wird, in der ewigen Herrlichkeit völlig mit Christus vereint zu sein. Vielleicht schenkt Gott uns die Gnade, einmal wirklich davon zu kosten – dann können wir für den Rest unseres Lebens unser Gebetsleben davon nähren. Daniel Bourguet spricht von einem „reinen Gebet", das bildlich gesprochen wie Brot schmeckt:

> *„Alles, was ich hier geschrieben habe, betrifft das ‚reine Gebet', wie die Wüstenväter es nannten. Dieses Gebet ist ein Geschenk Gottes, das Werk Gottes in uns. Doch unser Gebetsleben ist oft weit davon entfernt, und wir leiden genug darunter, deshalb will ich nicht näher darauf eingehen. Es ist wahr, unsere Gebete sind weit von diesem ‚reinen Gebet' entfernt, aber dennoch ist es gut, dass ich davon rede. Denn es ist kein Traum! Es ist schlicht und einfach das Ende des Weges, das vielleicht noch weit entfernt ist, das wir aber schon erahnen können, das wir manchmal von Weitem sehen, gerade genug, um davon überwältigt zu sein, gerade genug, um weiterzugehen, gerade genug, um zu wissen, dass es keine Illusion ist. Unsere Gebete sind nur Krümel des ‚reinen Gebets', aber wer von diesen*

Krümeln gekostet hat, kennt bereits ein wenig den Geschmack des Brotes." [039]

Gebet ist: Bitte und Stille

Im Matthäusevangelium spricht Jesus folgende Warnung aus: *„Leiere nicht gedankenlos Gebete herunter wie Leute, die Gott nicht kennen. Sie meinen, sie würden bei Gott etwas erreichen, wenn sie nur viele Worte machen*" (Matthäus 6,7). Unsere traditionellen Gebete sind oft von einer Flut von Worten geprägt. Wir kommen mit unseren Fragen, Bedürfnissen, Leiden, Schmerzen und weniger häufig mit unseren Freuden und unserer Dankbarkeit zu Gott. Vielleicht meinen wir, dass wir Gott mit vielen Worten dahin bringen, dass er unsere Bitten erhört. Dann müssen wir uns wieder an diese Worte Jesu erinnern: *„Leiert nicht gedankenlos Gebete herunter ...*"

Zu Beginn unseres Gebetsweges, wenn wir noch Lernende sind, richten wir vor allem Bitten an Gott – doch wir sollten mit der Zeit auch eine Form des Gebets entdecken, in der wir schweigen und zuhören. Ein Neugeborenes drückt seinen Hunger durch Weinen aus. Die Mutter versteht diese Sprache sofort. Erst später entwickelt sich ein Dialog zwischen Kind und Mutter, in dem Zuhören, Liebe und Zärtlichkeit im Mittelpunkt stehen. Auch Gott hört unser Stammeln, doch er wartet auf etwas anderes. Was würden wir von einem Freund halten, der uns bei einem Treffen mit Worten überschüttet, sodass wir selbst nicht zu Wort kommen? Wir würden einer solchen Freundschaft wohl bald überdrüssig werden. In einer wahren Freundschaft teilt man sich gegenseitig mit und kann auch miteinander schweigen. Manche Ehepaare, die schon viele Jahre zusammenleben, verstehen sich ohne Worte.

Das Herzensgebet ist damit vergleichbar: Es geht in erster Linie um die Begegnung „von Angesicht zu Angesicht“. Die Worte sind zweitrangig, die Authentizität der Begegnung steht im Vordergrund. Wir können die Flut der Worte eindämmen, die uns möglicherweise Sicherheit schenken, um auf das zu lauschen, was Gott uns in unserem Herzen zuflüstert – eine überwältigende Erfahrung! Gott wartet auf dieses gemeinsame Mahl, auf diese Tür, die sich öffnet und die es ihm erlaubt, einzutreten und sich mit uns an den Tisch zu setzen, um miteinander Gemeinschaft zu haben.

Das Herzensgebet ist also ein Moment der Stille, in dem wir das Flüstern Gottes vernehmen können. Wir wollen Gott nicht mit unseren Worten, mit unseren durchaus legitimen Anliegen „erschlagen“, sondern einen Raum lassen, wo wir *seine* Worte hören. Von Martin Luther ist überliefert, er habe täglich mehr als zwei Stunden im Gebet verbracht. Er fasste seine Erfahrung so zusammen: *„Je weniger Worte, desto besser das Gebet.“*

Die Stille als Mittel, nicht als Ziel

Die Stille nimmt in den verschiedenen meditativen Prozessen – ob im Christentum oder in anderen Religionen oder Philosophien - einen zentralen Platz ein. Manche Menschen außerhalb des christlichen Kontexts praktizieren täglich eine halbe Stunde Stille und Meditation. Sie finden nach ihrer eigenen Darstellung während dieser Zeit des Rückzugs ein Gleichgewicht und eine Kraft, die es ihnen erlauben, mit größerer Ausgewogenheit und Beherrschung ihren Aktivitäten nachzugehen.

Können wir sagen, dass es uns genauso geht, wenn wir mit der Bibel in der Hand eine mehr oder weniger lange Zeit der

Stille üben? Die Spannungen lassen nach, der Sturm der Gedanken beruhigt sich und lässt Raum für ein Gefühl der Ruhe und des Wohlbefindens. Doch handelt es sich hier tatsächlich um die Stille, zu der Gott uns auffordert? Ist das die Begegnung, zu der er uns einlädt?

Tatsächlich kann uns die Stille, die in sich ein Gefühl des Friedens und der heiteren Ruhe beschert, die Begegnung mit dem Herrn verpassen lassen! Wenn es uns gelingt, still zu werden und die Wohltat dieser Stille zu genießen, können wir uns der Illusion hingeben, wir hätten das Ziel erreicht. Die Stille um ihrer selbst willen zu suchen kann uns daran hindern, dem Herrn wirklich zu begegnen. Eine solche Stille führt dazu, dass wir uns in uns selbst zurückziehen, statt uns für Gott zu öffnen und ihm unser Gehör zu schenken. Folgender Text des Ordens der *Chartreux* unterscheidet verschiedene Formen der Stille:

> *„Tatsächlich ist diese Stille – auch wenn ihre Echtheit unbestreitbar ist – das Ergebnis der Spannung des Willens, die schließlich die subtilste und zugleich gefährlichste Form des Handelns ist. Anstatt eine Herzenshaltung der Öffnung für Gott zu haben, hält uns diese Willensspannung in einer künstlichen Haltung gefangen, in der wir dem Herrn keinen Zugang zu unserem Herzen erlauben, weil wir uns auf unsere eigene Kraft gestützt haben.“* [040]

Sind alle Bemühungen um Stille gutzuheißen, wie Psalm 65 Vers 2 anzudeuten scheint: *„Dir gilt Stille, Lobgesang, Gott …“*? Eine andere, konsonantische Lesart könnte folgendermaßen übersetzt werden: *„Dir gilt Lobgesang …“* Diese Lesart macht deutlich, dass nicht jede Form der Stille automatisch Lobgesang ist, sondern dass die Stille vielmehr ein besonderer Weg ist, den der Herr uns vorschlägt, damit er zu unserem Herzen sprechen kann. Mitten in der Geschäftigkeit unseres Lebens ist es nicht leicht, zu hören, was er uns zuflüstern möchte. Dazu müssen wir innehalten und in der Stille unser Ohr für ihn öffnen. Der Psalmschreiber drückt das treffend aus: *„Nur bei Gott komme ich zur Ruhe"* (Psalm 62,2) oder in einer anderen Übersetzung: *„Nur auf Gott vertraut still meine Seele"* (ELB).

Das Ziel der Meditation ist nicht die Stille oder eine Form der Beruhigung unseres Wesens, sondern die persönliche Begegnung mit dem Vater und mit Jesus Christus durch das Wirken des Heiligen Geistes in uns. Wir können es nicht oft genug wiederholen: Man kann die Stille selbst zum Ziel machen und einen gewissen Nutzen daraus ziehen, aber am eigentlichen Ziel vorbeigehen. Die Stille um ihrer selbst willen kann ein Götze werden, und das trifft insbesondere auf die meditativen Techniken zu, die aus dem Orient kommen.

„Es stimmt, dass die wahre Stille eine wichtige Realität ist, die wir nicht genug wertschätzen können. Doch wenn man wahre Stille erleben will, muss man im tiefsten Herzen auf die Stille um ihrer selbst willen verzichten. Wir sollten die Stille nicht gering achten oder aufhören, sie zu suchen, doch wir sollten sie nicht zum Selbstzweck erheben." [041]

Der evangelikale Theologe Henri Blocher weist nachdrücklich darauf hin, dass die Stille nicht vom Wort zu trennen ist. Die Stille ist letztlich der Raum, in dem das Wort empfangen wird: *„Das Wort und die Stille sind untrennbar miteinander verbunden. Die Stille ist wie die Leinwand, auf der das Wort sich einzeichnet."* [042]

Hören möglich machen

Mit großer Weisheit empfiehlt der greise Priester Eli dem jungen Samuel, als dieser im Traum die Stimme Gottes vernimmt, einfach mit diesen Worten zu antworten: *„Rede, denn dein Knecht hört!"* (1. Samuel 3,9; ELB). Nicht mehr und nicht weniger als die Stille macht das Hören möglich.

Haben wir vergessen, dass die ersten Worte des Gesetzes, die Gott an Mose und an das Volk Israel richtet, so lauten: „*Höre*, Israel ..." (5. Mose 6,4)? Gott erwartet Stille, damit seine Worte gehört werden. Zu entdecken, dass das Gebet Stille und das Hören auf unseren geliebten Herrn ist, kann eine erste umwälzende Erfahrung unseres Gebetslebens sein und weitere umwälzende Erfahrungen nach sich ziehen.

Wir können bei einer „kindlichen" Form des Betens stehen bleiben, die durchaus nicht negativ ist, sich allerdings darauf beschränkt, Gott als den Geber guter Gaben zu sehen, der für unsere materiellen Bedürfnisse sorgt. Wir richten unsere Bitten an ihn, wir sättigen ihn mit unseren Erwartungen, ohne uns Zeit zu nehmen, still zu werden und ihm zuzuhören. Gott interessiert sich wie ein Vater für unsere Bedürfnisse und freut sich, wenn wir damit zu ihm kommen: *„Wie viel mehr wird euer Vater im Himmel denen Gutes schenken, die ihn darum bitten!"* (Matthäus 7,11). Aber er erhofft sich eigentlich anderes von uns. Er will nicht nur derjenige sein, der auf unsere Bedürfnisse antwortet, sondern einen Dialog, eine Gemeinschaft mit seinen Kindern aufbauen, die ihnen zu innerem Wachstum verhilft.

Gott weiß Bescheid

„... denn euer Vater weiß genau, was ihr braucht, schon bevor ihr ihn um etwas bittet“ (Matthäus 6,8). Wenn Gott weiß, was wir brauchen, bevor wir ihn um etwas bitten, warum sollten wir ihn noch mit all unseren Bitten bestürmen? Warum müssen wir unsere Bitten vor Gott aussprechen, wenn er bereits Bescheid weiß und unsere Bedürfnisse kennt? –Weil unser Gebet in diesem Bewusstsein eine tiefgehende Veränderung erfahren kann!

Warum lassen wir es nicht zu, hier einen wundervollen Raum der Freiheit zu entdecken? Wir brauchen keine Argumente vorzubringen oder die richtigen Worte zu suchen oder die überzeugendste Formulierung zu präsentieren. Wir sind keine Anwälte, die ihr Plädoyer aufbauen müssen, um die Richter zu überzeugen, wie Dietrich Bonhoeffer so treffend ausdrückt:

> *„Wüsste Gott nicht, was ich bedarf, dann müsste ich darüber reflektieren, wie ich es Gott sage, was ich ihm sage, ob ich es ihm sage. So schließt der Glaube, aus dem ich bete, jede Reflexion, jede Demonstration aus.“* [043]

Wenn Gott weiß, was wir brauchen, dann sollte unser Gebet danach streben, sich dem anzupassen, was Gott an Gutem für uns bereithält. Es gibt Gebete, die nicht den Bedürfnissen entsprechen, die Gott stillen möchte. Gebete, die unnötige, sogar gefährliche Dinge erbitten, die uns letztendlich von Gott entfernen könnten. Beten bedeutet also nicht, alles Mögliche und Erdenkliche von Gott zu erbitten, sondern sich demütig und maßvoll darum zu bemühen, unseren Willen dem seinen anzupassen.

Wir finden diesen Kampf im Gebet Christi im Garten Gethsemane. Es gibt kein maßvolleres Gebet. Doch der Kampf, den er ausficht, um sich dem Willen des Vaters unterzuordnen, wird zum Todeskampf. Sein Gebet besteht aus nur wenigen Worte, doch welche Intensität ist darin enthalten! Der Kampf ist so intensiv, dass sein Schweiß wie Blutstropfen von seiner Stirn rinnt (siehe Lukas 22,41), sodass ein Engel eingreifen muss, um ihn zu stärken. Der Kampf hat keine Worte mehr zum Inhalt, sondern die Wahrheit und den Wunsch, seinen Willen dem seines Vaters zu unterwerfen.

Gilt der gleiche Anspruch nicht auch für uns? Wir können uns in einem Wortschwall verlieren, der uns in der Illusion wiegt, wir würden nach den Gedanken Gottes beten, während wir ihm in Wirklichkeit *unseren* Willen aufzwingen. Das maßvolle Gebet, zu dem Jesus uns einlädt, führt uns zur Konzentration auf das Wesentliche: unseren Glauben und unseren Wunsch, nach dem Willen Gottes zu beten.

Gebet als Weg

Wir haben bereits gesehen, dass das Gebet Begegnung, Dialog, Von-Herz-zu-Herz-Gemeinschaft, Zuhören und Stille ist. Wir sollten voller Demut hinzufügen, dass das Gebet auch ein Weg ist, dessen Beginn wir kennen, dessen Ende uns aber unbekannt bleibt. Wie lange brauchen wir, um auf diesem Weg voranzugehen und endlich in das Gebet eines Erwachsenen einzutreten?

Gleichzeitig sind wir dazu aufgerufen, ständig neu zu beginnen. Wer von sich behauptet, ein Mann oder eine Frau des Gebets zu sein, der betrügt sich selbst. Wir sollten genug Demut besitzen, um anzuerkennen, dass wir immer Anfänger in

Sachen Gebet bleiben. Es gibt so zahlreiche Widerstände, die uns an einem tiefen Gebetsleben hindern wollen. Selbst am Ende eines Lebens voll treuem und konstantem Gebet müssen wir zugeben, dass wir noch immer Lernende sind, die dem Gebet des Meisters lauschen und ihn demütig bitten, uns beten zu lehren.

Folgender Text zu Beginn des Johannesevangeliums kann uns helfen, die Bedeutung dieses Weges zu begreifen:

> *„Johannes der Täufer und zwei seiner Jünger waren am nächsten Tag wieder an dieser Stelle, als Jesus vorüberging. Da schaute Johannes ihn an und sagte: ‚Seht, dies ist Gottes Opferlamm!‘ Als die beiden Jünger das hörten, folgten sie Jesus. Jesus drehte sich zu ihnen um, sah sie kommen und fragte: ‚Was sucht ihr?‘ Sie antworteten: ‚Rabbi, wo wohnst du?‘ – ‚Kommt mit, dann werdet ihr es sehen!‘, sagte Jesus. Also gingen sie mit Jesus dorthin, wo er wohnte. Es war ungefähr vier Uhr nachmittags, und sie blieben bei ihm bis zum Abend“* (Johannes 1,35–39).

Der Auftrag von Johannes dem Täufer erfüllt sich: Der, dem er den Weg bereitet hat, ist gekommen. Johannes zieht sich diskret zurück. *„Er muss wachsen, ich aber abnehmen“*, sagt er seinen Jüngern. Doch bevor er sich zurückzieht, bekräftigt er öffentlich, dass Jesus *das Opferlamm ist, das die Sünde der Welt wegnimmt* (V. 29; ELB). Und wenig später: *„Und ich habe gesehen und habe bezeugt, dass dieser der Sohn Gottes ist“* (V. 34; ELB). Könnte es ein klareres Zeugnis geben?

Petrus und Johannes haben es gehört, und als sie Jesus sehen, folgen sie ihm nach. Jesus dreht sich um und fragt mit seiner ihm eigenen Offenheit: „Was sucht ihr?“ (Und nicht: „*Wen* sucht ihr?“) Der erwachende Glaube der Jünger lässt sie als Antwort die einfache Frage stellen: *„Rabbi, wo wohnst du?“*

Wohnen bedeutet in die Intimität Christi und Gottes einzutreten, und jeder Glaubende, der auch nur ansatzweise den Reichtum der Liebe und Güte Gottes wahrgenommen hat, sucht diese Intimität. Wohnen – das bedeutet innerer Friede, Ruhe, Vertrauen und die heitere Sicherheit, dass wir in seinen Händen geborgen sind. Petrus und Johannes müssen diese einzigartige Realität noch entdecken, und Jesus fordert sie auf: *„Kommt mit ...!"*, und statt hinzuzufügen *„... und seht"*, sagt er: *„... dann werdet ihr es sehen!"* Das Verb steht überraschenderweise nicht in der Gegenwart, sondern in der Zukunft. Johannes schreibt sein Evangelium mit erstaunlicher Konsequenz, daher muss uns die Zukunftsform auffallen. Bevor man *sieht*, muss ein Weg zurückgelegt werden – ein Weg, der ein ganzes Leben in Anspruch nehmen kann! Wir *sehen* noch nicht vollständig, sondern ansatzweise.

Paulus schreibt, dass wir eines Tages erkennen werden, wie wir erkannt worden sind (1. Korinther 13,12; ELB). Unsere Erkenntnis wird also in diesem Leben immer begrenzt und „stückweise" sein, bis wir den Herrn schließlich in der Ewigkeit von Angesicht zu Angesicht sehen.

Doch um zu *sehen*, müssen wir uns auf den Weg machen. Und genau das wollen wir im Laufe dieses Buches tun: Uns auf den Weg machen mit der sehnsüchtigen Hoffnung, dass Gott uns zeigt, wo er wohnt, wo der Ort der wahren Ruhe ist.

Jesus lädt uns ein, ihm nachzufolgen, und im Laufe der Erfahrungen und Begegnungen mit ihm wird er uns Schritt für Schritt die Tiefe seiner Liebe offenbaren. Er schenkt uns die Gnade, zu sehen, „wo er wohnt", aber es wird für uns immer ein flüchtiges, unvollkommenes, unvollständiges Bild sein, das uns dazu motiviert, uns immer weiter nach ihm auszustrecken. Ja, eines Tages werden wir sehen! Wie Paulus sagt:

„Einmal aber werden wir Gott von Angesicht zu Angesicht sehen. Jetzt erkenne ich nur Bruchstücke, doch einmal werde ich alles klar erkennen, so deutlich, wie Gott mich jetzt schon kennt“ (1. Korinther 13,12). Erst wenn wir den Herrn von Angesicht zu Angesicht sehen, ist unsere Sicht vollständig.

6.
Das Jesusgebet

„Jesus, Jesus, Jesus – der einzige Name, den mein Herz liebt. Ich will keinen anderen Namen mehr aussprechen, als nur diesen Namen allein.“ [044]

Dieses Lied wurde auf meinen Wunsch hin bei meiner Taufe gesungen, doch erst rund fünfzig Jahre später beginne ich den ganzen Reichtum dieser Worte zu erfassen und bemühe mich nach Kräften, danach zu leben. Wie können wir in diese tiefe Gemeinschaft mit Gott eintreten – eine Gemeinschaft, die über die besonderen, reservierten Gebetsmomente hinausgeht? Wie können wir dahin gelangen, ständig im Gebet zu sein? Ein anspruchsvolles, umfassendes Programm!

Wir haben bereits über das persönliche, intime Gebet nachgedacht und wollen einen Schritt weitergehen. Wir haben auch die Bedeutung der Stille hervorgehoben, um es Gott zu erlauben, in unser Herz hineinzuflüstern und uns seiner Liebe in Jesus Christus zu versichern. Und wir haben gesehen, wie wichtig es ist, die Flut unserer Worte einzudämmen, damit unser Gebet maßvoll, arm an Worten, aber reich an gegenseitigem Zuhören ist.

Wenn wir uns morgens diese Zeit zur Begegnung mit Gott nehmen, dann gibt uns das den nötigen Abstand, um nicht unmittelbar im Strudel unserer zahlreichen Aktivitäten zu versinken. Abends können wir Gott die wichtigen Momente des Tages – die glücklichen und die schwierigen – zurückgeben und seinen Frieden erfahren, der eine ruhige, erholsame Nacht begünstigt. Dieses Gebet kann uns etwas von der „Sabbatruhe" Gottes erfahren lassen. Es ist ein Gebet des Ausruhens, und die Stille vor Gott und in Gott ist hierfür ganz entscheidend, um von den Spannungen frei zu werden, die sich in uns aufgebaut haben. In der Hektik und Geschäftigkeit unseres Lebens ist dieses Gebet wie ein heilender Balsam.

Doch wenn wir über das Gebet des Herzens sprechen, dann geht es um mehr. Es geht nicht um ein Gebet oder eine Meditation, die nur einen begrenzten Augenblick unseres Tages ausfüllt. Egal, wie viel Zeit wir in unsere Andacht investieren, häufig bleibt sie doch nur eine kurze Unterbrechung an der Schwelle unserer Aktivitäten. Auch wenn das Gebet diese Momente der Andacht und Stille mit Tiefe erfüllt, machen wir alle die schmerzliche Erfahrung, dass wir anschließend sehr schnell von unseren zahlreichen Beschäftigungen absorbiert werden. Wir leben nicht in einer Klosterzelle. Die persönliche Begegnung mit Gott kann reich und wohltuend sein, doch die Sorgen und Unruhen des Lebens holen uns schnell wieder ein. Unsere Aktivitäten nehmen unweigerlich den ersten Platz ein – wir müssen unsere familiären, professionellen und kulturellen Verpflichtungen wahrnehmen. Das ist normal und sollte keine Schuldgefühle bei uns auslösen. Doch in unserem tiefsten Innern wünschen wir uns, dass die mit dem Herrn verbrachte stille Zeit anhält – wie bei den Jüngern, die während der Verklärung einen Hauch der Herrlichkeit Christi schmecken durften und diesen Moment am liebsten verlängert hätten: *„Herr, wie gut, dass wir hier sind! Wenn du willst, werde ich hier drei Hütten bauen, eine für dich, eine für Mose und eine für Elia"* (Matthäus 17,4). Wie können wir dahin gelangen, dass das, was wir in unserer Andachtszeit mit dem Herrn erlebt und entdeckt haben, den Rest unseres Tages durchdringt, sodass wir mitten in unseren zahlreichen Beschäftigungen auf Jesus ausgerichtet bleiben?

Es gibt verschiedene Wege. Manche behalten ein empfangenes Wort und denken jedes Mal, wenn sie Gelegenheit haben, darüber nach (siehe Lukas 2,19: *„Maria aber merkte sich jedes Wort und dachte immer wieder darüber nach"*). Andere flüstern regelmäßig leise den Namen Jesus; andere wiederum summen ein Lied oder bemühen sich, in einer ständigen Haltung der Dankbarkeit durch den Tag zu gehen, wie der Apostel vorschlägt:

> *„Ermutigt einander durch Psalmen, Lobgesänge und Lieder, wie sie euch Gottes Geist schenkt. Singt für den Herrn und jubelt aus vollem Herzen! Im Namen unseres Herrn Jesus Christus dankt Gott, dem Vater, zu jeder Zeit und für alles!"* (Epheser 5,19–20).

Entscheidend ist, dass wir unseren Tätigkeiten nachgehen, indem wir die Verbindung zum Herrn aufrechterhalten, wenn der „Faden" auch noch so dünn ist. Mit anderen Worten: Es geht darum, die Empfehlung des Apostels in die Praxis umzusetzen: *„Betet unablässig!"* (1. Thessalonicher 5,17; ELB).

Die Frage der praktischen Umsetzung des beständigen Gebets zieht sich wie ein roter Faden durch die gesamte Kirchengeschichte. Zahlreiche Gläubige versuchten herauszufinden, wie sie über einige besondere Momente hinaus in beständiger Gebetsgemeinschaft mit dem Herrn leben könnten, so wie Jesus selbst seine Jünger anwies: *„Wie wichtig es ist, unermüdlich zu beten und dabei nicht aufzugeben, machte Jesus durch ein Gleich-*

nis deutlich […]" (Lukas 18,1). Sie suchten nach einem Weg, das unaufhörliche Gebet zum Mittelpunkt ihrer Tage zu machen. Pastor Louis Schweitzer, Mitbegründer der Vereinigung *Compagnons de Route*, drückt es so aus:

> *„Das Gebet sollte nicht einfach eine Aktivität neben anderen sein, sondern den eigentlichen Rahmen unseres Lebens darstellen. Das gesamte menschliche Leben soll ‚vor Gott', offen für die Beziehung zu ihm sein, und das Gebet sollte im Mund, im Kopf und im Herzen verweilen.*" [045]

Angesichts dieser Herausforderung haben viele Gläubige einen Leitfaden oder eine Art Gebrauchsanweisung in der Bibel gesucht – und nur bruchstückhafte Antworten gefunden. Das Neue Testament ist keine Gebrauchsanweisung. Wir finden dort Leitlinien und Ermutigungen zum Beten, zum Leben im Heiligen Geist, zum Lieben und Vergeben – aber keine konkreten Vorgaben, wie wir diese Dinge praktisch umsetzen können. Die Gläubigen und die Kirche mussten und müssen die Werkzeuge schmieden, die je nach Epoche und Lebensumständen unterschiedlich ausfallen. Diese Vielfalt ist als enormer Reichtum zu betrachten. Wir beten und loben Gott heutzutage nicht mehr so wie die Menschen im Mittelalter, auch wenn manche eine gewisse Nostalgie dieser Epoche pflegen. Das Evangelium bleibt in seinen Grundsätzen unveränderlich, unabhängig von verschiedenen Epochen, doch jede Kultur muss für sich herausfinden, wie sie den Glauben angemessen zum Ausdruck bringen kann.

Konkret stellt sich die Frage: Wie können wir in der heutigen Gesellschaft, die von Bildern und Geräuschen übersättigt ist, ein wirklich inneres, geistliches Leben führen? Wie können wir, von einer Vielzahl von Informationen bombardiert und gestresst, beständig im Gebet sein? War das alles für den Bauern von einst, der im langsamen Rhythmus seines Arbeitspferdes voranging, einfacher?

Die ersten Generationen von Christen sahen sich der Herausforderung gegenüber, den Glauben und die Heiligkeit mitten im Alltag unterschiedlicher Kulturen auszuleben, die zum Teil dem Evangelium entschieden feindlich gegenüberstanden. Bereits ab Mitte des zweiten Jahrhunderts erkalteten die Reinheit und Begeisterung des Anfangs. Die Kirche gab ihre erste Liebe auf, und die Welt schlich sich in ihre Reihen. Angesichts dieser Situation zogen sich Frauen und Männer, die nach einer tieferen Gotteserfahrung dürsteten, in die Wüste zurück. Dies war der Ausgangspunkt einer großen Eremiten-Bewegung, die einige herausragende geistliche Persönlichkeiten hervorbringen sollte. Ab dem dritten Jahrhundert suchten diese Gläubigen in der Stille und Einsamkeit ihre Gemeinschaft mit Gott zu vertiefen und beständig zu machen.

Mit der Proklamation des Toleranzedikts von Konstantin (313 n. Chr.) nahm diese Bewegung an Bedeutung zu. Zwar musste die Kirche nun nicht mehr im Untergrund leben und Verfolgung fürchten, doch der Preis dafür war hoch: Eine gewaltige Menge von Nichtchristen bekehrte sich gezwungenermaßen oder auf der Suche nach Vorteilen zum christlichen Glauben. Die Gläubigen, die nach tiefer geistlicher Erfahrung dürsteten, entwickelten nun verschiedene Wege des Gebets.

Wir können dabei unterschiedliche Entwicklungen der Kirchen im Westen und im Osten feststellen. Im Westen wurde eine Gebetsform entwickelt, die von der Wiederholung einer kurzen Sequenz – meist eines Bibelverses – gekennzeichnet ist, die den ganzen Tag über während der normalen Beschäftigungen regelmäßig wiederholt wird; sogar nachts, wenn der Schlaf flieht. Diese Gebetsform findet sich bereits in den ersten

Formulierungen der *Conférences* von Jean Cassien (360–435 n. Chr.):

> *„Mein Herr und mein Gott, komm mir zu Hilfe, eile zu meiner Rettung! Dieser Vers sollte unser stetes Gebet sein: In Widrigkeiten, um daraus befreit zu werden, im Wohlstand, um bewahrt und vor Hochmut gefeit zu sein. Ja, dieser Vers sollte ständig in unserem Herzen sein: Während der Arbeit, während der Gottesdienste, auf der Reise – hört nie auf, ihn zu wiederholen.“* [046]

Die Kirchen des Ostens entwickelten schrittweise eine andere Form des Gebets, die man als „Jesusgebet“ oder „Namensanrufung“ bezeichnet. Die Formulierung, die wir heute kennen, erscheint bereits im vierten Jahrhundert mit der Entwicklung des ägyptischen Mönchtums, doch seine endgültige Form geht offenbar auf das sechste Jahrhundert zurück. Es handelt sich um ein einfaches Gebet, das aus zwei Bitten beziehungsweise Bekenntnissen besteht: *„Herr Jesus Christus, Sohn Gottes, hab Erbarmen mit mir Sünder!“* Die Formulierung kann auch vereinfacht werden in ein *„Herr Jesus, erbarme dich meiner!“* Wir wollen uns ein wenig näher mit dieser Form des Gebets beschäftigen, wobei man demütig anerkennen sollte, dass es lediglich eine Form unter vielen ist.

Das Jesusgebet oder die „Namensanrufung“ nimmt in der orthodoxen und katholischen Spiritualität einen großen Raum ein. Aktuell wird es jedoch auch in protestantischen und evangelikalen Kreisen zunehmend anerkannt und praktiziert. Dieses Gebet, das den Namen Jesus – *Herr Jesus Christus, Sohn Gottes* – mit dem Bekennen unserer geistlichen Armut – *hab Erbarmen mit mir Sünder* – verbindet, durchläuft Ende des achtzehnten Jahrhunderts mit der Veröffentlichung der Philokalie (Russland, 1782) eine bemerkenswerte Entwicklung. Dabei handelt es sich um eine Sammlung von Texten, die der christlich-orthodoxen Tradition (Wüstenväter) entstammen.[047] Diese Philokalie erfährt eine breite Annahme dank eines kleinen Buches mit dem Titel *Aufrichtige Erzählungen eines russischen Pilgers*, in dem sich der Held der Geschichte auf diese Texte bezieht. Das Büchlein wurde über die Grenzen Russlands hinaus bekannt und sorgte dafür, dass Hunderttausende das Jesusgebet entdeckten. Die *Erzählungen eines russischen Pilgers* wurden 1870 zum ersten Mal veröffentlicht. Sie berichten von der erstaunliche Erfahrung eines kleinen Bauern, der eine Gebetsmethode sucht und von einem geistlichen Lehrer auf das Jesusgebet hingewiesen wird. Mit großem Eifer macht er sich daran, diese Form des Gebets anzuwenden, und erlebt eine radikale Umwälzung seines Lebens.[048]

Es ist ein einfaches, kurzes Gebet. Es kann inmitten unserer Aktivitäten gesprochen werden: Bei der Arbeit, während der Freizeit, auf der Reise … Aber es ist auch – und das ist von entscheidender Bedeutung – ein „Gebet der Zuflucht", das wir in Zeiten des Zweifels, der geistlichen Dürre oder der Versuchung beten können. In Lebenssituationen, in denen uns das Beten schwerfällt oder nahezu unmöglich erscheint, kann uns das ruhige Wiederholen des Jesusgebets helfen, nicht zu versinken, sondern im aufgewühlten Meer unserer Seele darin Halt zu finden.

Wir können das Jesusgebet über einen begrenzten Zeitraum hinweg praktizieren, doch es kann auch zu einer Gebetsform werden, die uns ein Leben lang begleitet. Es ist vor allem eine Form des Gebets, die uns helfen kann, einen zu großen Bruch zwischen unserer Andacht und den übrigen Momenten unseres Lebens zu vermeiden.

Während einer Einkehrtagung zum Thema „Herzensgebet“ sagte eine Teilnehmerin nach der Präsentation des Jesusgebets: „Ich bete täglich morgens und abends, doch nun weiß ich endlich, wie ich das Gebet den ganzen Tag über in mir tragen kann.“ Gibt es eine schönere Erklärung?

„Herr Jesus Christus, Sohn Gottes, hab Erbarmen mit mir Sünder!“ Dieses Gebet birgt zwei Dimensionen in sich. Zunächst bezieht es sich auf Christus – er ist derjenige, an den sich das Gebet wendet. Und dann ist es ein bewusstes Bekennen unserer Armut, unserer Schwachheit und unserer Situation als Sünder vor Gott. Jede Form geistlichen Hochmuts wird damit zurückgewiesen, und der Betende macht sich erneut bewusst, dass er ganz und gar von Gottes Gnade abhängig ist. Wir wollen im Folgenden diese beiden Komponenten des Jesusgebets näher beleuchten.

„Herr Jesus Christus, Sohn Gottes“

Wie sollen wir diese Anrufung von Christus begreifen? Wir unterstreichen mit der Nennung seines Namens eine Realität, derer wir uns nicht immer bewusst sind: Die Bedeutung des Namens Gottes in der Bibel. In den traditionellen Gesellschaften hatte der Name einer Person eine größere Bedeutung als heutzutage. Für uns ist ein Name einfach die Identifizierung einer Person oder eines Ortes. In der Bibel wie auch in anderen alten Kulturen offenbart der Name das tiefe Innere einer Person. Es gibt in diesen Kulturen häufig einen „verborgenen“ und einen „offiziellen“ Namen, und manchmal wird infolge einer besonderen Erfahrung ein neuer Name verliehen – Abram wird Abraham, Jakob wird Israel.

In den heidnischen Religionen bedeutet die Kenntnis und Verwendung des Namens einer Gottheit, dass man deren Macht kontrolliert. Im Alten Testament stellt sich Gott dagegen als der „ganz Andere“ dar, dessen Namen man nicht aussprechen darf. Es zu tun wäre gleichzusetzen mit dem Bestreben, Autorität über ihn auszuüben, womit man das dritte Gebot übertreten würde.

Als Mose Gott bittet, ihm seinen Namen zu nennen, antwortete ihm Gott mit einem Ausdruck, der sehr schwierig zu übersetzen ist: *„Ich werde der sein, der ich sein werde“* bzw. *„Ich bin, der ich bin“* oder *Ich bin derjenige, der ist“* (2. Mose 3,13). Dieser „Name“ wird mit dem Tetragramm YHWH wiedergegeben, das tatsächlich unaussprechlich ist, sodass die Hebräer es mit dem allgemeineren Begriff *Adonai* oder „Herr“ wiedergeben.

Kein Jude darf den Namen Gottes aussprechen. Laut Talmud wurde dies nur einmal im Jahr anlässlich des *Jom Kippur* (Versöhnungstag) vom Hohenpriester getan. Erst Jesus Christus, der fleischgewordene Sohn Gottes, offenbart den Namen des Vaters. In Jesus kommt uns Gott ganz nah. Wir dürfen ihn „Vater“ nennen, sogar „Abba“, lieber Vater – ein Begriff, der eine große Vertrautheit voraussetzt.

Der Name „Christus“ wird für die ersten Gläubigen das Zeichen ihrer Zugehörigkeit. Im Namen Christi reden sie, heilen sie Kranke und bekräftigen: *„Und in keinem andern ist das Heil, auch ist kein andrer Name unter dem Himmel den Menschen gegeben, durch den wir sollen selig werden“* (Apostelgeschichte 4,12; LUT). Und doch hat der Gebrauch des Namens keine magische Bedeutung. Er verleiht demjenigen, der ihn ausspricht, keine besondere Macht, sondern drückt vielmehr die völlige Abhängigkeit von der aktiven Gnade Gottes aus, wie der Bericht über den Zauberer Simon in Apostelgeschichte 8,19 verdeutlicht.

Wir sind aufgerufen, im Namen Christi zum Vater zu beten. Ohne die Mittlerrolle Christi wäre unser Gebet vergeblich: *„Bisher habt ihr euch nicht auf mich berufen, wenn ihr etwas von Gott erbeten habt. Bittet ihn, und er wird es euch geben. Dann wird eure Freude vollkommen sein"* (Johannes 16,24). Wenn wir im Namen Jesu beten, können wir sicher sein, dass wir gehört werden. Zugleich drücken wir damit den Wunsch aus, in Übereinstimmung mit seinem Willen zu beten. Die Anrufung seines Namens ist demnach der Ausdruck unserer völligen Abhängigkeit von ihm. Indem wir den Namen Jesus aussprechen, bestätigen wir, dass sich unser ganzes Wesen Christus zuwendet und sich nach seiner Gegenwart und Liebe sehnt, ja darum „bettelt". Die Bezugnahme auf Gott durch Christus – *„Herr Jesus Christus, Sohn Gottes"* – verleiht dem Gebet eine besondere Autorität. Der Betende wendet sich nicht an irgendeine spirituelle Einheit, sondern an den Vater und den Sohn, und da das Gebet „im Geist" gesprochen wird, wird tatsächlich die Trinität angerufen.

Indem wir den Namen Jesus aussprechen, bestätigen wir, dass sich unser ganzes Wesen Christus zuwendet und sich nach seiner Gegenwart und Liebe sehnt.

„Hab Erbarmen mit mir Sünder"

Die zweite Komponente des Jesusgebets ruft viele Fragen hervor und erinnert uns an das *„Kyrieeleison"*, das die Kirchengeschichte wie ein roter Faden durchzieht. Warum sollten wir das Erbarmen Gottes anrufen, obwohl wir doch seiner Vergebung in Jesus Christus gewiss sind?

Ich habe vor vielen Jahren das Jesusgebet entdeckt, als ich eine Sendung im Radio über die Klöster auf dem Athos verfolgte. Darin war die Rede von einem Mönch, der in seiner Zelle seit Jahrzehnten unablässig das Jesusgebet rezitierte. Damals hatte ich nur sehr wenige Informationen über die orthodoxe Spiritualität und noch weniger über das Jesusgebet. Ich war perplex und hätte diesem Mönch am liebsten zugerufen: „Hör auf, du hast doch längst die Vergebung in Jesus Christus geschenkt bekommen.“ Diese Reaktion ist typisch für diejenigen, die zum ersten Mal mit dieser besonderen Gebetsform konfrontiert werden.

Wie sollen wir nun diese wiederholte Bitte verstehen, wenn wir glauben, dass wir durch Jesus Christus gerechtfertigt sind? Ist es nicht beinahe eine Leugnung des Kreuzes Christi und eine Art krankhafter Selbstprüfung, die uns an die Praktiken der mittelalterlichen Frömmigkeit erinnern, die auch heute noch in manchen Formen des Glaubenslebens zu finden sind? Man denke an die Selbstgeißelungen und andere körperliche Züchtigungen, die in der Hoffnung durchgeführt wurden, die Vergebung Gottes zu erlangen. Bedeutet die ständige Wiederholung des *„Erbarme dich meiner“* eine systematische Herabwürdigung unserer selbst? Oder geht es nicht einfach darum, unsere Armut vor Gott zu erkennen und auszudrücken? Auch wenn wir durch Jesus Christus gerechtfertigt sind, bleiben wir von geistlicher Schwachheit, Armut und Mittelmäßigkeit geprägt. Dies anzuerkennen führt uns unweigerlich zu einem tieferen Empfinden unserer Abhängigkeit von seiner Gnade und bewahrt uns vor dem geistlichen Hochmut, der uns so leicht erobert. *„Erbarme dich meiner“* ist nicht ein Flehen, als ob wir Gott seine Gnade abnötigen müssten – vielmehr ist es ein Eingeständnis, das in sich selbst bereits die Gnade der Vergebung trägt.

Wenn der Apostel Petrus uns dazu auffordert, *„uns unter Gottes mächtige Hand zu beugen“* (1. Petrus 5,6), so meint er damit, dass wir eine demütige Haltung vor dem Herrn einnehmen sollen, im Bewusstsein unserer extremen Schwachheit und in der Erwartung eines Wortes von ihm, das uns aufrichtet. Das Gebet *„Erbarme dich meiner“* öffnet uns die Augen für unsere Beschaffenheit als Frauen und Männer, die von der Realität der Sünde geprägt sind.

Das Bewusstsein unserer Schwachheit findet sich auch in der ersten Seligpreisung: *„Glückselig die Armen im Geist“* (Matthäus 5,3; ELB), die man auch so übersetzen kann: *„Glücklich sind, die erkennen, wie arm sie vor Gott sind“* (HFA). Wir sind glücklich, wenn wir uns als arm vor Gott erkennen, denn erst dann kann die Gnade überfließen, erst dann kann Gott seine Hand auf uns legen und uns seine Liebe zuflüstern. Sich als „arm erkennen“ ist das Gegenteil der Haltung des Pharisäers, der sich vor Gott seiner Verdienste und seiner religiösen Leistungen brüstet. Der Zöllner seinerseits präsentiert sich im vollen Bewusstsein seiner inneren Armut vor Gott und wagt es nicht einmal, seine Augen zum Himmel zu erheben: *„Gott, sei mir, dem Sünder, gnädig!“* (Lukas 18,13; ELB). Im griechischen Originaltext steht das Verb *ilaskomai,* das mit „gnädig stimmen“ oder „beruhigen“ übersetzt werden kann. Und der Text schließt mit dem Satz ab: *„Ihr könnt sicher sein, dieser Mann ging von seiner Schuld befreit nach Hause […]“* (Lukas 18,14).

Auch im Vaterunser findet sich das Bewusstsein unserer Schwachheit und Armut vor Gott. Wenn wir den Vater bitten, uns *unser tägliches Brot* zu geben, dann drücken wir damit aus, dass wir auch in den grundlegendsten Bedürfnissen von seiner Gnade abhängig sind. Wir brauchen tatsächlich das tägliche Brot, aber wir können auch nicht ohne die Vergebung des Vaters leben. Angesichts der Versuchungen des Lebens brauchen wir ganz und gar seine Hilfe, um ihnen zu widerstehen. Wenn wir beten: *„Erbarme dich unser"*, so erkennen wir an, dass wir nackt sind und uns nach Bekleidung sehnen, dass wir arm sind und uns nach Reichtum sehnen, dass wir hungrig und durstig sind und nach Nahrung lechzen.

Reue oder Umkehr?

Das Gebet *„Erbarme dich unser"* ist also Ausdruck unserer Schwachheit und unserer Abhängigkeit von der Gnade Gottes; es kann aber auch unsere Erwartung zum Ausdruck bringen, Gott möge uns eine Schuld vergeben, die uns belastet. Die Erkenntnis unserer Armut vor Gott kann uns die Augen für tiefere Mängel öffnen, die Vergebung und Wiederherstellung durch Gott erfordern. Wie ist in diesem Zusammenhang der Begriff der Reue zu verstehen? Geht es nur darum, unser Verhalten zu verändern? Oder müssen wir einen anspruchsvolleren Weg beschreiten, wenn wir die Freude der Vergebung schmecken wollen?

Wir wollen statt von Reue lieber von Umkehr sprechen: Es geht darum, unsere Ausrichtung zu verändern, unsere Ziele und Prioritäten zu hinterfragen. Reue ist ein Begriff, der heutzutage eher unbeliebt ist. Inmitten des Laxismus unserer Gesellschaft fällt es uns nicht allzu schwer, kollektive Fehler einzuräumen, weniger dagegen individuelle Fehler. Doch es kann keine echte Veränderung in unserem Leben geben, wenn wir nicht zunächst den ersten Schritt auf dem Weg der Reue vollziehen, wie der Kirchenvater Seraphin Papakostas hervorhebt:

> *„In jeder Epoche, und ganz besonders in der unsrigen, die zutiefst von Angst, Überdruss und Rastlosigkeit geprägt ist, gibt*

es nichts Wichtigeres als Reue und Umkehr. Danach sehnt sich der Mensch im tiefsten Innern, doch das Problem ist, dass er nicht klar sieht, was er wirklich will." [049]

Wenn man heutzutage von Reue spricht, tauchen sofort zahlreiche Fragen auf, weil dieser Begriff für uns mit Schuldgefühlen behaftet ist. Oft verbinden wir mit Reue das Konzept der Buße, des Bedauerns, der zerknirschten Abbitte, der Gewissensbisse, des Scheiterns oder gar des Grauens angesichts eines begangenen Fehlers. All diese Assoziationen sind im Grunde richtig, bergen aber die Gefahr in sich, dass wir völlig niedergeschlagen sind, uns in Selbstmitleid verlieren und nicht offen sind für das Wort der Vergebung oder Heilung.

Wir alle kennen Situationen, in denen uns unsere Sünde beständig vor Augen steht und wir den Eindruck haben, es gebe keine Befreiung davon. Es stimmt, dass die Reue ein schmerzlicher Prozess ist, aber es ist zugleich der Weg zu Heilung und völliger Wiederherstellung.

Die ersten öffentlich gesprochenen Worte Jesu im Matthäusevangelium lauten: „*Kehrt um zu Gott!*" (Matthäus 4,17). Damit machte er sich die Worte des Täufers zu eigen: „*In jener Zeit fing Johannes der Täufer an, in der judäischen Wüste zu predigen. Er rief: ‚Kehrt um zu Gott! Denn Gottes himmlisches Reich ist nahe*'" (Matthäus 3,2). Wenn das Evangelium mit solchen Worten eingeleitet wird, sollten wir uns gut überlegen, wie wir sie aufnehmen – und vor allem, wie wir sie leben. Wir können nicht auf dem Weg des Evangeliums, dieser herausragenden Heilsbotschaft, vorangehen, ohne zunächst die Reue und Umkehr zu Gott erlebt zu haben. Daniel Bourguet sagt dazu: „*Reue und Umkehr an der Schwelle des Evangeliums vom Reich Gottes – das ist es, was uns vom Herrn gegeben ist.*" [050] Ohne Reue, ohne Umkehr kann es kein neues Leben, kein Heil, keinen Eingang in Gottes Reich geben – mit anderen Worten: keine wahre Gemeinschaft mit dem Herrn.

Was bedeutet das Verb „bereuen“ genau? Die meisten Übersetzungen setzen Reue mit „Veränderung des Verhaltens“ gleich. Handelt es sich wirklich um dasselbe? Wir wollen ein wenig näher beleuchten, was es mit dem Begriff „Reue“ einerseits und den Begriffen „Umkehr/Bekehrung“ und „Veränderung des Verhaltens“ andererseits auf sich hat.

Im Griechischen werden zwei unterschiedliche Verben gebraucht. Das Verb *metanoéo* in der Septuaginta ist die Übersetzung des hebräischen *naham*, auf Deutsch „bereuen“, während das griechische Verb *epistrepho* das hebräische Wort *shouv* übersetzt, das „sich bekehren/umkehren“ meint - in dem Sinne, dass man zu einem Ort „zurückkehrt“. Dieses Verb weist in einigen Passagen eindeutig auf die Umkehr zu Gott hin, nachdem man sich von ihm entfernt hatte.

Wenn wir auf das Verb *metanoéo* stoßen, werden wir dazu aufgerufen, unsere Schuld vor Gott zu erkennen und seine Vergebung zu suchen – leider geben einige Übersetzungen *metanoéo* mit „sein Verhalten ändern“ oder „sich radikal ändern“ wieder. In unserem Text jedoch geht es bei der Reue/Umkehr, zu der Johannes der Täufer und Jesus aufrufen, um die Einsicht unserer Entfernung von Gott aufgrund der Sünde in unserem Leben. Ein Wort, eine Bemerkung, aber auch eine bestimmte Sünde, die uns belastet, können das auslösende Element für diese Bewusstwerdung sein – wir erkennen, dass wir arm, elend und nackt vor Gott sind. Reue ist also zuallererst eine Veränderung des Denkens, die – sofern wir aufrichtig und konsequent sind – anschließend zu einer Veränderung des Verhaltens führt. Man kann gute Vorsätze fassen, doch eine echte Verhaltensänderung wird erst möglich, wenn wir unsere Armut vor Gott erkannt haben. Daniel Bourguet schreibt dazu:

> *„Reue zu empfinden, wie wir gesehen haben, bedeutet, unsere Sicht auf uns selbst zu ändern, nachdem wir von einem Wort getroffen wurden, das uns unsere Sünde aufgezeigt hat. Das hat uns bereits Johannes der Täufer klargemacht. Doch bei Jesus geht es noch um mehr: Sein Wort, das uns zur Umkehr aufruft, ist nicht länger nur die Offenlegung unserer Sünde, sondern die Enthüllung der Liebe Gottes und sein Wunsch nach tiefer Gemeinschaft mit uns. Das Wort Christi fordert uns nicht dazu auf, unsere Sicht auf uns selbst zu ändern, sondern unsere Sicht auf Gott zu ändern. Jesus öffnet uns das Herz Gottes, und angesichts dieser Offenbarung werden wir zur Reue und Umkehr getrieben. Die Liebe Gottes ist so groß, dass wir in unserem tiefsten Innern erschüttert werden, sodass Tränen des Bedauerns in uns aufkommen. Unser Schmerz besteht in der Entdeckung, dass wir unfähig sind, angemessen auf die Liebe eines solchen Gottes zu antworten.“* [051]

Der Prophet Jeremia erinnert uns daran, dass diese Umkehr zu Gott nur von Gott selbst initiiert werden kann, als Antwort auf unsere Bitte: *„Doch jetzt bring mich zurück zu dir, lass mich umkehren, denn du bist der Herr, mein Gott“* (Jeremia 31,18). Es geht also nicht um eine statische Haltung, sondern um eine Bewegung von der Sünde hin zum Überwinden derselben. Wir können ein so tiefes Empfinden unserer Sünde haben, dass wir uns ständig daran erinnern und den Eindruck haben, sie könne niemals vergeben oder ausgelöscht werden. Ein solches Empfinden führt zur Verzweiflung. Die wahre Umkehr jedoch ist nicht von Entmutigung, sondern von der Gewissheit der Vergebung geprägt, sie ist die Hoffnung und das zuversichtliche Erwarten der Erneuerung unseres tiefsten Inneren. Die Schwierigkeit besteht zumeist darin, die Annahme Gottes wirklich zu verinnerlichen:

> *„Zu bereuen bedeutet nicht, nach unten zu schauen auf unsere Unvollkommenheiten, sondern nach oben, auf die Liebe Gottes; es bedeutet nicht bedauernd zurückzuschauen, sondern vertrauensvoll nach vorn zu sehen. Es bedeutet, nicht das zu betrachten, was man nicht zu sein geschafft hat, sondern das, was man mit der Gnade Christi noch werden kann."* [052]

Wenn wir das Gebet *„Hab Erbarmen mit mir …"* sprechen, dann tun wir das nicht in der Erwartung, dass wir nur durch wiederholtes Formulieren dieses Satzes Vergebung erlangen. Vielmehr erkennen wir unsere Stellung als Sünder vor Gott an und bringen demütig zum Ausdruck, dass unser Leben nur ein Hauch ist, dass wir zerbrechlich sind und die ganze Fülle der Gnade Gottes benötigen, um unseren Weg fortzusetzen. Der orthodoxe Theologe Kallistos Ware drückt es so aus:

> *„Unsere Stellung als Sünder vor dem Gott der Liebe anzuerkennen und von diesem Punkt ausgehend geistlich zu wachsen macht es uns möglich, nicht die Augen vor unseren Schwächen und Fehlern zu verschließen, ohne uns jedoch verzweifelt in uns selbst zurückzuziehen."* [053]

Reue ist also das Anerkennen unserer Schwachheit und unserer geistlichen Armut mit der Bitte, Gott möge uns erneuern und umgestalten. Im ersten Johannesbrief lesen wir:

> *„Daran erkennen wir, dass die Wahrheit unser Leben bestimmt. So können wir mit einem guten Gewissen vor Gott treten. Doch auch wenn unser Gewissen uns schuldig spricht, dürfen wir darauf vertrauen, dass Gott barmherziger mit uns ist als wir selbst. Er kennt uns ganz genau"* (1. Johannes 3,19–20).

Die inneren Anklagen unseres Herzens können gerechtfertigt sein, aber auch das Gegenteil kommt vor: dass sie es nicht sind oder dass wir uns selbst verdammen, während Gott es nicht tut. Die Stimme unseres Gewissens darf nie das letzte Wort haben. Wir prüfen uns vor Gottes Angesicht, der uns mit unseren Stärken und Schwächen kennt:

> *„Er kennt alles, auch unsere geheimsten Motive und unsere tiefsten Entschlüsse, und er wird barmherziger sein als wir es uns selbst gegenüber sind. Seine Allwissenheit sollte uns nicht erschrecken, sondern erleichtern."* [054]

Viele von uns betrachten Gott wie einen Richter, der auf unsere Fehler lauert, um sie zu verbuchen. Vor einem solchen Gott kann man nur zittern. Aber wer hat uns eingebläut, dass Gott, der Vater Jesu, ein so unbarmherziger Richter ist? Hat Jesus uns nicht vielmehr einen Gott offenbart, der uns heilen will und nicht den Tod des Sünders will, sondern sein Leben? *„Gott hat nämlich seinen Sohn nicht zu den Menschen gesandt, um über sie Gericht zu halten, sondern um sie zu retten"* (Johannes 3,17). Einem Arzt gegenüber verstecke ich meine Schmerzen nicht, ich zeige ihm meine Verletzungen. Je ehrlicher ich ihm gegenüber bin, desto größer sind die Chancen der Heilung. *„Gott schürt nicht das Feuer der Schuld in uns, sondern er leitet das Fest der Vergebung ein."* [055]

Im Kolosserbrief finden wir folgenden Aufruf: *„Ja, richtet eure Gedanken auf Gottes himmlische Welt und nicht auf das, was diese irdische Welt ausmacht“* (Kolosser 3,2). „Die Gedanken auf Gottes Welt ausrichten“ ist wie das Seufzen unserer Seele, die im Bewusstsein ihrer angeborenen Schwäche ihren Durst nach tieferer Gemeinschaft mit dem Herrn formuliert. Mit dem vollständigen Jesusgebet – *„Herr Jesus Christus, hab Erbarmen mit mir Sünder“* - wird zugleich Erwartung und Hoffnung ausgedrückt: *„Herr Jesus Christus“* – beschreibt den Wunsch, sich ihm zuzuwenden. *„Hab Erbarmen mit mir“* – Worte, die ohne Hochmut und im kindlichen Vertrauen auf den Vater ausgesprochen werden. Zugleich erlauben uns diese Worte, zu sehen, was in unserem Leben nicht mit Gottes Gedanken übereinstimmt. Wenn wir dieses Gebet aufrichtig im Heiligen Geist aussprechen, dann flüstert uns der Geist Gottes die Schwächen und Fehler unseres Lebens zu. Es ist ein Blick ohne Schönfärberei, der schmerzlich offenlegt, was bei uns nicht stimmt, der aber notwendig ist, wenn wir auf unserem Glaubensweg Fortschritte machen wollen. Wenn wir uns bereitwillig dem Licht Gottes aussetzen, werden wir uns selbst klarer sehen. Wenn der Herr den Finger auf die Schwachstellen unseres Lebens legt, dann verfolgt er nur ein Ziel: Uns auf einen Weg vollständiger Heilung und tiefer Gemeinschaft mit ihm zu ziehen.

Gebet und Atem

Ein besonders wichtiges Element bei der Praktizierung des Jesusgebets, das in den meisten Büchern darüber leider kaum erwähnt wird, ist die Bedeutung des Atmens. Unseren Atem und das Jesusgebet aufeinander abzustimmen ist hilfreich, um unser Bewusstsein für die Gegenwart Gottes mitten in unserem Leben konkret zu vertiefen.

Unsere Atmung vollzieht sich in zwei Stufen: einatmen und ausatmen. Unsere Lunge nimmt reine Luft auf und stößt verbrauchte Luft ab. Wenn wir den Namen Jesus beim Einatmen aussprechen, drücken wir unseren Wunsch, in die Gegenwart Gottes einzutreten, konkret aus. So wie unsere Lunge unbedingt Sauerstoff braucht, um unseren Körper am Leben zu halten, signalisieren wir mit der Anrufung des Namens *„Herr Jesus"* beim Einatmen, wie lebenswichtig seine Gegenwart für uns ist. Und wenn wir beim Ausatmen verbrauchte Luft ausstoßen und gleichzeitig sagen: *„Hab Erbarmen mit mir"*, dann offenbaren wir unsere Schwachheit und unseren Wunsch, alles loszulassen, was nicht mit Gottes Willen übereinstimmt. Diese Bewegung des Aufnehmens und Abstoßens ist extrem bedeutsam: Es ist gewissermaßen eine Symbiose zwischen dem Bedürfnis unseres Körpers und dem Wunsch unserer Seele.

Normalerweise atmen wir unbewusst, automatisch. Doch wie bei körperlicher Anstrengung intensiviert sich unsere Atmung durch starke Emotionen, durch physisches oder psychisches Leiden oder in Anbetracht einer Versuchung und wird uns bewusst. Wenn wir uns angewöhnt haben, die Anrufung des Namens Jesu in unsere Atmung einzubeziehen, tritt damit auch diese in unser Bewusstsein und hilft uns, solche Umstände mit dem realen Gefühl, Jesus Christus mit hineinzunehmen, zu erleben. Wenn wir zum Beispiel ein schwieriges Gespräch führen und überlegen, wie wir unserem Gegenüber antworten sollen, dann kann die Anrufung des Namens Jesus beim Einatmen dazu führen, dass er spürbar anwesend ist und uns beisteht. Angesichts einer intensiven Versuchung kann uns die Anrufung seines Namens Kraft geben, der Versuchung zu widerstehen, während wir auf uns allein gestellt nicht lange widerstehen würden.

Als Jesus dem Versucher gegenüberstand, schob sich das verinnerlichte Wort Gottes in sein Bewusstsein, sodass er den Feind damit überwinden konnte. Wir können ähnliche Erfahrungen machen: Wenn wir den Herrn in das einbeziehen, was wir gerade erleben, dann kann der Geist Gottes uns ein passendes Wort der Schrift zuflüstern.

Wir bekennen, dass Jesus Christus in uns lebt, doch häufig ist dies nur ein Lippenbekenntnis. Die Einbeziehung des Namens Jesus in unsere Atmung erfüllt diese Wahrheit mit Konsistenz, verleiht ihr Relief. Dann können wir uns bewusst den Ausruf des Apostels Paulus zu eigen machen: *„Denn Christus ist mein Leben […]"* (Philipper 1,21). Es geht nicht nur darum, ständig an den Herrn zu denken, zu versuchen, ihn nachzuahmen und seinen Geboten zu gehorchen, sondern zu entdecken, was unsere Existenz als Christ ausmacht: Wir leben in ihm, wir sind eins mit ihm.

So wie die natürliche Atmung automatisch und lebenswichtig ist und sich unabänderlich fortsetzt – egal, ob wir schlafen oder wach sind –, so kann das Jesusgebet wie eine parallele Atmung werden, wenn wir es uns zur Gewohnheit machen. Auf diese Weise werden wir uns der Wohnung Gottes in uns bewusst und nehmen Christus in alle Bereiche und Erlebnisse unseres Lebens hinein.

Es ist ein atemberaubender Weg: Die Gegenwart Gottes in uns ist nicht länger ein intellektuelles Wissen, sondern schließt unsere gesamte Existenz ein: Körper, Seele und Geist. Wir können kaum ahnen, welche Auswirkungen das Jesusgebet auf alle Bereiche unseres Lebens haben kann. Wie Jean Lafrance schrieb:

> *„Ich glaube, man kann eine Viertelsekunde pro Stunde beten und dafür sorgen, dass dieses Gebet ein ganzes Leben durchströmt – sofern man wirklich auf den Knien liegt."* [056]

Die Anrufung des Namens Jesu erweitert also in beträchtlichem Maße unser Gebetsleben. Es ist nicht mehr auf bestimmte Momente beschränkt – auf unsere persönliche Andacht oder auf Gebete während des Gottesdienstes –, sondern das Gebet schleicht sich buchstäblich in alle Bereiche unseres Lebens hinein. Wenn wir mit Bildern der Gewalt, der Not oder Krisen konfrontiert werden, wie es täglich in den Medien geschieht, kann dieses Gebet wie ein Seufzer nach Frieden und Liebe in uns hochkommen. Wir sind uns der Welt und ihres Leides bewusst, und wir können beten: *„Herr, erbarme dich über unsere Welt, die deiner Gnade und Liebe so gleichgültig gegenübersteht.“*

Doch diese Form des Gebets hat auch eine erstaunliche Verwandlungskraft, denn sie lässt uns in die Barmherzigkeit Christi eintauchen. Unser Blick auf den Nächsten, auf unsere Welt, aber auch auf die Umstände unseres Lebens wird grundlegend verwandelt. Wenn wir beten *„Erbarme dich über UNS“*, dann solidarisieren wir uns mit unseren Mitmenschen in ihrer Verwundbarkeit. Wir schließen alle in unser Gebet ein, die körperlich oder seelisch leiden, die einsam sind oder in Trauer, die Verlust, Ablehnung oder Verfolgung erdulden.

Oft fließt unser Herz vor Fürsorge oder Mitgefühl über, nachdem wir den Namen „Herr Jesus“ ausgesprochen haben. Nach dem Vorbild des Apostels Paulus erbitten wir dann für die Menschen, die uns nahestehen, eine noch größere Gnade und eine tiefere Kenntnis Gottes (siehe Epheser 1,18).

Ständige Wiederholung

Einige sprechen das Jesusgebet von Zeit zu Zeit wie ein Seufzen. Für andere ist die ständige Wiederholung des Namensgebets entscheidend – der Betende lässt sich ganz davon vereinnahmen. Der russische Pilger, der diese Gebetsform entdeckt hatte, wiederholte Hunderte, ja Tausende Male pro Tag das Jesusgebet. Sein geistlicher Mentor (*starets*), der ihm das Jesusgebet beigebracht hatte, forderte ihn auf, es 3.000-mal täglich, danach 6.000-mal täglich und schließlich 12.000-mal täglich zu beten. Auf diese Weise wurde das Gebet zu einem ständigen Gebet, das sein Atmen und seinen Herzschlag begleitete. Er sagte selbst, er habe so den Sinn der Worte *„Das Reich Gottes ist mitten unter euch"* begriffen. Offensichtlich handelt es sich hier um die Übertreibung eines Berichts, der mehr als Fiktion denn als Realität zu verstehen ist.

Sollen wir nun das Jesusgebet ununterbrochen wiederholen? Letztlich muss dies jeder von uns je nach persönlicher Sensibilität und Lebenssituation entscheiden. Das Jesusgebet kann einfach ein Atemzug, ein Hauch sein, eine Erhebung des Herzens zu Gott, ein Seufzer voller Sehnsucht nach tieferer Gemeinschaft mit dem Herrn. Ein kurzes Gebet, das unsere Gedanken auf den Herrn richtet, ein wenig wie ein „Stoßgebet"[10]. Wir können aber auch durch häufige Wiederholung eine tiefer liegende Gewohnheit annehmen. Wir verspüren dann das Bedürfnis, das Gebet für kürzere oder längere Zeitspannen mehrfach zu wiederholen, um innere Ruhe mitten in den Spannungen unseres Lebens zu finden.

Wenn wir die Bibel für unsere tägliche Andacht aufschlagen und spüren, dass wir abgelenkt oder besorgt und nicht wirklich bei der Sache sind, dann können wir das Jesusgebet mehrmals hintereinander ruhig im Rhythmus unseres Atems sprechen. Beim Einatmen signalisieren wir dem Herrn unseren tiefen Wunsch nach der Begegnung mit ihm, und beim

10 Unter „Stoßgebet" versteht man ein extrem kurzes Gebet, das sich im Laufe unseres Tages, mitten in unseren Aktivitäten, an Gott richtet und unsere Gedanken auf ihn hin ausrichtet.

Ausatmen bekennen wir ihm, dass wir noch nicht bereit sind, dass uns noch zu viele Dinge belasten und ablenken. Wenn wir so ungefähr zehnmal das Jesusgebet gesprochen haben, merken wir zunehmend, wir unser Inneres ruhig wird und der Geist Gottes langsam zu uns durchdringt. Je größer unsere inneren Widerstände, desto öfter sollten wir das Jesusgebet wiederholen, mit der inneren Haltung eines Bettlers, der mit geöffneten Händen auf einen Blick, ein Wort oder ein Zeichen hofft.

Es geht nicht darum, ein „Mantra" zu wiederholen, das allein durch die Wiederholung wirksam wird. Die Wiederholung des Jesusgebets dient auch keinesfalls dazu, etwas von Gott zu erzwingen – er ist ja schon dort, in der stillen Kammer unseres Herzens (siehe Matthäus 6,6) –, sondern es dient dazu, ihm und uns selbst zu sagen, dass wir noch zu unkonzentriert sind. Durch die ruhige Wiederholung des Jesusgebets drücken wir den tiefen Wunsch unseres Herzens aus, für die Gegenwart des Herrn empfänglich zu sein. Anselm Grün schreibt dazu:

> *„Wenn ich während meiner Meditation ständig wiederhole „Herr Jesus, Sohn Gottes, hab Erbarmen mit mir", dann entdecke ich, dass Christus in mir ist und ich in ihm. Ich spüre, dass er meine tiefste Wirklichkeit ist, dass er mein Denken und Fühlen prägt. Ich bin nur dann wirklich lebendig, wenn er meine Seele und meinen Körper durchdringt. In Christus zu sein verleiht meiner Existenz eine neue Qualität."* [057]

Manche stehen dieser Wiederholung des Gebets skeptisch gegenüber und halten sie sogar für gefährlich oder für „gedankenloses Herunterleiern" (siehe Matthäus 6,7). Daher sollten wir in aller Klarheit mit einem möglichen Missverständnis aufräumen: Entscheidend ist nicht die Häufigkeit der Wiederholung, sondern die Herzenshaltung des Betenden, der sich verfügbar macht und sich nach Gott ausstreckt mit der inneren Überzeugung, von ihm gehört zu werden. Wenn Jesus von „gedankenlosem Herunterleiern" spricht, so prangert er damit die Gewohnheit der religiösen Führer seiner Zeit an, die zu festgelegten Zeiten an öffentlichen Plätzen beteten, um von allen gesehen zu werden; zugleich prangert er auch gewisse nichtjüdische Kultpraktiken an: *„Wenn ihr aber betet, sollt ihr nicht plappern wie die von den Nationen; denn sie meinen, dass sie um ihres vielen Redens willen erhört werden"* (Matthäus 6,7; ELB). Es gibt also eine Form des wiederholenden Gebets, die von Jesus klar verurteilt wird – nämlich die mechanische Pflichtübung, in der irrigen Annahme, damit Gottes Gunst zu erlangen.

Ansonsten lehnt das Wort Gottes das wiederholte Gebet keineswegs ab. Jesus selbst weist darauf im Gleichnis vom ungerechten Richter (Lukas 18,1-8) hin: *„Gott aber, sollte er das Recht seiner Auserwählten nicht ausführen, die Tag und Nacht zu ihm schreien […]?"* (V. 7). In Psalm 136 wird 25-mal der Satz wiederholt: *„[…] denn seine Gnade hört niemals auf!"* Damit wird den Gläubigen, die es womöglich vergessen könnten, nachhaltig bestätigt, dass Gottes Gnade grenzenlos ist.

Dieselben Worte zu wiederholen – seien es die Worte des Jesusgebets oder anderer Gebete – hat keine Auswirkung auf Gott, sondern auf den Betenden. Der Betende muss sich der Gegenwart Gottes bewusst werden, und manchmal kann dieser Weg lang sein. Wir sollten also keine Angst haben, dieselben Worte mehrmals zu wiederholen. Unser Herz ist oft von Widerständen durchdrungen, und das wiederholte Gebet kann diese Widerstände brechen. Nur wenn das Wiederholen von Gebeten darauf abzielt, Gott zu „überreden", ist es nach Jesu Worten problematisch.

Entscheidend ist, dass wir wissen, an wen sich unser Gebet richtet und warum wir beten. Wenn wir das Jesusgebet in dem aufrichtigen Wunsch wiederholen, tiefere Gemeinschaft mit dem Herrn zu finden, kann man uns dann vorwerfen oder skeptisch hinterfragen, ob wir uns nicht einfach nur selbst psychologisch zu beeinflussen versuchen? Die aufrichtige Wiederholung des Jesusgebets ist ein Ansatz, der genauso wertvoll ist wie das kniende Gebet um Erfüllung mit Gottes Gnade. Auf den Knien zu beten hat an sich keine besondere Kraft – Gott hört uns nicht besser, wenn wir uns hinknien. Doch das Knien erlaubt es unserem Körper, die Erwartung unseres Herzens auszudrücken, und damit erhält es seinen Sinn.

> *„Wenn wir den Namen Jesus innerlich bewusst und zielgerichtet aussprechen, wird dieses Gebet ganz natürlich von allem erfüllt, was wir gerade erleben: An manchen Tagen werden wir den Namen wie einen Hilferuf aussprechen, an anderen Tagen wie einen Freudenschrei, an anderen wiederum wie einen Schrei der Angst oder Wut; manchmal wird das Namensgebet in tiefem Frieden gesprochen, wenn wir uns vertrauensvoll in die Hände dessen begeben, von dem wir wissen, dass wir nichts zu befürchten haben. Diese unterschiedlichen Ausdrucksformen erklären, warum wir dieselben Worte sprechen können, ohne dass unser stilles Gebet monoton wird: Tatsächlich haben wir nicht den Eindruck, immer dieselben Worte zu sagen …“* [058]

Zu jeder Zeit beten

Unabhängig von der Häufigkeit der Wiederholung ist das Jesusgebet oder die Namensanrufung interessant für uns, weil wir es in alle Umstände unseres Lebens einbeziehen können. Wir können es in allen möglichen Situationen und an allen denkbaren Orten sprechen, und das ist ein nicht gering zu achtender Vorteil! Wir können es am Steuer unsers Autos sprechen, in der U-Bahn, in der Warteschlange an der Kasse im Supermarkt, in den Sekunden des Wartens nach dem Wählen einer Rufnummer … Olivier Clément drückt es so aus:

„Auch wenn wir dieses Gebet nur wenig praktizieren, entdecken wir doch, dass wir viel mehr Zeit zum Beten haben, als wir dachten: Wenn wir eine Treppe hochgehen, wenn wir über die Straße gehen, während einer manuellen Routinearbeit, wenn wir in einem Gespräch schweigen und zuhören, wenn wir während einer intellektuellen Arbeit einen Moment Pause machen, und auch nachts, wenn wir aufstehen, um unser weinendes Kind zu trösten …" [059]

Das Jesusgebet kann eine konkrete Hilfe für unser Gebetsleben sein. Wenn wir es mitten in unseren Aktivitäten sprechen – sofern sie nicht unsere ganze Aufmerksamkeit erfordern –, so richtet es unsere Gedanken zurück auf den Herrn. Es verändert auch unseren Blick auf die Menschen, die uns umgeben – wir beziehen sie in gewisser Weise in dieses Gebet mit ein.

Wenn wir das Jesusgebet zu Beginn einer Andachtszeit sprechen, kann es unsere innere Unruhe überwinden helfen und uns für die Begegnung mit dem Herrn bereit machen. Doch es kann noch mehr: Wenn wir von Zweifeln gequält werden, wenn all unsere Sicherheiten ins Wanken geraten, wenn wir eine „Dürreperiode" durchleben, wenn der Himmel zu schweigen scheint oder das Lesen der Bibel unser Herz kalt lässt – dann kann die Wiederholung des Jesusgebets uns helfen, nicht völlig den Halt zu verlieren. Mitten im Leid, ob physisch oder psychisch, wenn kein Wort unser Herz besänftigen kann, erinnert uns das Jesusgebet daran, dass wir keineswegs vom Vater verlassen sind.

Es ist ein einfaches Gebet, das wir im Rhythmus unseres Atmens sprechen können. Wir müssen nicht erst in der Bibel nach einem Psalmwort oder einem anderen Wort suchen, das uns Trost schenkt. Wir brauchen auch nicht ein formuliertes Gebet zu entwerfen, denn mitten im Sturm sind wir oft gar nicht fähig dazu. Das Jesusgebet ist dann wie ein Schrei unseres Herzens, der sich gen Himmel schwingt. *„Sie schreien, und der Herr hört, aus allen ihren Bedrängnissen rettet er sie"* (Psalm 34,18; ELB).

Wenn eine Versuchung uns plagt, wenn der Mechanismus der Begehrlichkeit erwacht und wir spüren, dass wir den Kampf zu verlieren drohen, dann rückt dieses Gebet Jesus ins Zentrums unseres Kampfes – wie ein Hilferuf im Bewusstsein unserer Schwachheit. Paulus schreibt: *„Alles menschliche Denken nehmen wir gefangen und unterstellen es Christus, dem es gehorchen muss"* (2. Korinther 10,5).

Der Kampf gegen eine Versuchung wird zunächst in unseren Gedanken ausgetragen. Wenn wir spüren, wie das Begehren des Verbotenen in uns aufkommt, dann hat es keinen Zweck, damit in Dialog zu treten. Wenn wir dagegen den Namen des Herrn Jesus anrufen, wird er sich zwischen uns und die Versuchung stellen. Wir sind nicht länger allein, sondern haben den Herrn in den Kampf einbezogen. Auf diese Weise wird dem Prozess der Versuchung der Boden entzogen: *„Ein jeder aber wird versucht, wenn er von seiner eigenen Begierde fortgezogen und gelockt wird. Danach, wenn die Begierde empfangen hat, bringt sie Sünde hervor; die Sünde aber, wenn sie vollendet ist, gebiert den Tod"* (Jakobus 1,14–15; ELB). Wir müssen also direkt zu Beginn der Versuchung Widerstand leisten. Lassen wir unseren Blick über den Gegenstand unseres Begehrens schweifen, erlauben wir unseren Gedanken, uns von der Anziehungskraft des Verbotenen locken zu lassen, dann befinden wir uns im Zustand der Verwundbarkeit, den wir im ersten Buch Mose finden: *„Die Frau schaute den Baum an. Er sah schön aus! Es wäre bestimmt gut, von ihm zu essen, dachte sie. Seine Früchte wirkten verlockend, und klug würde sie davon werden!“* (1. Mose 3,6). Sie gab ihrem Verlangen nach und aß von der verbotenen Frucht – mit den Folgen, die wir nur zu gut kennen. Unsere einzige Chance besteht darin, der Versuchung eine klare Absage zu erteilen – das Jesusgebet kann diese Funktion erfüllen. Es kann uns auf einem Weg, auf dem wir leicht abgleiten könnten, rechtzeitig anhalten.

Ein Hauch von Orient?

Kann die Wiederholung des Jesusgebets mit einer ähnlichen Vorgehensweise verglichen werden, die man in den meditativen Techniken aus dem Orient kennt, nämlich der Wiederholung eines „Mantras“? Ein Mantra ist ein Wort oder eine Sammlung von Worten und Silben in Sanskrit, deren Bedeutung meistens unbekannt ist. Was zählt, ist die Sonorität der Wörter. Die Wiederholung eines Mantras bewirkt eine zunehmende Loslösung von materiellen Belanglosigkeiten durch die Befreiung des Geistes von jeglichem diskursiven Denken. Damit vergleichbar ist die Wiederholung koranischer Verse auf Arabisch durch eine Person, die das Arabische weder spricht noch versteht und eine rein phonetische Lesung vollzieht.

Oberflächlich gesehen könnte man meinen, all diese Formen der Wiederholung von Worten seien identisch, doch das ist keinesfalls so! Sie verfolgen radikal unterschiedliche Ziele. Die Wiederholung eines Mantras führt zu innerer Leere und einer zunehmenden Loslösung von äußeren Zwängen. Im Buddhismus zum Beispiel sollen dadurch sämtliche Leidenschaften und Wünsche ausgelöscht werden, die nach Lehre des Buddhismus die Ursache menschlichen Leids sind. Es handelt sich hierbei um eine „Technik“, die an sich wirksam ist, wenn man sie geduldig und korrekt anwendet. Dieser Ansatz löst bei der meditierenden Person ein Gefühl des Wohlbefindens und Friedens aus, doch die Person bleibt allein mit ihrer Meditation. Die Technik öffnet keinen Zugang zu einer klar definierten spirituelle Realität – was auch nicht angestrebt wird. Diese Form der Meditation führt ins Leere und zu einer Stille, die sich selbst genügt, wie wir zuvor schon gesehen haben.

Mantras werden in aller Regel in Sanskrit wiederholt, doch es gibt auch verständliche Formeln, wie sie die *„Achtsamkeitsmeditation“* [11] vorschlägt. Es ist interessant, zu beobachten, dass diese kurzen Sätze sich ausschließlich an die meditierende Person selbst wenden. Man spricht sich selbst Mut zu durch ein Wort, das man so lange wiederholt, bis es seine Wirkung erzielt.

Beim Jesus- oder Namensgebet geht es um etwas ganz anderes, denn wir richten unsere Bitte an Gott. Wenn wir ihn um Frieden bitten, dann kommt dieser Friede nicht von uns, sondern von ihm, und wir empfangen ihn als Antwort auf unser Gebet. Die Wiederholung des Jesusgebets hilft uns, innerlich zur Ruhe zu kommen, indem wir den Schwerpunkt von uns

11 *„In der hinduistischen und buddhistischen Tradition ist das Mantra eine bündige Formel, die man regelmäßig wiederholt, um davon durchdrungen zu werden. Es handelt sich um ein Wort in Sanksrit, das so viel heißt wie ‚Werkzeug des Schutzes für den Geist‘. Wir können persönliche Mantras anwenden, wie ‚Sorge für dich selbst‘, ‚Lass dir nicht wehtun‘, ‚Sei nicht aggressiv zu dir‘, ‚Tu, was du tun musst‘, ‚Verachte dich nicht‘.“* Siehe: Christophe André, *Les états d'âme*, Paris, Odile Jacob, 2011, S. 367 (freie Übersetzung).

weg auf Jesus hin verlagern. Dieses einfache Gebet richtet uns auf Gott aus und öffnet unser Herz für das Wirken des Heiligen Geistes.

Die Wiederholung des Jesusgebets oder eines anderen Gebets hat keine Wirkung allein durch die simple Wiederholung – der Friede, den wir empfangen, liegt nicht in der Rezitation selbst, sondern in der Öffnung unseres Herzens für die Gegenwart Gottes. Das Jesusgebet hat nicht die innere Ruhe zum Ziel, sondern die Gemeinschaft mit dem lebendigen Herrn – und die innere Ruhe wird uns mit ihm geschenkt! Theophane erklärt:

> *„Man sagt, es gebe nichts Erhabeneres in der Welt als die Frucht dieses Gebets. Doch das stimmt nicht. Das Jesusgebet ist kein Talisman! Nicht die Worte oder ihre Wiederholung bewirken Frucht – sämtliche Früchte können auch ohne dieses Gebet erzielt werden, sogar ohne jedes gesprochene Gebet, solange wir unseren Verstand und unser Herz auf Gott hin ausrichten.“* [060]

Diese Aussage ist umso interessanter, wenn man bedenkt, dass sie von einem orthodoxen Mönch stammt, der die Gewohnheit hatte, stundenlang das Jesusgebet zu rezitieren. Er fügt hinzu: *„Das Jesusgebet ist nur ein Mittel, nicht aber die Hauptsache. Fassen Sie den Entschluss, im Gedenken Gottes zu leben und in der Gegenwart Gottes zu wandeln.“* [061]

Wir können die beiden unterschiedlichen Ansätze – Meditation in Form von Mantras einerseits und Wiederholung des Jesusgebets – also folgendermaßen zusammenfassen: Der erste Ansatz besteht darin, Leere und Stille um ihrer selbst willen zu suchen, während der zweite klar darauf ausgerichtet ist, die

Gegenwart Gottes zu suchen. Wenn die orientalischen Meditationstechniken korrekt angewandt werden, sind sie in aller Regel effizient. Bei der christlichen Meditation ist es anders – nicht der Meditierende, der Betende beherrscht die Situation, sondern Gott. Auch wenn die Herzenseinstellung stimmt, ist das keine Garantie für sofortige Wirksamkeit. Wir bleiben immer von der Gnade Gottes abhängig, und nur er allein entscheidet in seiner Souveränität, ob und wie er antwortet. Wir werden später auf die etwas heikle Frage zurückkommen, warum wir manchmal den Eindruck haben, dass Gott schweigt oder abwesend ist. Das ist eine schmerzliche Erfahrung, die uns manchmal vorübergehend entmutigen kann.

7. Das Atemgebet

Was wir bis hierhin gründlich reflektiert haben, ist eine ganz spezifische Form des Gebets – die „Namensanrufung" oder das „Jesusgebet", das dem einen oder anderen möglicherweise zu formell oder begrenzt in seiner ständigen Wiederholung der Worte *„Herr Jesus, hab Erbarmen mit mir"* erscheint. Doch ausgehend von diesem Gebet gibt es eine Reihe anderer Gebete, auf die wir uns nun konzentrieren wollen. Dabei werden wir weiterhin die Atmung berücksichtigen, jedoch andere Inhalte damit verbinden.

Das beständige Gebet kann – wie wir gesehen haben – mitten in unseren Aktivitäten praktiziert werden, wenn wir eine kleine Pause zur Verfügung haben und unser Geist nicht vollständig von einer Aktivität oder Reflexion beansprucht wird. Wir können dieses Gebet also an sämtliche Begebenheiten unseres Lebens anpassen. Dazu sind keine festen Zeiten erforderlich, und der Inhalt variiert je nach gerade erlebter Situation.

Wir könnten uns damit zufriedengeben, einfach den Namen „Jesus" zu wiederholen, wie in dem zuvor genannten Lied *„Jésus, Jésus, Jésus, seul nom que mon cœur aime"*. Wir können aber auch das vollständige Jesusgebet sprechen, wie es die orthodoxe Theologie vorschlägt. Und es gibt noch eine weitere Möglichkeit: Wir können eine Formulierung suchen, die dem gerade erlebten Augenblick entspricht: Wenn wir uns angespannt fühlen, können wir den Herrn bitten, uns seinen Frieden zu schenken; wenn wir müde sind, können wir um seine Ruhe bitten; wenn wir den Eindruck haben, unser Herz sei kalt und ichbezogen, können wir ihn bitten, es für seine Liebe zu öffnen. Die Möglichkeiten sind vielfältig, und sie können uns helfen, nicht um uns selbst und um das zu kreisen, was uns gerade beschäftigt. Wenn wir innere Aggressivität spüren, können wir beten: *„Herr, schenke mir deinen Frieden"*; wenn wir merken, dass unsere Sinnlichkeit uns zu überwältigen droht, können wir beten: *„Herr, reinige mein Herz, reinige meinen Blick."* Richard Foster, ein Theologe der Quäker-Bewegung mit evangelikaler Färbung, schlägt folgende kurze Gebete vor:

> *„Herr, bade mich in deiner Liebe" – „Herr, lehre mich Sanftmut" – „Herr Jesus, hilf mir, deine Gnade anzunehmen" – „Lieber Herr, befreie mich von meiner Furcht" – „Heiliger Geist, vergib mir meine Sünden" – „Herr Jesus, hilf mir, mich geliebt zu fühlen."* [062]

Es sind kurze Gebete, nur wenige Silben, die von der Erwartung einer besonderen Gnade oder Hilfe geprägt sind. Am Steuer unseres Autos, wenn wir von der Aggressivität eines anderen Fahrers irritiert sind, können wir den Herrn bitten, uns in seinem Frieden zu bewahren. Wenn wir diese Bitte mit unserer Atmung verbinden, kann das erheblich dazu beitragen, unsere Anspannung zu lösen.

Wir könnten noch viele ähnliche Beispiele anführen. Diese kurzen Gebete können an eine bestimmte Situation gebunden sein oder einfach punktuell unsere Liebe zum Herrn und unsere Abhängigkeit von ihm zum Ausdruck bringen. Wir können diese Form des Gebets aber auch nutzen, um langfristig an uns zu arbeiten: Wenn der Herr uns bestimmte Schwachstellen in unserem Leben gezeigt hat, können kurze Gebete dieser Art, die wir mehrfach am Tag wiederholen, zu unserer Heilung beitragen. Das Gebet ist dann ein Mittel, um uns für Gottes heilendes Wirken in der Tiefe zu öffnen. Wenn wir uns zum Beispiel bewusst sind, dass wir oft eine hochmütige Haltung haben, können wir wiederholt beten: *„Herr, schenke mir Demut."* Dieses Gebet beschränkt sich nicht auf einen Augenblick, sondern begleitet uns immer wieder und so lange, bis der Herr sein Werk der Heilung in uns vollendet hat.

Es ist wichtig, dass wir uns von Gott unsere Schwächen und unsere noch unverheilten Wunden zeigen lassen, damit wir sie ihm übergeben und auf dem lang anhaltenden Weg des Gebets seine Heilung und Fürsorge erbitten können – mit der inneren Zuversicht, dass er vollenden wird, was er in uns begonnen hat. Richard Foster beschreibt das Atemgebet wie folgt:

> *„Wir wenden uns ganz persönlich und vertraulich an Gott. Der Betende drückt seine Abhängigkeit, seine Unterwürfigkeit und sein Vertrauen aus – das genaue Gegenteil der Unabhängigkeit. Solche Gebete sind stets Bitten, die in dem Sinne auf den Betenden ausgerichtet sind, dass er Gott um sein Werk der Heiligung in ihm bittet. Es ist kein egozentrisches Gebet, sondern ein Atemgebet, das voller Weisheit den Willen und die Wege Gottes berücksichtigt."* [063]

Es geht nicht darum, vor der Realität zu fliehen, sondern ganz im Gegenteil darum, uns nach der Frucht des Geistes auszustrecken: *„Liebe, Freude und Frieden; Geduld, Freundlichkeit und Güte; Treue, Nachsicht und Selbstbeherrschung"* (Galater 5,22). Jedes einzelne dieser Elemente der Frucht des Geistes kann Gegenstand unseres Gebets sein: *„Herr, schenke mir dei-*

ne Liebe" – „Herr, schenke mir deine Freude" – „Herr, schenke mir deine Geduld" ... Diese Form des Gebets kann gelegentlich oder permanent praktiziert werden. Doch egal, mit welcher Häufigkeit wir diese Form des Gebets anwenden, sie ist und bleibt ein Mittel, die Gemeinschaft mit dem Herrn zu vertiefen, *„eine liebevolle Konzentration auf den Herrn Jesus Christus"*.[064] Wir können von Zeit zu Zeit darauf zurückgreifen, sie zu einer Etappe auf dem Weg zu anderen Formen des Gebets der ständigen Gegenwart Gottes machen oder sie sogar zum grundlegenden Gebet machen, das unser gesamtes inneres Leben strukturiert. Entscheidend ist nicht die Methode, sondern die Herzenshaltung, mit der das Jesusgebet praktiziert wird. Wie Enzo Bianchi hervorhebt, ist es eine Gebetsform, die aus dem Glaubenden *„eine Wohnung Gottes"* macht. Es handelt sich nicht um eine psychologische Vorgehensweise, sondern um eine Tür, die wir dem Wirken des Heiligen Geistes in uns öffnen: *„Sie ist Erinnerung, die die Vergangenheit eint, die Gegenwart erleuchtet und mit Sinn erfüllt und die Hoffnung auf die Zukunft einleitet."*[065]

Auch wenn wir davon überzeugt sind, dass diese Gebetsform uns auf dem Glaubensweg weiterbringt – sei es das Jesusgebet nach dem Vorbild der orthodoxen Theologie, sei es die Verwendung anderer Worte je nach erlebter Situation –, so machen wir doch die Erfahrung, dass die praktische Umsetzung nicht immer einfach ist.

Zunächst sollten wir herausfinden, welches Gebet in einem bestimmten Moment für uns angemessen ist. Wenn wir uns darüber nicht im Klaren sind, können wir den Herrn bitten, uns ein Gebet zu geben, so wie der Hauptmann von Kafarnaum in Matthäus 8,8 bat: *„Sag nur ein einziges Wort ..."* Das empfangene Wort können wir so lange in unserem Herzen bewahren, bis es sein Werk in uns getan hat.

Die Suche nach diesem Wort, das auf unsere Situation zutrifft, ist nicht ganz leicht. Sie setzt voraus, dass wir uns gut kennen, mit unseren Schwächen und den besonderen Bereichen, in denen der Herr an uns arbeiten muss. Manchmal empfangen wir ein solches Wort nach mehreren Tagen stiller Einkehr, an einem entsprechenden Ort, durch innere Überzeugung oder durch einen geistlichen Mentor. Wenn ein Mönch zur Zeit der Wüstenväter in der Wüste Ägyptens einen Ältesten aufsuchte, bat er: *„Abba, gib mir ein Wort …"* Und er kehrte erst mit der Bitte um ein neues Wort zurück, wenn er das erste empfangene Wort meditiert und umgesetzt hatte, was manchmal mehrere Jahre in Anspruch nahm.[066] (Vor diesem Hintergrund könnte man sich die Frage stellen, wie es sich mit den Bibellese-Programmen verhält, die uns für jeden Tag einen anderen Bibeltext vorschlagen. Laufen wir nicht Gefahr, eine gewisse geistliche „Verdauungsstörung" zu erleben? Wäre es nicht besser, wir nähmen uns Zeit, um „nur ein einziges Wort" zu suchen – und wenn wir es empfangen haben, dieses Wort in uns wirken zu lassen, bis es sein Werk in uns getan hat?)

Wenn wir nun ein Gebet empfangen und wenn wir den festen Entschluss fassen, uns daran zu halten, müssen wir doch bald erkennen, dass unsere guten Vorsätze allein nicht ausreichen. Es ist hilfreich, in unserem Umfeld Dinge zu suchen, die uns an dieses Wort erinnern. Manche schreiben das Wort auf Haftnotizen, die sie an strategischen Orten anbringen, andere tragen sich eine Erinnerung in ihr Smartphone ein oder stellen sich einen Wecker … was auch immer uns helfen kann, es nicht zu vergessen! Daniel Bourguet erwähnt in einem seiner Bücher den Fall des Pastors Charles Drelincourt (17. Jahrhundert), der es sich zur Gewohnheit gemacht hatte, bei jedem Schlagen der Standuhr zu beten[067].

Die letzte Etappe wird die sein, das Gebet wie einen Automatismus, wie das Atmen zu erleben. Wir müssen uns nicht mehr darum bemühen, sondern das Gebet ist mitten in unseren Aktivitäten präsent. Jedes Mal, wenn wir jetzt eine Atempause machen, spüren wir die Präsenz des Herrn. Dann entdecken wir staunend und überwältigt, dass der Herr uns den ganzen Tag über begleitet. Die Einladung, „ohne Unterlass zu beten“, wird so eine Realität, die unser Leben prägt.

Wie bereits erwähnt, wird unser Gebet, wenn wir darauf achten, schon bald den begrenzten Rahmen unserer persönlichen Erwartungen sprengen, um sich den Bedürfnissen der Welt zu öffnen. Dann lernen wir, ein Gesicht zu sehen und die Person demütig Gott anzubefehlen, ohne ihre Geschichte, ihre Erwartungen, ihre Freuden oder ihr Leid zu kennen – in dem Vertrauen, dass Gott Bescheid weiß und den anderen weit über unsere Vorstellungen hinaus segnen will. Auf diese Weise entdecken wir ein Gebet, das in jedem Menschen, der unseren Weg kreuzt, eine von Gott geliebte Person sieht, die wir ihm demütig zu Füßen legen. *„Siehst du, so kannst du an jedem beliebigen Ort beten“*, sagte der belgische Pater Ronald Maton:

> *„Du kannst in der U-Bahn beten oder auf der Straße. Einfach, indem du die Gesichter der Passanten anschaust. Und indem du tief in deinem Herzen auf die Leidenschaft des Heiligen Geistes für jeden von ihnen lauschst. Du eignest dir diese Leidenschaft, diese universelle Liebe an … und dein Herz und dein Leben werden Gebet.“* [068]

Egal, welche Form des Gebets wir praktizieren, es ist stets ein erstaunlicher Weg, wie Vincent Jordy schreibt:

„Es ist also ein einfacher Weg, der jedoch viel guten Willen und die Beharrlichkeit der Verliebtheit erfordert! Es ist ein wundervoller Weg, denn es ist ein Weg der Liebe, der unsere Seele pausenlos auf Gott hin ausrichtet, unsere Vorstellungskraft zur Ruhe bringt und unser Herz bewahrt.“ [069]

Beständig in Gottes Gegenwart leben

Eine weitere Form des unablässigen Gebets, die weniger methodisch und strukturiert ist, besteht darin, *„seinen täglichen Aktivitäten nachzugehen, indem man sich fröhlich der Gegenwart Gottes bewusst ist, indem man kontinuierlich Lob und Anbetung aus seinem Herzen hervorquellen lässt“*.[070] Es handelt sich um einen Ansatz, der darauf abzielt, alle Gedanken auf das Bewusstsein der Gegenwart Gottes zu richten. Hier haben wir es nicht mehr mit einer mehr oder weniger methodischen Wiederholung einer Gebetsformulierung zu tun, sondern mit einer tiefer gehenden Bemühung, die ebenfalls von Gnade und geistlichen Segnungen begleitet ist.

Hier haben wir es nicht mehr mit einer mehr oder weniger methodischen Wiederholung einer Gebetsformulierung zu tun, sondern mit einer tiefer gehenden Bemühung, die ebenfalls von Gnade und geistlichen Segnungen begleitet ist.

Bruder Lorenz von der Auferstehung (1614–1691) ist einer der Herolde dieser „beständigen Vergegenwärtigung Gottes“. In Briefen, Dialogen und „Maximen“ beschreibt er Wege zu einer tieferen Gemeinschaft mit Gott. Inmitten seiner alltäglichen Arbeit als Klosterbruder des *Ordens der unbeschuhten Karmeliter* praktizierte er mit großer Gewissenhaftigkeit die Vergegenwärtigung Gottes, in der er die Quelle einer ruhigen, tiefen Freude fand, unabhängig von den oft schwierigen, demütigenden Umständen seines Lebens. Jahrelang arbeitete er in der Küche eines Klosters mit über hundert Mönchen, bevor er den Auftrag erhielt, sich um die Instandhaltung des Schuhwerks der Klosterbrüder zu kümmern. Lauter undankbare Aufgaben! Doch er übte sich darin, ständig mit dankbarem Herzen vor Gott zu leben. Er entdeckte, dass es ein Weg tiefen Glücks ist, zufrieden und ruhig in Gottes Gegenwart zu leben.

Nur wenige Schriften sind von ihm überliefert, doch sämtliche Texte – Briefe, Maximen und Gespräche – sind von einer erstaunlichen geistlichen Frische und enthalten Aussagen, die uns noch heute tief berühren. Bruder Lorenz bemühte sich, Gott in alle Einzelheiten seines täglichen Lebens einzubeziehen, so als ob er physisch anwesend wäre. In einem seiner Briefe gibt er sechs praktische Ratschläge für die Entwicklung des geistlichen Lebens:

> *„Die heiligste, alltäglichste und wichtigste Praxis des geistlichen Lebens betrifft die Gegenwart Gottes – sich an dieser Gegenwart zu freuen, sich an diese göttliche Begleitung zu gewöhnen, demütig und voller Liebe ständig mit ihm zu sprechen, ohne Regel, ohne Einschränkung, ganz besonders in Zeiten der Versuchung, des Schmerzes, der Trockenheit, des Überdrusses und sogar der Untreue und Sünde."*

Selbst inmitten spiritueller Handlungen fand Bruder Lorenz einen Weg, in noch tiefere Gemeinschaft mit dem Herrn einzutreten:

> *„Während unserer Arbeit und anderer Aktivitäten und sogar während unserer Lesungen und unseres Schreibens – auch wenn es dabei um geistliche Handlungen geht, ja sogar gerade dann, wenn wir Andacht halten und laut beten – sollten wir*

einen Moment innehalten, um Gott von ganzem Herzen anzubeten, ihn wirklich im Verborgenen zu schmecken. Da wir wissen, dass Gott während unserer Handlungen anwesend ist und sich im Zentrum unserer Seele befindet, sollten wir da nicht wenigstens hin und wieder unsere äußeren Aktivitäten und sogar unsere laut gesprochenen Gebete ruhen lassen, um ihn innerlich anzubeten, ihm unser Herz zu öffnen, ihn zu loben?"

Diese Praxis ermöglichte es ihm, sich selbst zu vergessen und Gott den ersten Platz in seinem Leben einzuräumen:

„Was könnte gottgefälliger sein, als sich immer wieder, unzählige Male, während des Tages von allen Geschöpfen zurückzuziehen und Gott in unserem Inneren anzubeten? Wir werden durch diese ständige innere Rückkehr zu Gott von unserer Eigenliebe, die nur unter den Geschöpfen währt, ohne unser Zutun befreit." [071]

Im Mittelpunkt des Gebets befinden sich Lob und Anbetung: *„Sagt in allem Dank! Denn dies ist der Wille Gottes in Christus Jesus für euch"* (1. Thessalonicher 5,18; ELB). Auch das Leben des Apostels Paulus war von Dankbarkeit mitten in oft dramatischen Umständen geprägt.

„Danken und Danksagung sind die Begriffe, die in Bezug auf das Gebet am häufigsten von Paulus benutzt werden, mehr noch als die Worte beten oder Gebet. Paulus konnte sich ein christliches Gebet ohne Danksagung schlichtweg nicht vorstellen. Bitten und Danksagungen gehören untrennbar zusammen und formen eine einzige Haltung im Bewusstsein und der Ausübung des Glaubens." [072]

Die Gründe, die den Apostel zu dieser Haltung der aktiven und kontinuierlichen Dankbarkeit bewegten und sein gesamtes Gebetsleben nährten, sind in einer doppelten Realität zu finden: Er war sich der Liebe Gottes bewusst – die zum einen die gesamte Schöpfung umfasst, zum anderen in jedem Detail seines eigenen Lebens steckt. Seine Haltung war eine zutiefst demütige: Er hielt sich nicht für würdig, Gegenstand einer solchen Liebe zu sein. Er war überwältigt von der Gnade seiner Berufung:

> *„Ich danke unserem Herrn Jesus Christus immer wieder, dass er gerade mich für vertrauenswürdig erachtet hat, ihm zu dienen. Er hat mir dafür auch die Kraft geschenkt. Dabei habe ich ihn früher doch verhöhnt, ich habe Christus und seine Gemeinde mit blindem Hass verfolgt und bekämpft. Aber Gott hat sich über mich erbarmt und mir alles vergeben"* (1. Timotheus 1,12–13).

Es ist Gottes Plan für jeden von uns, dass das Gebet – Bitten und Lob und Dank – unseren Alltag prägt. Folgende Anekdote von Daniel Bourguet illustriert diesen Plan Gottes:

> *„Einer dieser wundervollen Momente, die ich erleben durfte, spielte sich in Portugal ab, während meines Besuchs des evangelischen Seminars in Lissabon. Der Nachtportier des Hotels, in dem ich wohnte, verbrachte seine Zeit damit, in seiner Pförtnerloge zu lesen. Mehrfach begrüßten wir uns mit einer einfachen Geste und wenigen Worten. Doch eines Tages sprach er mich an, denn er hatte erfahren, dass ich Pastor bin. Ein erstaunliches Gespräch entwickelte sich! Dieser Nachtportier war im wahrsten Sinne des Wortes ein „Wächter", was ich mit freudiger Verwunderung entdeckte: Während seiner Nachtdienste,*

wenn das gesamte Hotel schlief, las er fast ausschließlich in der Bibel. Ein Satz von ihm ist mir einprägsam in Erinnerung geblieben: Ich denke ständig an Gott." [073]

Drei Wege, ein einziges Ziel

In diesem und dem vorhergehenden Kapitel haben wir uns mit drei Wegen des beständigen Gebets beschäftigt: dem „Jesusgebet" oder „Namensgebet" („Namensanrufung"), dem „Atemgebet" und dem „beständigen Bewusstsein der Gegenwart Gottes" („Vergegenwärtigung Gottes"), wie es Bruder Lorenz von der Auferstehung praktizierte. Diese drei Wege stehen nicht im Wettstreit miteinander, sondern führen uns alle drei zum selben Ziel: Unsere Aufmerksamkeit und unsere Gedanken kontinuierlich auf den Herrn gerichtet zu halten. Wir sollten uns nicht zu sehr auf die Wiederholung des einen oder anderen Gebets fixieren, denn eine solche Fixierung könnte uns daran hindern, den Segen zu erfahren, den der Herr für uns bereithält.

Die größte und nicht zu unterschätzende Schwierigkeit besteht darin, auf dem Weg zum beständigen Gebet Ausdauer zu zeigen und daran festzuhalten, wenn wir davon überzeugt sind, dass wir dadurch geistliches Wachstum erfahren können. Denn ohne Disziplin gibt es kein geistliches Wachstum! Wenn wir uns dagegen Zeit nehmen, einen dieser Gebetswege in unserem Leben zu verankern, bis er eine Art Automatismus (Atmung) wird, dann werden wir den ganzen Reichtum dieses Ansatzes entdecken. Dann können wir auf einem Weg der ruhigen Gemeinschaft mit dem Herrn vorangehen. Jedes Mal, wenn sich dieses Gebet in unser Bewusstsein drängt, werden wir uns auf geheimnisvolle Weise der Gegenwart des Herrn bewusst.

Wir sollten uns noch einmal klarmachen, dass dieser Ansatz keinesfalls egoistisch ist. Unser Ziel ist die tiefere persönliche Gemeinschaft mit dem Herrn, und diese Gemeinschaft wird Frucht hervorbringen. Sie sperrt uns nicht in einen Dialog mit Gott ein, in dem wir nur unser eigenes Glück suchen und die Welt und die anderen außen vor lassen. Es geht nicht darum, eine Zuflucht im Sinne eines *„verschlossenen Gartens egozentrischer Frömmigkeit"* [074] zu finden, der uns für die Nöte der Welt unempfindsam lässt. Es geht nicht um eine Flucht vor der Wirklichkeit. Es geht um ein authentisches Gebet, das uns für andere Formen des Gebets öffnet – insbesondere für die Fürbitte. Es wird mit Ruhe und Mitgefühl gesprochen, getragen von der Überzeugung, in Übereinstimmung mit Gottes Willen zu beten.

8.
Tägliche Meditation und lectio divina

Jérôme, einer der Väter der lateinischen Kirche, der von 347 bis 420 n. Chr. lebte, sagte: *„Wer die Heilige Schrift ignoriert, der ignoriert Christus."* Wir können nur immer wieder betonen: Unser Gebet ist nur dann ein christliches Gebet, wenn es von der Heiligen Schrift gespeist wird. Ohne Bezugnahme auf die Bibel laufen unser Weg der Stille und Innerlichkeit sowie unser Gebet Gefahr, sich auf eine Meditation zu beschränken, die für alle möglichen Einflüsse offen ist und uns von Christus wegziehen kann. Es besteht immer die Gefahr, dass uns unsere Subjektivität und Emotionalität auf der Suche nach spirituellem Wohlbefinden auf falsche Wege führen, wenn wir die Heilige Schrift außen vor lassen. Die *„Erneuerung unseres Sinnes"*, von der der Apostel Paulus spricht (Römer 12,2; ELB), kann sich nur vollziehen, wenn wir die Heilige Schrift in unser Leben einbeziehen und uns vom Heiligen Geist leiten lassen. Diese Überzeugung wird auch von Bruder Pierre-Yves Émery von der *Taizé*-Gemeinschaft geteilt:

Wir können nur immer wieder betonen: Unser Gebet ist nur dann ein christliches Gebet, wenn es von der Heiligen Schrift gespeist wird.

„Die Heilige Schrift spricht nicht über Gott, ohne ihn uns persönlich und konkret erfahren zu lassen. Gleichzeitig bewirkt sie, dass wir uns unser selbst entledigen, um uns ganz auf ihn zu werfen. Die Schrift ist die Quelle unserer Erkenntnis und zugleich ist sie die Quelle unserer Liebe, unseres Gebets, unserer Sicht auf das Leben als Mensch auf dieser Erde.“ [075]

Die zentrale Position der Bibel

Wenn wir glauben, dass das Gebet uns einen Raum öffnet, in dem wir uns vollständig darauf konzentrieren, auf Gott zu hören, dann ist es wichtig, zwischen Meditation der Bibel und Stille ein Gleichgewicht zu finden. Jean-Marie Gueullette sagt dazu:

„Der Geschmack der Stille darf nicht das sorgfältige Lesen der Heiligen Schrift ersetzen; und andersherum darf das Interesse an der Bibel den Christen nicht zu einem unermüdlichen Forscher machen, der sich unablässig in alle möglichen Bibelkommentare vertieft.“ [076]

Pastor Dietrich Bonhoeffer beschrieb drei unterschiedliche und einander ergänzende Lesarten der Bibel:

1. Die *kerygmatische* oder *auf die Verkündigung ausgerichtete* Lesart: Die gemeinschaftliche Lesung der Bibel, in der der auferstandene Christus verkündet wird. Mit anderen Worten: Die auf dem Pult des Predigers aufgeschlagene Bibel.
2. Die *theologische* Lesart: Die persönliche Lektüre der Bibel, das Studieren des Wortes Gottes, um die Wahrheit des Textes zu finden. Das ist die Arbeit der *Exegese* (Schriftausle-

gung). Mit anderen Worten: Die auf dem Schreibtisch des Lesenden aufgeschlagene Bibel.

3. Die *meditative* Lesart: Wenn die Bibel (wenn möglich zu festgelegter Stunde) als Grundlage für die stille Andacht/Meditation und das Gebet dient. Mit anderen Worten: Die auf dem Nachttisch oder auf den Knien des Gläubigen aufgeschlagene Bibel.

Diese drei unterschiedlichen Lesarten der Bibel schließen einander nicht aus, sondern ergänzen sich. Die Grenzen zwischen ihnen sind nicht scharf umrissen: Man kann von der Exegese zur Meditation/Kontemplation gelangen, und Letztere kann zur Entdeckung eines für die Predigt/Verkündigung geeigneten Wortes führen. Allerdings sollten wir das sorgfältige Studium eines Bibeltextes nicht mit der Zeit der Stille und des Gebets verwechseln. Beide Ansätze antworten auf unterschiedliche Erwartungen.

Wenn die Meditation der Bibel an erster Stelle steht, ist das Gebet dann zweitrangig? Mit anderen Worten: Sollten wir unsere Andachtszeit mit Gebet beginnen oder umgekehrt durch das Lesen der Schrift zum Gebet gelenkt werden? Georg Müller, dieser herausragende Mann des Glaubens und des Gebets, verbrachte jahrelang jeden Morgen nach dem Aufstehen und Ankleiden einen langen Moment im Gebet, stellte jedoch fest, dass sein Gebet oft von allen möglichen Dingen abgelenkt wurde. Eines Tages beschloss er, seine Andachtszeit mit dem Lesen der Schrift zu beginnen, wobei er sich für jeden Vers Zeit nahm und ein Wort darin suchte, dass seine Seele nähren und seinem Tag Sinn verleihen könnte, wie er in seinem Tagebuch beschreibt:

„Als Erstes bat ich den Herrn mit wenigen Worten um seinen Segen für sein kostbares Wort, worauf ich gründlich über den

Text nachsann. Ich bemühte mich, in jedem Vers eine Segnung zu entdecken – nicht etwa mit dem Gedanken an eine künftige Predigt oder Verkündigung, sondern mit dem alleinigen Ziel, meine Seele zu nähren. Das beinahe ständige Ergebnis war, dass ich mich entweder zum Sündenbekenntnis, zum Loben und Danken, zur Fürbitte oder zum Flehen motiviert fühlte. Und so kam es, dass ich mich zwar in erster Linie mit Gottes Wort befasste, mich aber relativ bald mitten ins Gebet vertieft wiederfand."[077]

Die Heilige Schrift wird nicht als Wort empfangen, das „ist", sondern als Wort, das „zu uns kommt". Es ist wichtig, dass wir in einer Haltung der Erwartung, der Öffnung verharren, die alles von Gott erwartet – und sei es nur ein leises Murmeln, ein Säuseln, ein Flüstern, das unser Leben beeinflussen will. Wir sollten uns davon frei machen, die Zeit hierfür im Voraus festzulegen. Wenn wir einen Freund treffen, dann wissen wir nicht im Voraus, wie das Gespräch sich entwickeln wird. Mit dem Lesen der Bibel verhält es sich ähnlich.

Wenn wir eine bestimmte Zeit für unsere tägliche Bibellese festgelegt haben und nur über jeweils zehn Minuten verfügen, wird es kaum möglich sein, den gelesenen Text gründlich zu studieren; vielmehr sind wir dann auf der Suche nach einem Wort, das Gott an uns richtet und das uns für unseren Tag inspirieren kann. Es ist empfehlenswert, dafür einen nicht zu langen Text zu wählen, nur wenige Verse, die der Ausgangspunkt für unsere Meditation und unser Gebet sind. Genau das wird übrigens in den meisten Andachtsbüchern vorgeschlagen. Dabei kann es hilfreich sein, ein Wort, das uns besonders berührt hat, in ein Heft zu schreiben. So können wir dieses Wort in unserem Herzen bewahren und den ganzen Tag über darauf zurückkommen. Es wird uns helfen, während des Tages immer wieder unsere Gedanken auf den Herrn zu richten. Von Zeit zu Zeit können wir die Worte, die wir in den vergangenen Tagen notiert haben, erneut lesen und werden möglicherweise einen roten Faden erkennen und entdecken, dass Gott durch sein Wort in der Tiefe unseres Lebens wirkt.

Die orthodoxe Theologie ist besonders sensibel für die Verbindung zwischen *Gebet* und *Theologie* und lehnt die Vorstellung ab, es handele sich dabei um zwei unterschiedliche Bereiche. Der Mönch Evagrios Pontikos (346–399) hat folgenden berühmten Aphorismus geprägt: *„Wenn du Theologe bist, dann betest du wahrhaftig, und wenn du wahrhaftig betest, dann bist du Theologe.“* Der wahre theologische Ansatz kann nur zur Kontemplation führen, aber es gibt keine wirklich christliche Kontemplation ohne gründliches Studium der Bibel. Sowohl eine rein akademische, trockene Theologie als auch eine Kontemplation, die von der eigenen Fantasie gespeist wird, sind zu vermeiden. Wie können wir einen Weg finden, auf dem das Lesen und Nachsinnen über die Schrift und das Gebet zu einem Gleichgewicht kommen? Die *lectio divina* kann hier einen wichtigen Platz einnehmen. Doch bevor wir uns eingehender damit befassen, sollten wir uns in Erinnerung rufen, dass wir es im Folgenden mit zwei Annäherungen an die Bibel zu tun haben, die eine unterschiedliche zeitliche Verfügbarkeit erfordern.

Die tägliche Andacht und Meditation

In unserer täglichen Bibellese suchen wir nach einem Wort, das uns nährt und uns Orientierung für den Tag gibt. Oft sind es nur wenige Minuten, bevor wir unserer Arbeit nachgehen, oder abends, bevor wir einschlafen, wenn wir diesen Moment für geeigneter halten. Zahlreiche Andachtsbücher gehen auf dieses Bedürfnis ein und schlagen einen kurzen Text vor, der meist mit einem kurzen Kommentar, einigen Fragen und Gebetsvorschlägen abgerundet wird. Die Verwendung eines Andachtsbuches hilft uns zu vermeiden, dass wir nur die Bibeltexte lesen, die uns vertraut sind. Es kann auch hilfreich sein, einem Leseprogramm zu folgen, mit dem man die gesamte Bibel in ein, zwei oder drei Jahren durchliest.

Der griechische Kirchenvater Johannes Chrysostomus (344–407) prangerte bereits damals das selektive Lesen der Heiligen Schrift an:

> *„Das ist der Grund, warum wir so lau geworden sind: Wir lesen die Schrift nicht mehr in ihrer Gesamtheit, sondern verfügen, dass bestimmte Stellen besonders nützlich sind, und vernachlässigen den Rest. Und aus demselben Grund haben sich Irrlehren eingeschlichen: Man wollte nicht die ganze Heilige Schrift lesen, sondern hat bestimmte Teile für wesentlich und andere für zweitrangig erklärt.“* [078]

Eine ähnliche Ermahnung stammt aus der Feder von Bruder Pierre-Yves von der *Taizé*-Gemeinschaft:

> *„Die Bibel aufzuschlagen bedeutet nicht, sie wie zufällig durchzublättern und zwischen mehreren Passagen hin und her zu pendeln. Es gibt Momente in unserem Leben, in denen uns Zögerlichkeit Schaden zufügen kann. Wenn wir über die Heilige Schrift nachsinnen wollen, müssen wir zunächst entscheiden, welchen Text wir lesen wollen, um uns dann konsequent damit zu beschäftigen. Wir sind im Allgemeinen nicht so leicht zu Andacht und Gebet geneigt, dass wir es uns erlauben könn-*

ten, uns unentschlossen und amateurhaft einem biblischen Text zu nähern … Entscheidend ist, dass wir beim Aufschlagen der Bibel entschlossen auf den Ort zugehen, von dem wir glauben, dass Gott dort auf uns wartet. Wenn wir die Bibel öffnen, dann sollten wir uns mit unserem ganzen Sein darauf konzentrieren." [079]

Die *lectio divina*

Die tägliche Bibellese/Andacht und die *lectio divina* sind nicht miteinander zu verwechseln. Guillaume de Saint-Thierry unterscheidet die beiden Ansätze wie folgt:

> „*Die gründliche lectio eines biblischen Textes unterscheidet sich von einer einfachen Bibellese, wie sich Freundschaft von vorübergehender Gastfreundschaft und brüderliche Zuneigung von gelegentlichem Grüßen unterscheidet. Wir sollten täglich einige Worte unserer Bibellese aussondern, die wir gründlich „wiederkauen" und an die wir uns häufig erinnern.*" [080]

Die *lectio* erfordert also ausreichend Zeit – man kann sie nicht in zehn Minuten leben, wenn man eine echte Begegnung mit Gott sucht, die von der Bibel genährt wird. Jeder Einzelne muss für sich selbst über die Häufigkeit und Länge der *lectio* entscheiden. Empfehlenswert wäre es, jede Woche ein oder zwei Stunden dafür zu reservieren, um wirklich in der Stille auf den Herrn zu hören. Hier geht es nicht mehr um eine einfache Lektüre eines biblischen Textes, sondern um das Lesen, Studieren, Nachsinnen, „Wiederkauen" und schließlich Beten des Textes.

Ursprünglich war die *lectio* eine Praxis, die ausschließlich in der Welt des Klosters oder des Eremitentums gelebt wurde. Ihre Wurzeln gehen auf die Spiritualität der Anfangszeit der christlichen Kirche zurück, und im antiken Judaismus findet man tiefe Spuren davon. Man braucht nur den Psalm 119 zu lesen: Die Liebe des Autors für die Heilige Schrift beschäftigt seine Gedanken Tag und Nacht.

Noch heute wird die Schrift im Kloster mehrmals täglich gelesen und meditiert. Doch schon seit einigen Jahrzehnten hat diese betende Lektüre ihren ursprünglichen Rahmen verlassen und begonnen auch die individuelle und gemeinschaftliche Spiritualität zahlreicher Christen zu speisen. Die Praxis der *lectio divina* wird entweder als Leitfaden für die persönliche Bibellese oder in Form von besonderen Abenden erlebt, an denen man mit mehreren Personen in Ruhe vor Gottes Wort still wird und darüber nachsinnt.

Die Bibel beten

Die Exegese dient dazu, uns die Tiefen und Reichtümer des biblischen Textes entdecken zu lassen, um dessen Sinn und die darin verborgene Absicht zu begreifen. Die Meditation dagegen ist ein Lauschen auf ein Wort, das Gott heute an uns richtet, persönlich im Hier und Jetzt unseres Lebens. Es kann sich um ein Wort der Warnung, der Ermahnung, des Trostes, der Ermutigung oder auch um die Aufdeckung einer Sünde in unserem Leben handeln – je nachdem, was der Geist Gottes uns offenbaren will. Daniel Bourguet schreibt dazu:

> *„Während meiner Meditation befinde ich mich von Angesicht zu Angesicht mit dem Herrn, und zwischen uns ist nur der bi-*

blische Text. Die Bibel ist die Grundlage für den Prediger, auf die er sich stützt, um ein Wort Gottes weiterzugeben. Während der Meditation ist die Bibel der Ort der persönlichen Begegnung mit Gott oder – mit anderen Worten – der Resonanzkasten eines Wortes, das Gott mir mitteilen will. Während der Meditation der Heiligen Schrift öffnet mir der Text die Tür zur Zweisamkeit mit Gott.“ [081]

Wie oft haben wir die Erfahrung gemacht, dass ein Text, den wir zu kennen glaubten, uns mit einem Mal tief in unserem Inneren berührt, nachdem wir uns intensiver damit beschäftigt und darüber nachgedacht haben. Oft bleiben wir an der Oberfläche oder lassen den Text nicht wirklich in unser Herz hinein. Die *lectio* verfolgt das Ziel, diese Kluft zu überwinden, um den tiefen Sinn der Worte zu entdecken, die wir kennen, die uns aber manchmal so „vertraut“ sind, dass wir ihren vollen Reichtum nicht erfassen. Die Bibel kann auf unterschiedlichen Ebenen gelesen werden, und es liegt an uns, uns die Zeit zu nehmen, um den Text intensiv zu studieren und darüber nachzusinnen, um in tiefere Schichten vorzudringen und ungeahnte Reichtümer zu entdecken! Das erfordert Zeit und Stille.

Oft bleiben wir an der Oberfläche oder lassen den Text nicht wirklich in unser Herz hinein. Die *lectio* verfolgt das Ziel, diese Kluft zu überwinden.

Der evangelikale Autor Richard Foster berichtet von der Erfahrung eines brillanten Theologiestudenten namens Jim Smith, der während seines Studiums beschloss, eine Rüstzeit in einem Kloster zu durchlaufen. Der Klosterbruder, der ihn aufnahm und ihn die ganze Woche über begleiten sollte, gab ihm nur einen einzigen Text zur Meditation: Die Verkündigung in Lukas 1. Erst nach mehreren Tagen, in deren Verlauf Jim

Smith verzweifelt mit dem Text kämpfte, um in sein Innerstes vorzudringen, öffnete sich ihm der Text mit einem Mal. Die Worte Marias bekamen für ihn eine persönliche Bedeutung: *„Ich will mich dem Herrn ganz zur Verfügung stellen. Alles soll so geschehen, wie du es mir gesagt hast"* (Lukas 1,38).[082] Was für ein Zeugnis! Wie oft bleiben wir an der Peripherie des biblischen Textes stehen und geben uns mit einer oberflächlichen Lektüre zufrieden, statt die geistliche Nahrung zu suchen, die unsere Seele braucht!

Die Meditation der Bibel ist der langsame und lange Weg, um die Widerstände unserer Oberflächlichkeit zu überwinden, sodass wir ins Innerste des Textes vordringen und das Wort empfangen können, das Gott an uns richtet.

Die Meditation der Bibel ist der langsame und lange Weg, um die Widerstände unserer Oberflächlichkeit zu überwinden, sodass wir ins Innerste des Textes vordringen und das Wort empfangen können, das Gott an uns richtet.

> *„Das Studium der Schrift konzentriert sich auf die Exegese, während die Meditation sich auf die Verinnerlichung des Textes und seine persönliche Inanspruchnahme konzentriert. Dann wird das geschriebene Wort ein lebendiges Wort, das sich an uns persönlich richtet. Hier geht es nicht um eine theoretische Analyse und auch nicht darum, Stoff für eine Predigt oder ein Mitteilen des Wortes zu finden. Es geht darum, unsere Neigung zur Arroganz zurückweisen und mit einem demütigen Herzen das an uns gerichtete Wort zu empfangen."*[083]

Enzo Bianchi von der *Communauté de Bose* drückt es ähnlich aus:

„Wir sollten uns Folgendes klarmachen: Wo kein konstanter Bezug zur Bibel besteht, wo keine ernsthafte, engagierte lectio divina praktiziert wird, entstehen Formen der sentimentalen Frömmigkeit, eine Trockenheit in der theologischen Mentalität unter kultivierten Leuten, die Verlagerung der Interessen und der Aufmerksamkeit hin zu zweitrangigen und abgeleiteten Aspekten der christlichen Botschaft, Individualismus und Verlust des Gemeinschaftssinns, Geschmack an Erneuerungen um jeden Preis, der Verlust des Lebenssafts der Tradition und die Idolatrie der angeblichen Zeichen der Zeit.“ [084]

Die verschiedenen Etappen der *lectio divina*

Jede meditierende Lektüre der Heiligen Schrift ist eine Form der *lectio divina*. Wir alle praktizieren sie, ohne uns dessen allzu bewusst zu sein. Viele Andachtsbücher schlagen ein Vorgehen vor, das einer *lectio divina* ähnelt.[12] Diese folgt einer gewissen Struktur und setzt voraus, dass wir uns Zeit dafür nehmen. Wir können keine *lectio divina* durchführen, wenn wir nur wenige Minuten dafür erübrigen können.

Die betende Meditation der Heiligen Schrift hat die Geschichte Israels geprägt, aber auch die Spiritualität der Kirche des Westens und des Ostens. Doch erst im Mittelalter wurde

12 Die *Alliance biblique universelle* hat einen Leseplan herausgegeben, der die liturgische sonntägliche Lesung des Evangeliums unter Befolgung der Etappen der *lectio divina* vorschlägt. Der Leseplan präzisiert: *„Die* lectio divina *ist ein Segen für die Kirche in ihrer Gesamtheit, denn sie ermöglicht jedem Gläubigen, Zugang zu den Reichtümern der Heiligen Schrift zu finden. Sie hilft dem Einzelnen, die Bibel immer tiefer zu lesen, zu begreifen und zu lieben und in den Lehren des Herrn Jesus Christus Orientierung für sein Leben zu finden. Es geht darum, dem Herrn durch sein Wort zu begegnen und zuzulassen, dass er unser Leben durch das Wirken des Heiligen Geistes verwandelt, sodass wir ihm immer ähnlicher werden.“*

sie zu einer kodifizierten Lektüre. Guigues le Chartreux (1083–1136, Prior der *Grande Chartreuse*) schlug im zwölften Jahrhundert eine „Gebetsleiter“ aus vier Sprossen oder Stufen vor: Die erste Stufe ist die *lectio*, die dem Mund Nahrung zuführt, die zweite Stufe die *meditatio*, während der das gehörte Wort wiedergekäut wird, die dritte Stufe *oratio* (Gebet), um den Geschmack des Textes zu genießen, und schließlich die *contemplatio*, die das Wort zu einer Nahrung für die Seele verwandelt. Die *lectio divina* vollzieht sich also in vier Stufen: Lektüre – Meditation – Gebet – Kontemplation.

> Die betende Meditation der Heiligen Schrift hat die Geschichte Israels geprägt, aber auch die Spiritualität der Kirche des Westens und des Ostens.

Eine gemeinschaftlich gelebte *lectio divina* sollte einer klaren Struktur folgen. Befinden wir uns dagegen allein mit dem Text, dann haben wir die Freiheit, diese Etappen nicht rigoros zu befolgen. Worum es wirklich geht, ist nicht die Befolgung eines Schemas, sondern die Begegnung mit dem Herrn durch sein Wort!

Das Umfeld, in dem wir leben, ist oft von so vielen Dingen überfüllt, dass es nicht immer leicht ist, Abstand zu gewinnen. Daher ist es zu empfehlen, eine weitere Etappe hinzuzufügen: die Vorbereitung. Diese Etappe ist sogar besonders wichtig, denn in der Regel kann man nicht von jetzt auf gleich in den Modus Gebet und Meditation umschalten. Wir sollten uns Zeit nehmen, innezuhalten, vielleicht ein Musikstück zu hören oder einige Sätze eines meditativen Textes lesen. Jeder Einzelne muss für sich herausfinden, wie er diesen Übergang am besten bewältigt, um die *lectio divina* mit einer gewissen inneren Aufgeräumtheit zu erleben.

Im Anschluss an die *lectio divina* fügen einige sogar noch eine Etappe hinzu: Das konkrete Handeln als logische Folge dessen, was sie während der *lectio* empfangen haben. Der meditierte Text kann nicht ohne Frucht bleiben. Er führt uns zu größerer Hingabe, mehr Barmherzigkeit und einer authentischeren Liebe zu Gott, zum Nächsten und zu uns selbst. Im Brennpunkt der *lectio divina* steht der Wunsch, vom Wort Gottes verwandelt zu werden – es geht nicht um größere theologische Kenntnis, sondern eine tiefere Herzenserkenntnis Gottes.

Die Vorbereitung (*Epiklese*)

Wenn wir die Bibel aufschlagen, sollten wir uns in einer Haltung der Öffnung und der Erwartung des Heiligen Geistes befinden. Es ist Gottes Geist, der uns *„hilft, die Wahrheit vollständig zu erfassen"* (Johannes 16,13). Diese „Herabrufung des Heiligen Geistes" *(Epiklese)* muss an erster Stelle stehen. Der Geist Gottes hat das Wort geschaffen; er ist es auch, der unseren Verstand öffnet und unsere Seele so beeinflusst, dass sie sich Gott unterwirft und empfänglich ist für das, was Gott uns sagen will.

Der Heilige Geist kommt zu uns wie eine Taube, die sich auf unsere Schulter setzt. Wir sollten ihn in Ruhe und in der Stille aufnehmen, um ihn nicht zu erschrecken. Der Geist ist eine diskrete Gegenwart, die wir nur erfahren, wenn wir ihr Raum geben – einen Raum der Offenheit, der Verfügbarkeit, der Empfänglichkeit. Deshalb sollten wir uns bemühen, äußere Geräusche, Quellen der Ablenkung und Störungen aller Art auszuschalten, die uns von unserer mit Geräuschen und Bildern gesättigten Gesellschaft aufgezwungen werden und pausenlos um unsere Aufmerksamkeit buhlen.

Das Lesen (*lectio*)

Gott spricht in erster Linie durch die Bibel zu uns – darin teilt er uns mit, wer er ist, wer wir sind und was er von uns erwartet. Während dieser ersten Etappe der *lectio divina* sollten wir nicht vorschnell meinen, wir würden den Text kennen und er könne uns nichts Neues mehr lehren. Erst wenn wir den biblischen Text gründlich erforschen, werden wir die darin verborgenen Schätze entdecken. Diese Etappe erfordert eine gewisse Zeit.

Wir sollten nicht zögern, den Text immer wieder neu zu lesen und wenn möglich auch mehrere Übersetzungen zu benutzen. Wir können uns bemühen, die Struktur des Textes zu erkennen, Wiederholungen zu unterstreichen, uns die Zeitform der Verben anzusehen … Ein Teilnehmer unserer *lectio-divina*-Abende hat es sich zur Gewohnheit gemacht, alle Verben des gelesenen Textes, die im Plural stehen, in den Singular zu übertragen, so als ob der Autor sagen würde: „Du …!“ Ein origineller Weg, sich vom Text angesprochen zu fühlen.

Die Zeit der *lectio* kann von dem Bewusstsein geprägt sein, dass Gott zu uns spricht, aber manchmal kann es auch eine Zeit der Trockenheit sein – der Text scheint uns nichts zu sagen. Dann besteht die Gefahr, dass wir die Lektüre abbrechen, zu einem anderen Text übergehen oder die Meditation auf einen anderen Zeitpunkt verschieben. *„Solche Zeiten sind oft ein Segen“*, erklärt Enzo Bianchi, *„auch wenn sie von geistlicher Trockenheit geprägt sind. Doch sie helfen uns, unseren Blick auf Gott allein zu richten, alles von ihm zu erwarten und ihn mitten in dieser Wüste zu loben, in der uns unsere eigene Unfähigkeit zu beten bewusst wird.“*[085]

Wenn wir die *lectio* in einer Gruppe durchführen, können wir nicht vor dem Text davonlaufen, sodass er uns auch nach möglicher anfänglicher Trockenheit schließlich zugänglich wird und seinen Reichtum offenbart.

Die Meditation (*meditatio*)

Die Meditation ist die Vertiefung der Lektüre. Diese beiden Etappen überschneiden sich oder fügen sich ineinander. Die Meditation erfordert Zeit, und es ist sinnvoll, vorher eine Mindestdauer festzulegen, an die wir uns halten. Bei einer Gruppen-*lectio* ist das einfacher; die Person, die die *lectio* moderiert, gibt für alle Teilnehmer eine bestimmte Zeit für die Lektüre und die stille Meditation vor. Manchmal kommt es vor, dass man am liebsten zu etwas anderem übergehen würde, weil man den Eindruck hat, das Wesentliche des Textes bereits erfasst zu haben. Doch durch die Gruppendynamik sind wir gehalten, bei dem gelesenen Text zu verweilen, und so wird der Text ganz langsam immer klarer, und wir können unvermutete Schätze entdecken. Etwa dreißig Minuten sind für die stille Meditation zu empfehlen. Oft wünschen sich die Teilnehmer einer *lectio* sogar, dass diese Zeit verlängert wird!

Wenn ein Wort, ein Vers, ein Satz unser Herz berührt hat, sollten wir es/ihn sorgfältig festhalten. Wir können weiter darüber nachdenken und es uns wie ein Bonbon „auf der Zunge zergehen lassen“. So können wir das Wort schmecken und genießen und ganz allmählich in unser Herz sinken lassen.

Damit das Wort bis in unser Innerstes vordringen kann, ist es notwendig, dass wir in die Stille gehen. Nur so kann das Wort in der Tiefe wirksam werden. Man kann dann tatsächlich vom „Wiederkauen“ des Wortes sprechen. Dabei geht es nicht um eine Intellektualisierung des Textes, sondern um Nahrung für unsere Seele.

Das „Wiederkauen“ des Wortes geht über die Zeit der Meditation hinaus. Was uns besonders berührt hat, dürfen wir uns immer wieder in Erinnerung rufen, nach dem Vorbild Marias:

„Maria aber merkte sich jedes Wort und dachte immer wieder darüber nach“ (Lukas 2,19). Dieser Vers kann uns auch dazu ermutigen, bestimmte Worte der Schrift auswendig zu kennen. Tatsächlich besteht die Gefahr, das Wort zu hören und sogar zu meditieren und es dann wenige Minuten später zu vergessen. Wir müssen uns bewusst darum bemühen, Gottes Wort in uns wohnen zu lassen, sodass es sich in unser Herz einprägt.

Das Beten (*oratio*)

Wir werden dazu eingeladen, uns das empfangene Wort nun im Gebet zu eigen zu machen. Zahlreiche Texte können in der Einzahl der ersten Person gelesen werden und erhalten so ein erstaunliches Profil. Wir sind nicht mehr länger „Zuschauer“ oder „Meditierende“, sondern wir eigenen uns das Wort Gottes an, indem wir es im Gebet an Gott zurückgeben – so schließt sich der Kreis.

Unser Gebet nimmt je nachdem, was wir gehört oder entdeckt haben, unterschiedliche Formen an: Dank, Anbetung, Freude, Jubel oder auch Gebet im Bewusstsein unserer Armut und Fragilität, wo wir von Gott so angenommen werden, wie wir sind.

Die Kontemplation (*contemplatio*)

Manchmal erfahren wir die Gnade, in ein sehr tiefes Gebet einzutreten – in die Kontemplation, wo keine Worte mehr nötig sind und nur noch das Herz spricht. So wie beim Jünger Thomas, der im Angesicht des auferstandenen Jesus Christus nur einen Satz sagen konnte: *„Mein Herr und mein Gott.“*

Jedes andere Wort wird überflüssig vor der überwältigenden Schönheit des lebendigen Sohnes Gottes.

Henri Nouwen begriff auf seinem geistlichen Weg, dass er sich vor dem Vater hinknien musste, *„mein Ohr an seine Brust legen und ununterbrochen auf den Herzschlag Gottes lauschen“* [086]. Können wir so die Kontemplation definieren: Still werden, um in tiefe Gemeinschaft mit Gott einzutreten, wo nur noch er allein ist – so wie bei der Verklärung, als die Jünger nur noch den Herrn Jesus allein sahen? Alle, die diesen Weg der Kontemplation beschritten haben, bestätigen, dass jedes Wort überflüssig wird, wenn wir in die grenzenlose Liebe Gottes eintauchen.

Beten bedeutet, dass wir uns der Liebe Gottes zu uns bewusst werden. Diese Wahrheit entfaltet in der Kontemplation ihre ganze Kraft.

Konkrete Folgen

Die Meditation der Bibel wird nicht ohne praktische Folgen für unser Leben bleiben. Der Apostel Jakobus erinnert uns eindrücklich daran: *„Wer Gottes Botschaft nur hört, sie aber nicht in die Tat umsetzt, dem geht es wie einem Mann, der in den Spiegel schaut. Er betrachtet sich, geht wieder weg und hat auch schon vergessen, wie er aussieht“* (Jakobus 1,23–24). Wenn wir durch das Nachsinnen über Gottes Wort und durch das Gebet Gemeinschaft mit dem Herrn pflegen, dann wird daraus Frucht hervorkommen: Unsere Erkenntnis des Willens Gottes wird geschärft, sodass wir bemüht sind, seinen Willen praktisch, durch konkrete Gesten der Liebe, der Barmherzigkeit und der Vergebung, umzusetzen.

Die Meditation der Bibel kann auch Einsicht und Umkehr bei uns bewirken:

„Sie kann uns zur Reue führen, sodass wir bestimmte Aspekte unserer fernen oder nahen Vergangenheit hinterfragen; sie kann uns auf eine zu klärende Frage aufmerksam machen; sie kann uns eine Gewohnheit zeigen, die wir ändern, oder einen konkreten Schritt, den wir unternehmen sollen.“ [087]

Wir können uns nicht aufrichtig auf die Heilige Schrift einlassen, ohne von ihr in Bezug auf die Qualität und die Tiefe unseres Lebens mit dem Herrn beeinflusst zu werden. Wenn unsere Meditation der Bibel keinerlei Konsequenzen für unser Leben zeigt, müssen wir die Authentizität und Intensität unserer Verbindung zum Weinstock – dem Herrn Jesus Christus – hinterfragen, wie dieser uns in Johannes 15 in seinem Gleichnis erinnert.

Ein persönlicher Schritt

Was wir bisher betrachtet haben, betrifft in erster Linie die persönliche Praxis der *lectio*: Wir befinden uns allein mit dem biblischen Text, lesen, meditieren und beten ihn. Doch dieses Vorgehen kann auch, wie bereits angedeutet, in einer Gruppe erlebt werden. Ich habe selbst rund einhundert solcher *lectio-divina*-Abende geleitet und kann bezeugen, was für einen Reichtum die gemeinschaftliche Lektüre, die Meditation und das Gebet rund um denselben biblischen Text hervorbringen. Manche Teilnehmer haben anschließend eingeräumt, den Geschmack an Gottes Wort wiedergefunden zu haben, denn was man bei einer gemeinschaftlichen *lectio* erlebt, kann man in ähnlicher Weise in seiner persönlichen *lectio* erfahren. Meine größte Überraschung war jedoch das Interesse, das junge Gläubige darin fanden, die sich wieder ganz neu für die Bibel interessierten und mit großer Begeisterung an den *lectio*-Abenden teilnahmen.

Ich werde später Hinweise für den Aufbau eines *lectio-divina*-Abends geben, wo dem Lesen, der Stille und dem gemeinschaftlichen Austausch über die Lektüre Raum gegeben wird (siehe Anhang Nr. 1).

9.
Praktische Fragen

Wenn man die Biografien von Frauen und Männern Gottes der vorigen Jahrhunderte liest, stellt man erstaunt fest, welchen Platz das Gebet in ihrem Glaubensleben einnahm. Sie verbrachten täglich mehrere Stunden im Gebet und hätten sich niemals vorstellen können, auf diese persönliche Begegnung mit Gott zu verzichten, die die Grundlage ihres christlichen Dienstes war. Mit der Meditation der Bibel verhielt es sich genauso. Wir haben bereits den Reformator Martin Luther erwähnt, der seinen Tag in der Regel mit drei Stunden Stille und Gebet begann, auch und insbesondere an Tagen, an denen er besonders beschäftigt sein würde. All das ist weit entfernt von einer morgendlichen Bibellese beim Frühstück, mit einem Auge auf dem Andachtstext und dem anderen auf den Nachrichten auf unserem Smartphone. Wir wiegen uns vielleicht in der Illusion, diese wenigen Minuten würden als Nahrung für unseren Tag genügen. Doch ohne den regelmäßigen Rückzug in die Stille, wo wir auf den Herrn und sein Wort hören, wird unser geistliches Leben verkümmern und keine Frucht mehr tragen.

Prioritäten festlegen

Die Festlegung der richtigen Prioritäten und ein disziplinierter Umgang mit der Zeit sind zwei Pfeiler eines blühenden geistlichen Lebens. Zunächst müssen wir über unsere Prioritäten nachdenken und herausfinden, ob wir es für lohnenswert halten, Zeit zu investieren, um tiefere Gemeinschaft mit dem Herrn zu haben. Wir sind frei, andere Prioritäten festzulegen. Doch wer bei der Lektüre dieses Buches bis hierhin vorgedrungen ist, spürt vermutlich den aufrichtigen Wunsch, sein Gebetsleben zu vertiefen und Zeit hierein zu investieren.

Wenn diese Priorität geklärt ist, sollten wir Wege finden, sie umzusetzen: Wer lernen will, diszipliniert mit seiner Zeit umzugehen, der benötigt eine Menge Überzeugung und Durchhaltevermögen.

In einer so effizienten Gesellschaft von Fastfood und Wissen per Mausklick könnte man annehmen, wir hätten mehr Zeit für andere Dinge. Es müsste also im Grunde allein der Wille ausreichen, um ausreichend Gelegenheit für Gebet und Meditation zu finden. Doch unsere Erfahrung und besonders unsere Fehlschläge erinnern uns rasch daran, dass dem nicht so ist. Das Gebet erfordert von unserer Seite eine Arbeit der Aufmerksamkeit, der Verfügbarkeit, der Anwesenheit – wenn wir nicht aufpassen, können wir durch unser fehlendes Durchhaltevermögen entmutigt werden und den Wunsch nach einem reichen Gebetsleben verlieren. Es ist eine Illusion unserer Tage, zu glauben, man könne praktisch alles ohne größere Anstrengung erreichen – ob es um Fremdsprachenkenntnisse oder Wunschgewicht geht. In Wirklichkeit sind es nur wenige Überflieger, die, ohne zu studieren, Erfolg haben, und wenn es ums Beten geht, ist niemand von uns ein Überflieger.

Wer aus der Masse herausstechen will – egal, ob es um den Sport geht, um die Kunst oder ums Business –, der muss viel Zeit investieren und Opfer auf sich nehmen. Für viele handelt es sich dabei um Hunderte, ja sogar Tausende von Arbeits- oder Trainingsstunden. Wer derart viel Zeit und Energie in sportlichen, künstlerischen oder geschäftlichen Erfolg investiert, der handelt aus der Überzeugung heraus, dass diese Investition sich lohnt, und ist bereit, entsprechende Opfer zu bringen. Der Apostel Paulus spricht davon im 1. Korintherbrief: *„Wer im Wettkampf siegen will, setzt dafür alles ein. Ein Athlet verzichtet auf vieles, um zu gewinnen. Und wie schnell ist sein Siegeskranz verwelkt! Wir dagegen kämpfen um einen unvergänglichen Preis"* (1. Korinther 9,25).

Wir sind bereit, in all diesen Bereichen Anstrengungen zu unternehmen, und meinen, in unserem Leben mit Gott müssten wir seine Gnade und seine Segnungen erhalten, ohne uns nach seiner Nähe auszustrecken und Zeit und Energie in die Beziehung zu ihm zu investieren. Wir sollten unsere Ambitionen überprüfen: Wenn wir nur ein Zehntel der Zeit und Energie, die wir in unsere vorrangigen Ziele investieren, für Gott reservieren würden, würde sich unser Leben entscheidend verändern! Es ist interessant, zu sehen, wie der Apostel Paulus sportlichen Ehrgeiz und Frömmigkeit einander gegenüberstellt: *„Denn die leibliche Übung ist wenig nütze; aber die Frömmigkeit ist zu allen Dingen nütze und hat die Verheißung dieses und des zukünftigen Lebens"* (1. Timotheus 4,8; LUT).

Damit kommen wir zum Kern des Problems. Solange wir nicht begriffen und vor allem nicht erfahren haben, worum es wirklich in unserem Leben geht, solange wird jeder Versuch, unser Gebetsleben zu verändern, vergeblich bleiben. *„Die Frömmigkeit ist zu allen Dingen nütze."* Darum geht es vorrangig: Die Frömmigkeit, die tiefe Verbundenheit mit dem Herrn, ist die Quelle wahrer Entfaltung und wahren Glücks und sollte daher das Ziel all unserer Ambitionen sein: *„Um Christus allein geht es mir. Ihn will ich immer besser kennenlernen: Ich will die Kraft seiner Auferstehung erfahren [...]"* (Philipper 3,10). Wenn wir wollen, dass Gebet und Meditation eine konkrete Realität unseres Lebens werden, dann müssen wir unbedingt Zeit dort hineininvestieren.

Der Umgang mit unserer Zeit ist das einzige Gut, für das wir die volle Verantwortung tragen. Unsere Gesundheit, unser Vermögen, die Liebe sind Bereiche unseres Lebens, die von Faktoren abhängen, die wir nur teilweise kontrollieren können. Selbst wenn man ein sehr gesundes Leben führt, kann man krank werden. Wir können einen geliebten Menschen durch Krankheit oder andere von uns unabhängige Ursachen verlieren. Doch zu sagen, wir hätten nicht genug Zeit zum Beten und Bibellesen, steht auf einem ganz anderen Blatt. Wenn wir uns selbst gegenüber ehrlich sind, müssen wir oft am Ende des Tages zugeben, dass wir einen Teil unserer Zeit vergeudet haben – mit einem mittelmäßigen Buch oder einer Sendung ohne Interesse, einem Mail- oder Tweet-Austausch zu belanglosen Fragen, ganz zu schweigen von Facebook mit seinen vor allem virtuellen „Freunden". Wir haben heute wesentlich mehr Zeit zur Verfügung als die Generationen vor uns. Was uns Probleme bereitet, ist der richtige Umgang mit der uns geschenkten Zeit, wie der Apostel Paulus so treffend sagt: *„Nutzt die Zeit, so gut ihr könnt"* (Epheser 5,16), in einer anderen Übersetzung: *„Kauft die rechte Zeit aus!"* (ELB).

Der Umgang mit unserer Zeit ist das einzige Gut, für das wir die volle Verantwortung tragen.

Unsere Zeit ist das wertvollste Geschenk, das wir Gott machen können; Gott wird über unseren Umgang mit ihr richten. Wir sollten jedoch keinesfalls in Schuldgefühlen versinken, sondern einfach wachsam sein. Wenn wir uns nach tieferer Gemeinschaft mit dem Herrn sehnen, werden wir in der Lage sein, zwischen Wichtigem und Zweitrangigem zu unterscheiden.

Gott unsere Zeit zu schenken setzt also eine Überprüfung unserer Prioritäten voraus. Wir wissen nur zu gut, dass wir unser Zeitkonto nicht ausdehnen können. Ein disziplinierter Umgang mit der uns verfügbaren Zeit bedeutet als Erstes, einen Moment festzulegen, den wir exklusiv für das Gebet und die Meditation der Bibel reservieren, und wir sollten uns bemühen, uns dauerhaft an diese festgelegte Zeit zu halten.

Morgens, mittags oder abends?

Jeder von uns muss für sich selbst herausfinden, welcher Zeitpunkt für seine Stille Zeit mit dem Herrn der günstigste ist. Das hängt von unserer Persönlichkeit ab, aber auch von unserer Lebenssituation. Es liegt auf der Hand, dass eine Mutter mit kleinen Kindern nicht über dieselben Zeitfenster verfügt wie ein Rentner oder eine Rentnerin. Doch wenn wir bewusst darauf achten, werden wir feststellen, dass es im Laufe unserer Tage so viele „verlorene" Momente gibt. Wenn wir morgens Direktstarter sind, ist die Andachtszeit in den ersten Augenblicken des Tages für uns womöglich der beste Zeitpunkt. Der Vorteil der morgendlichen stillen Zeit liegt darin, dass wir unseren Gedanken damit für den ganzen Tag Orientierung geben und uns vom Wort Gottes genährt an unsere Aufgaben machen.

Wenn wir abends gerne spät schlafen gehen, ist die abendliche Gebets- und Meditationszeit vielleicht der bessere Zeitpunkt. Allerdings müssen wir aufpassen, uns nicht von den spätabendlichen TV-Programmen ablenken zu lassen, die oft besonders interessant sind. Wer direkt nach dem Fernsehen ins Bett geht, wird nur schwer einen ruhigen Schlaf finden. Wenn wir dagegen die Bibel aufschlagen, über den gelesenen Text nachdenken und beten, sind das beste Voraussetzungen für einen ruhigen und erholsamen Schlaf. Wir sollten das verborgene Wirken des Wortes Gottes während unseres Schlafes nicht unterschätzen! Andere wiederum nutzen die Mittagszeit, um sich zurückzuziehen und Zeit für die Stille mit Gott zu finden.

Abstand wahren

Man lässt sich nicht auf einen Marathon ein, ohne sich sorgfältig darauf vorbereitet zu haben. Zwei oder drei Stunden anhaltend zu beten wie Martin Luther scheint uns vermutlich ein unerreichbares Ziel zu sein. Und es ist tatsächlich unerreichbar, wenn wir es von jetzt auf gleich versuchen. Wenn wir länger, anhaltender beten lernen wollen, müssen wir in kleinen Schritten vorangehen. Wir sollten keinen überzogenen, aber durchaus einen gesunden Ehrgeiz an den Tag legen! Wenn es uns gelingt, täglich fünf bis zehn Minuten mit aufgeschlagener Bibel in der Stille vor Gott auszuharren, dann haben wir einen ersten Schritt in die richtige Richtung gemacht. Ohne eine feste Regel daraus zu machen, raten viele dazu, 20 bis 25 Minuten für diese Stille Zeit zu reservieren, um wirklich Nutzen daraus zu ziehen.[13] Unmöglich, werden einige sagen, und vielleicht zu Recht. Doch wir sollten es uns nicht leicht machen und unse-

13 Siehe: Jean Marie Guellette, *Petit traité de la prière silencieuse*, Paris, Albin Michel, 2011, S. 99: *„Wenn man diesen Weg vertiefen möchte, dann sollte man sich bemühen, wenigstens zwanzig Minuten lang still zu sein, sich nicht zu bewegen und sein ganzes Sein auf Gott hin auszurichten durch die innere Wiederholung des vertrauten Namens Gottes.“*

ren angefüllten Terminkalender und unsere beruflichen und familiären Verpflichtungen vorschieben. Es ist eine Frage des Willens und der Disziplin.

Viele Gläubige können bezeugen, dass sie – nachdem sie entschlossen eine regelmäßige Zeit für das Gebet und das Nachdenken über die Heilige Schrift reserviert haben – feststellten, dass es absolut möglich war und ihnen frischen Wind für ihr Glaubensleben geschenkt hat. Dieselben Personen bezeugen, dass diese mit Gebet und Meditation der Bibel verbrachte Zeit in ihnen den Wunsch nach mehr geweckt hat. Der Appetit kommt beim Essen – das gilt auch für die Bibel.

Nun verstehen wir besser, welches Glück Luther in den langen Momenten der Stille vor Gott fand. Wenn wir die praktische Möglichkeit haben, können wir uns also dazu motivieren lassen, dieser für Gott reservierten Zeit mehr Raum zu geben. Es ist keine Utopie, von wenigen Minuten zu einer Stunde oder mehr zu gelangen, wenn uns der Herr durch seinen Geist zu dieser Begegnung mit ihm drängt. Dieser Kampf gehört zu unserem Glaubensleben, wir sind nicht allein damit! Er gehört zum Plan Gottes für unser Leben. Wenn wir aufrichtig vor ihm sind, wird Gott in uns den Wunsch schüren, immer mehr Zeit mit ihm zu verbringen.

Das Gebet erfordert Zeit, damit Gott uns zähmen kann. Genau das schlägt Jesus vor, wenn er uns auffordert, uns in die stille Kammer zurückzuziehen.

Der richtige Ort

In der Bergpredigt schlägt Jesus seinen Jüngern einen Weg des Gebets vor: *„Wenn du aber betest, so geh in deine Kammer, und wenn du deine Tür geschlossen hast, bete zu deinem Vater, der im*

Verborgenen ist! Und dein Vater, der im Verborgenen sieht, wird dir vergelten" (Matthäus 6,6; ELB). Wir haben uns in Kapitel 5 bereits ausführlich mit dem Reichtum dieser Empfehlung beschäftigt. Wir wollen noch einmal darauf zurückkommen und uns bewusst machen, dass es einen bevorzugten „Ort" der Begegnung mit Gott gibt.

Für Jesus ist das Gebet mit Intimität verbunden. Unsere Beziehung zu Gott erfordert Respekt und Taktgefühl – sie wird nicht dem Blick der anderen ausgesetzt, denn er wäre wie ein Eindringen in unsere tiefste Privatsphäre. Wenn Jesus uns dazu auffordert, uns in die verborgene Kammer zurückzuziehen, dann will er uns damit einen Raum des Schutzes vorschlagen, wo wir alles, was wir auf dem Herzen haben, rückhaltlos zum Ausdruck bringen können: Tränen der Freude oder Tränen der Traurigkeit wegen unserer geistlichen Armut, Seufzer, auch Stillschweigen. Unser Gebet hat genau wie unser Liebesleben Anspruch auf diese Intimität.

Jesus machte diese Aufforderung zu einem der Aspekte seiner Lehre über das Gebet, und er selbst betete meistens ohne Zeugen. Oft ließ er die Jünger allein, um in der Stille der Nacht unter dem Sternenhimmel mit dem Vater zu reden.

Wir wollen konkret werden: Ist es uns möglich, in unserem Zuhause einen solchen Ort der Stille und des Rückzugs zu finden? Manche Autoren schlagen vor, einen Platz in unserem Haus für Gebet und Stille herzurichten und jedes Mal, wenn wir uns dorthin zurückziehen, dem Rest der Familie Bescheid zu sagen, um nicht gestört zu werden. Man könnte dort eine kleine Gebetsbank hinstellen, eine Kerze anzünden, eine geöffnete Bibel hinlegen. Katholische oder orthodoxe Glaubensgeschwister würden eventuell eine Ikone hinzufügen. Alles, was uns hilft, uns auf unsere Andacht zu konzentrieren und nicht abgelenkt zu werden, kann sinnvoll sein. Wir funktionieren mit unzähligen Automatismen. Wenn wir uns täglich zur gleichen Stunde am gleichen Ort mit dem gleichen Einführungsritual beschäftigen, können uns diese Dinge helfen, an einem regelmäßigen Gebetsleben festzuhalten. Ein solcher Ort kann sowohl für unsere festgelegte stille Zeit als auch als Rückzugsort zu jedem beliebigen Zeitpunkt während des Tages dienen.

Manch einer wird nun sagen: „Ich habe keinen solchen Rückzugsort; für mich befindet sich die verborgene Kammer in meinem Herzen." Dieser Einwand ist absolut berechtigt und respektabel. Dennoch sollten wir nicht die Bedeutung eines geografischen Rückzugsorts für unser geistliches Leben unterschätzen. Charles Simeon (1759–1836), Professor am *Kings College* in Cambridge, lebte von 1782 bis 1812 an der Universität Cambridge. Er konnte keinen ruhigen Ort für seine Stille Zeit mit Gott finden und zog sich schließlich auf das Dach des Gebäudes zurück, wo er sich allein mit Gott befand: *„Ich habe jetzt einen Gebetsraum auf dem Dach, wo mich niemand sehen kann als Gott allein."*

Der amerikanische Pastor Aiden Wilson Tozer (1897–1963), der mit acht weiteren Familienmitgliedern in einem Haus lebte und keinen Ort der Stille fand, wählte schließlich einen kleinen Platz im Keller hinter der Heizung als Refugium für seine Andachten.[14] Zahllose andere Frauen und Männer Gottes hatten einen solchen verborgenen Ort der Stille, wo sie ganz allein mit ihrem Herrn Gemeinschaft pflegten.

Wenn wir die Möglichkeit haben, uns einen solchen Ort der Stille einzurichten, sollten wir nicht vergessen, dass es sich da-

14 Siehe: Simon Robinson, *Seul avec Dieu, Revitalisez votre culte personnel*, Marpent, BLF, 1999, S. 102.

bei zunächst nur um den materiellen Rahmen handelt, der den Vorteil aufweist, uns vor dem Blick der anderen zu verbergen. Doch der eigentliche Ort des Gebets ist unser Herz: Dort vollzieht sich die Begegnung mit Gott, wie Jesus im Gespräch mit der samaritischen Frau am Brunnen erinnert:

> *„Glaub mir, die Zeit kommt, in der ihr Gott, den Vater, weder auf diesem Berg noch in Jerusalem anbeten werdet […] Doch es kommt die Zeit – ja, sie ist schon da –, in der die Menschen den Vater überall anbeten werden, weil sie von seinem Geist und seiner Wahrheit erfüllt sind. Von solchen Menschen will der Vater angebetet werden. Denn Gott ist Geist. Und wer Gott anbeten will, muss von seinem Geist erfüllt sein und in seiner Wahrheit leben"* (Johannes 4,21.23–24).

Einen Übergang schaffen

Nehmen wir an, wir haben den Vorsatz gefasst, uns Zeit für die persönliche Gemeinschaft mit dem Herrn zu nehmen. Wir haben einen Ort gewählt, an dem wir damit rechnen können, nicht gestört zu werden. Doch damit sind noch nicht alle Hindernisse aus dem Weg geräumt.

Wie können wir von einer Tätigkeit, die unsere ganze Aufmerksamkeit beansprucht hat, zu einer „Auszeit" in Form einer stillen Gebets- und Meditationszeit wechseln? Noch bevor wir die Bibel aufschlagen, sollten wir einige Augenblicke innehalten und eine Pause zulassen zwischen der Tätigkeit, die wir unterbrochen oder beendet haben, und der Begegnung mit dem Herrn. Wir können uns eine kleine Zeit der Stille nehmen, um unsere inneren Spannungen loszulassen – etwa so, als ob wir beim Betreten des Hauses unseren Mantel an die Garderobe hängen und erst dann ins Wohnzimmer gehen, statt direkt dorthin zu gehen und unseren Mantel auf den erstbesten Sessel zu werfen. Diesen kurzen Augenblick der Stille können wir auch in anderen überleitenden Momenten beobachten. In vielen Familien wird heutzutage kein Tischgebet mehr gesprochen, vielleicht weil man den Eindruck hat, immer dieselben Worte zu wiederholen. Doch wenn wir uns einige Sekunden der Stille vor dem Essen nehmen, finden wir die Dimension des Dankes für die vor uns liegende Mahlzeit wieder.

Ablenkungen widerstehen

Wir leben in einer Gesellschaft, die uns pausenlos mit Bildern und Geräuschen bombardiert. Wir wechseln übergangslos von einer Aktivität zur nächsten. Unser Tablet oder Smartphone informiert uns mit einem *Bling* über jede neu eingegangene Nachricht. Wenn uns ein Fernsehprogramm nicht zusagt, wechseln wir mit einem Knopfdruck zu einem anderen Sender. Wir schauen einige Augenblicke zu, und wenn wir nicht zufrieden sind, drücken wir erneut den Knopf, um etwas anderes zu finden. Der französische Psychiater Christophe André spricht von „unbewussten Befehlen“ und ermutigt uns, diesen Befehlen zu widerstehen: „Muss *ich mich wirklich aufregen, wenn ich nicht sofort die Lösung für ein Problem finde?* Muss *ich jene Zeitschrift in die Hand nehmen und darin blättern, während ich im Wartezimmer sitze?* Muss *ich jeden Tag meine E-Mails lesen?*“ [088] *Müssen* wir auf das Bling reagieren, das uns das Eintreffen einer

> Wir leben in einer Gesellschaft, die uns pausenlos mit Bildern und Geräuschen bombardiert.

neuen Nachricht in unserer Mailbox anzeigt?[15] Wir brauchen uns nicht zu wundern, dass die Flut von Informationen und Ablenkungen unser Gebetsleben beeinträchtigt.

Wenn wir versuchen zu beten, machen wir oft die bittere Erfahrung, dass es uns schwerfällt, uns völlig zu konzentrieren. Der gute Wille allein genügt nicht. In den ersten Momenten des Gebets haben wir oft den Eindruck, eine Reihe von Bildern oder Sorgen tanze vor unseren Augen – egal, ob wir die Augen geöffnet oder geschlossen haben. Jeder Versuch zu beten reibt sich an unserem inneren Tumult. Wir sehnen uns danach, diese Zeit der Stille als Zeit des Friedens zu erleben, und stellen fest, dass in unserem Innern eine erstaunliche Kakofonie herrscht. Unsere Sorgen, aber auch unsere Freuden nehmen einen Raum in unserem Inneren ein, den wir gern für Gott freimachen würden. Alle großen Beter bezeugen, dass der Kampf gegen die Ablenkung beim Beten ein ganzes Leben lang anhält.

Angesichts dieser Schwierigkeit haben wir zwei Möglichkeiten: Wir können uns zum Kämpfen entscheiden und versuchen, die ablenkenden Gedanken fortzujagen, doch dieser Kampf ist im Voraus verloren, denn die verscheuchten Gedanken schleichen sich in der Regel auf anderem Wege wieder ein. Oder aber wir können akzeptieren, dass diese Gedanken Teil unserer persönlichen Geschichte sind, und beschließen, sie bewusst dem Herrn zu Füßen zu legen, damit er sich darum kümmert. Mit anderen Worten: Wir können diese Störenfriede zu unseren Verbündeten machen, statt sie als Feinde zu betrachten und krampfhaft dagegen anzugehen.

15 Unsere „Vergiftung" mit der Digitaltechnik ist derart fortgeschritten, dass es in den USA mittlerweile einen *Day of Unplugging* gibt, einen Tag, an dem man alle digitalen Geräte ausschaltet. Auch hört man häufig die Empfehlung, sein Tablet oder Smartphone eine Stunde vor dem Schlafengehen auszuschalten.

Wenn wir uns im Gebet dem Herrn nähern, dann kommen wir so, wie wir sind, zu ihm. Vielleicht würden wir gern alles ablegen, was unsere menschliche Schwäche ausmacht, doch das ist völlig illusorisch. Wir kommen zu ihm mit unserer persönlichen Lebensgeschichte, unserer Lebenssituation und unseren glücklichen, aber auch schwierigen Erfahrungen. Gott kennt uns so viel besser als wir selbst. Es ist also völlig sinnlos, uns vor ihm verstecken zu wollen. Vielmehr sollten wir das, was uns beschäftigt und belastet, direkt als Erstes an ihn abgeben! Dazu fordert uns auch der Apostel Paulus auf:

> *„Macht euch keine Sorgen! Ihr dürft in jeder Lage zu Gott beten. Sagt ihm, was euch fehlt, und dankt ihm! Dann wird Gottes Friede, der all unser Verstehen übersteigt, eure Herzen und Gedanken bewahren, weil ihr mit Jesus Christus verbunden seid"* (Philipper 4,6–7).

Wir finden eine ähnliche Aufforderung in Psalm 55,23: *„Überlass alle deine Sorgen dem Herrn!"* und in 1. Petrus 5,7: *„Ladet alle eure Sorgen bei Gott ab, denn er sorgt für euch."*

Auch die ruhige Wiederholung des Jesusgebets kann uns helfen, die innere Ruhe und Konzentration zum Beten und zur Meditation zu finden. Davon ist auch Jean-Marie Gueullette überzeugt:

> *„Wenn wir in unserm Innern den Namen des Herrn anrufen, dann lenken wir unsere Aufmerksamkeit trotz aller möglichen Ideen, die uns ablenken wollen, wieder auf die Gegenwart Gottes zurück. Wir können seinen Namen so häufig wiederholen, wie Bilder oder Gedanken aufkommen, die uns stören, egal, ob sie schön oder hässlich, fromm oder erotisch sind – wir lassen sie nicht zu, weil es nicht der richtige Moment dafür ist."* [089]

Persönliche Liturgie

Wenn wir akzeptieren, dass unsere gemeinschaftlichen Gottesdienste liturgisch strukturiert sind, ob bewusst oder stillschweigend, warum sollten wir es mit unserer persönlichen Andacht nicht ähnlich machen? Wenn wir in die Stille gehen, um dem Herrn zu begegnen, können wir leicht von einer Fülle von Dingen abgelenkt werden. Doch wenn wir diese Zeit strukturieren, können wir dafür sorgen, dass wir für die Gegenwart Gottes wach bleiben.

Es liegt an uns, diese persönliche Liturgie je nach unseren Erwartungen, Bedürfnissen und unserer Persönlichkeit zu gestalten. Das Anhören eines Musikstücks, die Worte eines Lobliedes, die Lektüre eines Psalms oder eines Gebets, die langsame Wiederholung des Namens Jesus oder eines Verses, der unserer augenblicklichen Lebenssituation entspricht – all das sind Möglichkeiten, uns auf ein Wort vorzubereiten, das unserer Meditation und unserem Gebet Orientierung gibt.[16]

Eine solche Strukturierung kann sich vor allem dann als notwendig erweisen, wenn es uns schwerfällt, unsere Aufmerksamkeit auf den Herrn zu richten. In Momenten, in denen uns das Beten schwierig erscheint, kann die ruhige Wiederholung eines existierenden Gebets unsere Gedanken auf das Wesentliche zurücklenken.

Wir sind alle Gewohnheitsmenschen, wir sollten uns also nicht davor fürchten, dieselben Worte zu wiederholen, wenn wir um ihre Konsistenz wissen. Neuheit um jeden Preis ist nicht der beste Weg, um in Gebet und Meditation einzutauchen. Es gibt Worte, die in uns die Erinnerung an bestimmte Situationen wecken, in denen wir die Gegenwart des Herrn in

16 Im Anhang werden einige konkrete liturgische Vorschläge genannt.

besonderer Weise gespürt haben. Warum sollten wir nicht auf diese Worte zurückkommen – nicht, um eine erlebte Emotion wieder heraufzubeschwören, sondern einfach, um uns daran zu erinnern, dass Gott weder abwesend ist noch dass er schweigt?

Die Liturgie ist kein Selbstzweck, sondern ein Mittel, um in eine authentischere, tiefere Gemeinschaft mit dem Herrn einzutreten. Auch die Fürbitte hat ihren Platz in der persönlichen Liturgie, ebenso wie die Stille, deren Bedeutung wir bereits mehrfach betont haben. Unsere Stille öffnet den Raum, in den Gott hineinsprechen, unsere Herzen berühren und uns seine Güte und Liebe offenbaren kann.

Den Körper mit einbeziehen

Der Körper wurde in der Spiritualität des Mittelalters und in einigen religiösen Strömungen bis Anfang des zwanzigsten Jahrhunderts als Feind betrachtet, den es mithilfe von Entbehrungen und Schmerzen zu bezwingen galt. Heutzutage ist diese Sicht der Dinge glücklicherweise überholt. Wir sollten im Gebet unseren Körper als Verbündeten betrachten. Wenn wir zu lange in einer Position verharren und Krämpfe oder Schmerzen haben, dann ist es wichtig, eine andere Position zu finden, in der wir uns physisch wohlfühlen und die zugleich in Harmonie mit dem Inhalt unseres Gebets ist. Jeder Einzelne muss hierbei für sich persönlich die beste Lösung finden.

Man kann stehend, sitzend, liegend, kniend beten – es gibt keine ideale Position, aber wir sollten beachten, dass unsere Körperhaltung in der Regel den Inhalt unseres Gebets offenbart. Eine Haltung des Flehens oder des Sündenbekenntnisses wird mit einer knienden Position bekräftigt. Ein Lobpreis wird stehend und mit zum Himmel erhobenen Händen passender ausgedrückt. Sitzend, mit geöffneten Händen, drücken wir eher die Erwartung einer besonderen Gnade aus.

Die Gegenwart der anderen im Gottesdienst kann uns manchmal bezüglich unserer Körperhaltung lähmen, doch wenn wir allein mit Gott sind, verhält es sich anders. Die Position unseres Körpers beim Beten ist keineswegs zweitrangig. Sie erinnert uns vielmehr an unser Engagement des Betens, und wenn unser Geist nur mühsam ins Gebet hineinfindet, kann uns unser Körper helfen. Wenn es uns schwerfällt, Worte zu finden, kann eine kniende Haltung dazu beitragen, diese Schwierigkeit zu überwinden. Viele empfehlen die Benutzung einer Gebetsbank. Wenn eine solche Bank unserer Morphologie angepasst ist, können wir bequem über längere Zeit eine kniende Position beibehalten. Die abgewinkelten Beine tragen nicht das Gewicht des Körpers und der durchgestreckte Rücken ermöglicht eine ruhige, gleichmäßige Atmung. Zahllose Gläubige haben im Laufe der Jahrhunderte solche Hilfsmittel benutzt, um anhaltend zu beten, und wir sollten sie nicht gering achten.

Nützliche Gegenstände

Das Wort Gottes und die Musik stehen im Mittelpunkt der protestantischen Frömmigkeit. Durch das Gehör nimmt man das Wort auf, das Gott durch das Lesen der Bibel, die Predigt, das gemeinschaftliche Gebet und das Singen geistlicher Lieder an uns richtet. Die übrigen Sinne werden nicht oder kaum beansprucht. Was macht man während des Betens mit seinem

Körper, den Augen oder dem Geruchssinn?[17] Warum sollte jemand nur sein Gehör beanspruchen, obwohl doch die ganze Person vom Gebet betroffen ist?

Die Kargheit mancher Gottesdiensträume, um nicht zu sagen ihre ästhetische Armut, trägt nicht gerade dazu bei, unsere Augen ins Gebet einzubeziehen. In einem solchen Umfeld ist es nicht möglich, den Blick auf etwas zu richten, das unsere Konzentration auf die Andacht fördern könnte. Für unsere persönliche Stille Zeit mit Gott gilt dasselbe. Unser vertrautes Umfeld zu Hause wird Quelle der Ablenkung, und selbst wenn wir die Augen schließen, werden wir von mentalen Bildern gestört. Ganz zu schweigen von unserem Telefon, das natürlich immer in Reichweite ist und gerade dann zu klingeln beginnt, wenn wir uns zum Beten zurückgezogen haben.

Die Anwesenheit von Gegenständen mit symbolischer Bedeutung kann uns helfen, unsere Aufmerksamkeit ganz auf unsere Andacht zu lenken. Eine geöffnete Bibel erinnert uns daran, dass das Wort Gottes im Mittelpunkt unserer Aufmerksamkeit steht. Eine angezündete Kerze weist auf den Herrn hin, der das wahre Licht ist und uns in seine Gegenwart hineinzieht. Ein einfaches Kreuz erinnert uns an die Realität, die im Zentrum unseres Glaubens steht, wie Daniel Bourguet erklärt:

> *„Das Kreuz … Vermutlich hast du schon bemerkt, wie sehr es dabei hilft, auf das Wort Gottes, auf alle Worte Gottes zu hören, einfach deshalb, weil es das fleischgewordene Wort getragen hat. Im Kreuz klingen alle Harmonien dieses Wortes*

---

17 Selbst unser Geruchssinn kann eine Rolle spielen, wenn wir unser Lob zu Gott aufsteigen lassen. In der Offenbarung lesen wir im Kontext der Vision des Lammes, das das Buch öffnet: *„Im selben Augenblick fielen die vier Gestalten und die vierundzwanzig Ältesten vor dem Lamm nieder. Jeder Älteste hatte eine Harfe und goldene Schalen voller Weihrauch. Das sind die Gebete aller, die zu Gott gehören“* (Offenbarung 5,8).

nach, an das es fortwährend still erinnert. Das Kreuz ist auch der Schmelztiegel, wo alle an Gott gerichteten Worte gereinigt werden. Das Kreuz: Ein Gegenstand, der in der Stille spricht. Es gibt kein nüchterneres, demütigeres Objekt als ein Kreuz! Und das ist kein Zufall: Die Demut öffnet uns für Gott.“ [090]

Die genannten Gegenstände erinnern uns daran, wie wichtig es ist, einen Ort des Gebets in unserem Zuhause zu haben – einen Ort, den wir als besonderen Raum für unsere Begegnung mit dem Herrn definiert haben. Immer am selben Ort zu beten kann eine wertvolle Hilfe sein.

Die Erfahrung der Wüste

Wenn wir uns die Zeit nehmen, regelmäßig innezuhalten und Gottes Angesicht zu suchen, dann wird dieser besondere Moment des Tages unerlässlich für uns. Doch wir werden auch feststellen, dass wir uns danach sehnen, noch mehr Zeit für Gebet und Meditation zu finden. Warum sollten wir nicht größere Ambitionen haben?

Ohne die Latte unerreichbar hoch anzusetzen, schlagen einige vor, einmal pro Woche eine besondere Zeit des Rückzugs mit Gott von zwei bis drei Stunden, einen Tag pro Monat und fünf Tage pro Jahr als Einkehrzeit anzusetzen. Wir sollten die Bedeutung dieser Rückzugszeiten nicht unterschätzen. Die Erfahrung der „Wüste“, auch wenn es nur einige Stunden des Rückzugs sind, gibt uns die Möglichkeit, in aller Ruhe und ohne Störungen und Ablenkungen vor dem Herrn still zu werden.

Ob wir es wollen oder nicht – wir leben in einer Welt, die Ansprüche an uns stellt und Einfluss auf uns ausübt. Wir leben mit zahlreichen Automatismen, ohne den nötigen Abstand zu finden, um unser tägliches Leben zu überdenken. Wir setzen uns Ziele, fassen Vorsätze, die wie für klug halten, und stellen irgendwann fest, dass es uns unglaublich schwerfällt, sie umzusetzen. Die Zeit rinnt uns wie Sand durch die Finger. Wenn wir eine Aktivität abgeschlossen haben, wartet schon die nächste auf uns. Wer in der Mitte des Lebens oder zum Zeitpunkt der Pensionierung Bilanz zu ziehen versucht, könnte ein schmerzhaftes Erwachen erleben.

Wenn wir zurückblicken, sehen wir all die verpassten Gelegenheiten, doch dann ist es zu spät. Es ist also keineswegs ein Luxus, sich Zeiten der inneren Einkehr zu nehmen, wenn wir das Wort im Epheserbrief ernst nehmen wollen: *„Nutzt die Zeit, so gut ihr könnt"* (Epheser 5,16). Der Apostel Paulus empfiehlt uns im Übrigen, innezuhalten und unseren Weg zu überdenken, um uns auf das Wesentliche zurückzubesinnen: *„Prüft euch! Stellt selbst fest, ob euer Glaube noch lebendig ist!"* (2. Korinther 13,5). Diese Überprüfung lädt dazu ein, die zentrale Stellung des Herrn Jesus Christus in unserem Leben neu zu bedenken: *„Oder ist bei euch nichts mehr davon zu merken, dass Jesus Christus unter euch lebt?"* (2. Korinther 13,5).

Eine solche Überprüfung kann nur funktionieren, wenn wir uns dazu Zeit nehmen – eine Zeit der Stille und Einkehr, eine Zeit in der „Wüste", die es uns ermöglicht, gegebenenfalls eine Neuorientierung für unser Leben zu finden. Wie Gott es mit Israel tat: *„Doch dann werde ich versuchen, sie wiederzugewinnen: Ich will sie in die Wüste bringen und in aller Liebe mit ihr reden"* (Hosea 2,16). Eine solche Wüstenerfahrung hat oft zur Folge, dass Gott die äußeren Schichten abtragen und in unser Innerstes vordringen kann. Wenn wir den Wunsch haben, dass sich unser Gebetsleben vertieft und Frucht bringt, dann sind solche Wüstenzeiten kein Luxus, sondern eine Notwendigkeit.

Jeder von uns muss den geeigneten Zeitpunkt und den geeigneten Ort für sich finden. Was den Zeitpunkt betrifft: Wenn der Geist Gottes den Wunsch nach einer Rückzugszeit entfacht, dann sollten wir Tage in unserem Terminplaner rot anstreichen und den Herrn bitten, uns dabei zu helfen, diese Zeiten dann wirklich einzuhalten. Wir werden oft feststellen, dass zum vereinbarten Zeitpunkt viele andere Dinge nach unserer Aufmerksamkeit rufen, daher ist es wichtig, sich konsequent an das zu halten, was wir im Terminplaner reserviert haben.

Was den geeigneten Ort betrifft, so hängt dieser von der geplanten Auszeit ab. Wollen wir nur einige Stunden Einkehrzeit halten, kann das bei uns zu Hause geschehen. Wenn wir dagegen einen längeren Zeitraum – einen oder mehrere Tage – anvisieren, dann sollten wir unbedingt einen Ort wählen, an dem uns Ruhe und Ungestörtheit garantiert sind. Es gibt zahlreiche Klöster oder klosterähnliche Orte, die dafür infrage kommen. Einige davon sind gastlicher als andere. Es empfiehlt sich, Erkundigungen bei denen einzuholen, die bereits solche Einkehrzeiten erlebt haben. Besonders im katholischen Kontext findet man viele Gebetshäuser oder Klöster, die für einen oder mehrere Tage Gäste aufnehmen. Die Wahl ist groß, wie wir beim Blick ins Internet feststellen werden. Manche dieser Orte, die vielleicht in unserer Nähe zu finden sind, nehmen Gäste auf, wie sie Christus selbst aufnehmen würden. Einige bieten eine persönliche geistliche Begleitung an, je nach Erwartungshaltung des Gastes. Eine solche Begleitung kann besonders segensreich sein, wenn man einen Ort des Rückzugs gewählt hat, um eine Lebensprüfung, eine Frage oder eine Periode des Zweifels zu bewältigen.

Auch innerhalb des Protestantismus findet man heutzutage solche Orte der spirituellen Einkehr – Orte des Lebens, wo man einige Tage lang individuell oder als Gruppe eine Einkehrzeit erleben kann.

Eine verrückte Hoffnung

Wenn der Wunsch nach einem tieferen Gebetsleben in uns Raum gewonnen hat, dann sollten wir Gott bitten, diesen Wunsch in uns zu schärfen und uns die Möglichkeit zu geben, ihm nachzukommen. Wir sollten uns vor einer oberflächlichen Begeisterung in Acht nehmen, die schnell wieder in sich zusammenfällt. Es kann hilfreich sein, sich daran zu erinnern, dass wir mit unserem Wunsch nach tieferem Gebet nicht allein sind. Der Herr selbst wartet bereits auf uns! Wir können uns also voller Vertrauen an ihn wenden und ihn bitten, uns zu einem disziplinierten Umgang mit unserer Zeit zu verhelfen.

Der Apostel Paulus war bereit, Kämpfe und Schmerzen zu ertragen, weil er *seine Hoffnung auf den lebendigen Gott gesetzt hatte* (siehe 1. Timotheus 4,10). Die beeindruckende Begegnung mit dem Herrn auf dem Weg nach Damaskus hatte sein Leben von Grund auf verändert und seine Prioritäten neu geordnet. Gott, den er zuvor unwissentlich bekämpft hatte, wurde sein Gott, dem er nachfolgte und dem er diente, bis zur Hingabe seines Lebens. Was uns am meisten fehlt, ist eine ähnlich umwälzende Erfahrung, die uns in der Realität Gottes verankert, in der Gewissheit seiner Liebe und seiner Sehnsucht nach Gemeinschaft mit uns.

Der erste Schritt des Gebets ist die verrückte Hoffnung, Gott wirklich zu begegnen, ihn an unserem Tisch aufzunehmen, um mit ihm die Mahlzeit zu teilen, die er von aller Ewigkeit her für uns vorbereitet hat, seine Ostermahlzeit. Wenn wir diese Wahrheit begriffen haben, steht uns der Eintritt ins Gebetsleben offen. Natürlich gibt es nach wie vor Hindernisse zu überwinden, doch wir stehen auf einer soliden Basis, von Hoffnung erfüllt.

Bis zum Schluss wird das Gebet manchmal ein harter Kampf bleiben, um die Gnade der Gegenwart des Herrn, das

Glück der Herzensgemeinschaft mit ihm zu erfahren, die uns in Staunen versetzt und verwandelt. Alle Beter bestätigen, wie schwierig und anspruchsvoll dieser Weg ist, aber auch, wie sehr es sich lohnt, unsere ganze Kraft darauf zu konzentrieren - wie im Gleichnis der kostbaren Perle, für die der Kaufmann alles andere aufgab, um diese eine Perle zu besitzen.

10.
Und wenn Gott schweigt?

Wir müssen zugeben, dass unsere aktuelle Lebensweise der Stille und der Meditation nicht besonders förderlich ist. Unsere Welt bombardiert uns mit Bildern und Geräuschen, die uns nur wenig Ruhe für innere Einkehr, ja oft nicht mal eine kleine Verschnaufpause gönnen. Wir haben uns größtenteils daran gewöhnt, mit einer permanenten Geräuschkulisse zu leben. Viele von uns tragen fast ständig Kopfhörer, selbst unterwegs und sogar an Orten, wo wir Stille genießen könnten. Man sieht Jogger mitten in der Natur mit Kopfhörern im Ohr, sodass der Gesang der Vögel und die flüsternden Geräusche der Natur ausgeschaltet werden. Zudem werden wir von einer Flut von Nachrichten überschwemmt und sind durch unsere Mobiltelefone mit der ganzen Welt verbunden. Diese Übersättigung mit Informationen, Musik, Bildern und Nachrichten beeinträchtigt den Frieden der Seele. Um Abstand zu den Medien zu gewinnen, die uns manipulieren und unsere Zeit und Aufmerksamkeit übermäßig beanspruchen, ist es unerlässlich, den Atem der Stille und Meditation wiederzufinden.

Die Einheit wiederfinden

Wir verfügen heute über drei- bis viermal mehr Zeit als die früheren Generationen, und doch rinnt uns die Zeit buchstäblich durch die Finger. Wir würden sie gern aufhalten, kontrollieren, beherrschen oder zumindest besser im Griff haben, während wir die schmerzliche Erfahrung machen, dass wir in der Regel von der Zeit beherrscht werden und Sklaven unserer übervollen Terminkalender sind. Und wenn doch einmal Platz in unserem Terminplan bleibt, dann fühlen wir uns untätig und einsam und beeilen uns, diese Zeit mit der Fülle der Fernsehprogramme, die uns zur Verfügung stehen, auszufüllen.

Wir laufen hinter dem Zweitrangigem, dem Überflüssigen, dem Vorübergehenden her, statt innezuhalten und uns dem Wesentlichen zuzuwenden. Mit anderen Worten: Wir leben zersplittert, bis in unser tiefstes Inneres hinein. Wann werden wir begreifen, dass dies das Werk des Feindes unserer Seele ist, der von jeher darauf aus ist, Spaltungen in unserem Leben zu betreiben? Er setzt alles daran, uns unter Zeitdruck zu setzen und mit Bildern und Geräuschen zu betäuben, um uns daran zu hindern, zum Wesentlichen vorzudringen.

Welche Einheit ist gemeint?

Wenn Jesus im Johannesevangelium in Kapitel 17,11 von der Einheit spricht – *„Vater, du heiliger Gott, erhalte sie in der Gemeinschaft mit dir, damit sie eins sind wie wir“* –, dann denken wir sofort und automatisch an die Einheit unter Gläubigen und an das Dilemma unserer Spaltungen. Die meisten Bibelkommentare schlagen auch nur diese Deutung vor und erklären, die Einheit unter Gläubigen in gegenseitiger Liebe sei die Folge der Gemeinschaft, die den Vater und den Sohn eint. Man beruft sich auf diese Verse, um zur Einheit der Gläubigen und der Kirchen, zu authentischer Ökumene aufzurufen.

Die Spaltungen, die die Geschichte des Christentums geprägt haben, bleiben eine offene Wunde und sind weit entfernt von der Aufforderung des Herrn Jesus Christus, in Eintracht und gegenseitiger Annahme in der Wahrheit zu leben. Doch handelt es sich wirklich um die einzige Deutung dieses Aufrufs zur Einheit? Es stimmt, dass die Geschichte der christlichen Kirche voller Spaltungen ist, doch es gibt eine noch viel heimtückischere Zersplitterung, die noch größeren Schaden anrichtet, und das ist die Zersplitterung im Verborgenen unseres Herzens. Sind die äußeren Spaltungen unter Christen nicht das Spiegelbild der inneren Zerrissenheit der Einzelnen? Weil wir unsere innere Einheit verloren haben, gibt es Spannungen, Aggressivität und Gewalt in unserer Beziehung zu uns selbst und zu den anderen. Das Gebet Jesu im Johannesevangelium kann also auf zwei Weisen ausgelegt werden, wie Daniel Bourguet treffend bemerkt: *„Wir sind gespaltene Wesen, und die Einheit der Kirche wird nur schwerlich mit Menschen zu erreichen sein, denen die innere Einheit fehlt.“* [091]

Wenn wir die Einheit in unserem tiefsten Inneren kennen würden, die Einheit und Gemeinschaft mit dem Vater, dem Sohn und dem Heiligen Geist, könnten wir die Spannungen des Lebens auf radikal andere Weise bewältigen. Wie oft ist die Unfähigkeit, unsere Gedanken, Blicke, unsere Worte und Taten zu beherrschen, das Spiegelbild dieses Übels in unserem tiefsten Innern.

Können wir annehmen, dass die innere Spaltung, unter der wir leiden, auf die radikale Trennung von Verstand und Herz zurückgeht, die wir vorgenommen haben? Der Verstand – das ist das Wissen, der Sitz des Nachdenkens und der Entscheidungen. Das Herz dagegen ist vorrangig der Ort der Gefühle. Wenn wir diesen beiden Komponenten erlauben, harmonisch miteinander zu funktionieren, öffnen wir den Weg zur inneren Einheit. Wie bereits früher erwähnt, spricht die orthodoxe Theologie vom „Verstand im Herzen" und zielt damit auf die Einigung dessen ab, was wir gespalten haben. Bourguet sagt an anderer Stelle: *„Es ist einer der schwerwiegenden Irrtümer unserer modernen Welt, den Verstand vom Glauben und von der Liebe abgekoppelt zu haben. Der moderne Mensch hat seine innere Einheit verloren."*[092] Diese innere Zerrissenheit erleben wir täglich, wenn wir die Spannung zwischen dem, was wir tun möchten, und dem, was wir tatsächlich tun, erkennen. Schon Paulus sprach von dieser Spannung:

> *„Ich will eigentlich Gutes tun und tue doch das Schlechte; ich verabscheue das Böse, aber ich tue es dennoch. Wenn ich also immer wieder gegen meine Absicht handle, dann ist klar: Nicht ich selbst bin es, der über mich bestimmt, sondern die in mir wohnende Sünde"* (Römer 7,19–20).

Wir alle kennen diese schmerzliche Erfahrung: Wir wollen das Gute tun, aber eine geheimnisvolle Kraft in unserem Innern drängt uns auf Wege, die wir eigentlich nicht nehmen wollen. Lässt sich diese Spannung mit dem Kampf zwischen Körper und Geist erklären?

Wenn wir Gott bitten, uns einen klaren Blick auf uns selbst zu schenken, werden wir die Gründe für diese Spannung erkennen und in ihm zu innerer Einheit zurückzufinden. Der Apostel Paulus ruft uns zur Selbstprüfung auf: *„Prüft euch! Stellt selbst fest, ob euer Glaube noch lebendig ist!"* (2. Korinther 13,5).

Es ist ein anspruchsvoller, zuweilen schmerzhafter Weg, und nur wenige sind bereit, sich darauf einzulassen. Es ist gut, sich dabei von einem geistlichen Mentor begleiten zu lassen. Er kann durch liebevolles, respektvolles Zuhören dabei helfen, uns gründlich zu prüfen, ohne in übermäßige Selbstanklage zu versinken, die nur kontraproduktiv wäre. Ein schwieriger Weg – aber er trägt die Verheißung von Leben und Verwandlung in sich. Wenn Gott uns die Augen dafür öffnet, wer wir wirklich sind, dann tut er es wie ein Arzt, der eine Diagnose stellt und entsprechende Mittel zur Heilung bereitstellt. Wir brauchen uns also keineswegs vor seinem prüfenden Blick zu fürchten. Er hat immer unsere Wiederherstellung und die erneuerte Gemeinschaft mit sich im Blick.

Wenn der Himmel verschlossen scheint

Wir alle erleben manchmal Zeiten geistlicher Dürre. Unser Gebet scheint leer und steril zu sein. Die Meditation der Bibel kommt uns öde und uninteressant vor. Dann müssen wir versuchen herauszufinden, woher dieser mangelnde geistliche Appetit kommt, bevor er alle Bereiche unseres Lebens beeinflusst.

Die Alten nannten diesen Zustand *acedia* (Überdruss), ein Begriff der klösterlichen Tradition, der eine Art Lustlosigkeit der Seele bezeichnet. In diesem Zustand fällt das Beten und Bibellesen und sogar das Besuchen der Gottesdiente extrem schwer.

Mangelnder geistlicher Appetit ist häufig eine Folge davon, dass wir unser Gebetsleben haben schleifen lassen. Aus welchen Gründen auch immer vernachlässigten wir unsere Stillen Zeiten oder die gemeinschaftlichen Gebets- und Bibelstunden. Das kann zu einem mehr oder weniger langen geistlichen

Rückgang führen – bis der Herr uns die Augen für unsere innere Distanz öffnet und uns einlädt, wieder zum Vaterhaus zurückzukehren.

Wir sollten uns nicht zu sehr darüber wundern, dass unser Glaubensleben solche Zeiten der Entfernung und der Rückkehr zum Herrn durchmacht. Es sind beschwerliche Erfahrungen, doch beinahe jeder von uns kennt sie. Entscheidend ist, dass wir herausfinden, woher die geistliche Trockenheit rührt. Wir sollten ein offenes Ohr haben für das, was Gott uns durch einen Menschen, einen Bibeltext oder einfach durch das Gefühl seiner Abwesenheit sagen will, um den Weg der Wiederherstellung in ihm allein zu finden.

Wie gesagt, die *acedia* ist oft die Folge einer geistlichen „Abkopplung“. Doch es gibt noch eine andere Form, die uns trotz treuem Gebetsleben und regelmäßiger Bibellese ereilen kann: Wir beten, wir meditieren einen Text der Schrift, und es passiert absolut nichts. Wir beten für andere, wir flehen, und nichts geschieht …

Wenn wir beten und über ein Bibelwort nachdenken, dann hoffen wir zu Recht, dass der Herr uns in seiner Gnade ein Zeichen gibt, und sei es noch so diskret. Aber manchmal ist da nur Stille; Schweigen, das uns schmerzt, wenn es länger anhält. In diesem Fall können wir nicht von *acedia* sprechen, sondern von der „dunklen Nacht der Seele“. Ihr Ursprung liegt nicht in einem vernachlässigten Gebetsleben, sondern im Handeln Gottes, der in uns ein Gefühl seiner Abwesenheit weckt, um unseren Glauben zu vertiefen. Sein „ohrenbetäubendes“ Schweigen kann uns mitten in einer Lebensprüfung, mitten

Aber manchmal ist da nur Stille; Schweigen, das uns schmerzt, wenn es länger anhält.

im Leid treffen, wie Marion Muller-Colard schreibt: *„Man weiß nicht mehr, in wessen Hände man bis dahin sein Leben gelegt hat.“* [093]

Ein schwerer, gefahrvoller, schmerzlicher Weg! Wir haben bereits Johannes vom Kreuz erwähnt, der mitten in dieser Erfahrung der „dunklen Nacht der Seele“, die bei ihm mehrere Monate dauerte, schließlich eine Gottesbegegnung erlebte, die sein Leben künftig in völlige Hingabe an Gott verankerte. Hiob machte eine ähnliche Erfahrung. Mitten im Leid scheint Gott zunächst nicht auf seine Hilferufe zu antworten, doch schließlich kann Hiob ausrufen: *„Herr, ich kannte dich nur vom Hörensagen, jetzt aber habe ich dich mit eigenen Augen gesehen!“* (Hiob 42,5).

Daniel Bourguet beschreibt diese Erfahrung wie folgt:

> *„Ich erkenne nichts von der Zärtlichkeit dieser Stille, sondern stoße mich an ihrer Härte. Da ist keine Sanftheit mehr, nur noch die Herbheit der Stille; nicht mehr das fröhliche Licht, nur noch die tiefe Dunkelheit des Schweigens Gottes.“* [094]

Dieses Schweigen Gottes kann uns von ihm abwenden – doch wenn wir trotz des Schmerzes über die gefühlte Abwesenheit des Herrn durchhalten und weiterhin am Gebet und am Bibellesen festhalten, werden wir eine Befreiung erleben. Es hilft, sich bewusst an jene Momente zu erinnern, in denen Gottes Gegenwart für uns besonders spürbar war und uns mit Freude erfüllt hat. Wir können uns auch an bestimmte Worte klammern, die er uns geschenkt hat und die unsere Seele erhellt haben. Und vor allem müssen wir glaubensvoll daran festhalten, dass er niemals aufgehört hat, uns zu lieben. Der katholische Bischof Vincent Jordy spricht von unserem „Likörschrank“ voller Erinnerungen an jene glücklichen Zeiten, *„aus denen wir* *schöpfen können, um unsere Inbrunst neu zu entfachen und unserem Glaubensleben neuen Schwung zu verleihen".* [095]

Es ist außerordentlich wichtig, unseren Weg mit dem Herrn in Erinnerung zu behalten und uns jene Momente tiefer, beglückender Gemeinschaft mit ihm im Gedächtnis zu bewahren. Im Alten Testament forderte Gott sein Volk auf, Feste der Erinnerung zu feiern, damit sie in schweren Zeiten an die Befreiungstaten Gottes anknüpfen konnten. Manche Gläubige führen eine Art Glaubenstagebuch, in dem sie die besonders markanten Etappen ihres Glaubensweges festhalten. Eine solche Erinnerungshilfe kann sich in Momenten, in denen der Himmel leer und still zu sein scheint, als sehr wertvoll erweisen: Gott war gestern bei uns, und so können wir auch für morgen fest mit seiner Gegenwart rechnen.

Schweigen als Pädagogik?

Nicht jeder von uns macht die Erfahrung der *acedia* oder der „dunklen Nacht der Seele", doch wir können alle bestätigen, dass wir die Gegenwart Gottes beim Beten und Meditieren nicht immer auf dieselbe Weise spüren. Was können wir tun, wenn wir den Eindruck haben, dass unser Gebet nicht über die Decke unseres Zimmers hinausgeht?

Dieses offensichtliche Schweigen löst Fragen bei uns aus. Sollte es zur Pädagogik Gottes gehören? Erfordern Glaube, Hoffnung und Liebe eine gewisse „Abwesenheit" Gottes – eine Abwesenheit, die Sehnsucht in uns weckt? In unserem Liebesleben machen wir alle diese Erfahrung. Die Abwesenheit des geliebten Menschen lässt uns intensiver spüren, was fehlt, und macht das Wiedersehen umso kostbarer. Die gefühlte Abwesenheit Gottes wird für uns zum Prüfstein der Authentizität unseres Glaubens. Liebe ich Gott wegen seiner Segnungen, seiner Gnade, die ich erfahren darf, oder liebe ich ihn um seiner selbst willen? Eine schwierige Frage, denn wir brauchen spürbare Realitäten! Der rohe, nackte Glaube macht uns Angst. Wir bitten nicht um den Sturm oder das Erdbeben, auch nicht um das Feuer, sondern um das leise, sanfte Säuseln (siehe 1. Könige 19,12). Doch wenn uns selbst dieses sanfte Säuseln versagt bleibt, wie sehr empfinden wir dann unsere extreme Armut!

Indem er uns den Eindruck vermittelt, sich zurückgezogen zu haben, facht Gott in uns die Sehnsucht nach ihm neu an. Er hinterfragt unsere Sicherheiten und unsere kleinen „Abmachungen“: ein paar Minuten morgens, eine rasche Lektüre, eine mehr oder weniger zerstreute Anwesenheit im Gottesdienst. Das ist nicht das, was der Herr für uns will.

Was wir ohne große Mühe bekommen, nehmen wir oft als selbstverständlich hin. Wenn wir das Beten und Bibellesen als mühsam und steril empfinden, kann uns das nur dazu ermuntern, unsere Prioritäten zu überdenken und neu zu ordnen. Wenn der Herr uns durch sein Schweigen erzieht, heißt das nicht, dass er seinen Blick von uns abgewandt oder uns verlassen hat. Auch wenn offenbar nichts „passiert“, dürfen wir in unserem tiefsten Innern die Gewissheit bewahren, dass Gott nicht abwesend ist. Er ist immer gegenwärtig, mitten in unserem Leben, und er lebt durch seinen Geist in unserem Herzen. Er wartet auf den geeigneten Moment, um uns seine Liebe neu spüren zu lassen.

In seiner Lehre über das Gebet im Matthäusevangelium gibt Jesus klar zu verstehen, dass Gott uns vorangeht und schon auf uns wartet, wenn wir uns zum Gebet in die verborgene Kammer zurückziehen (siehe Matthäus 6,6). Ob wir uns seiner

Gegenwart bewusst sind oder nicht, ändert nichts daran. Wir dürfen uns also demütig auf dieses Versprechen stützen, wenn wir Gottes Gegenwart nicht fühlen.

Der Apostel Paulus erinnert uns an das geheimnisvolle Wirken des Heiligen Geistes in uns:

> *„Dabei hilft uns der Geist Gottes in all unseren Schwächen und Nöten. Wissen wir doch nicht einmal, wie wir beten sollen, damit es Gott gefällt! Deshalb tritt Gottes Geist für uns ein, er bittet für uns mit einem Seufzen, wie es sich nicht in Worte fassen lässt"* (Römer 8,26).

Dieses Wirken des Geistes ist auch in Momenten geistlicher Trockenheit oder der gefühlten Abwesenheit Gottes Realität. Was ist mit *unaussprechlichem Seufzen* gemeint? – Wir können es so verstehen, dass die „Seufzer" des Geistes mit unseren „Seufzern" zusammenwirken. Der Geist Gottes will das Beste für uns, doch er kann nur in uns wirken, wenn wir es zulassen, und er leidet, wenn wir der Gnade widerstehen. Wir unsererseits sehnen uns nach tieferer, authentischerer Gemeinschaft mit dem Herrn, doch wir machen die Erfahrung, dass eine Reihe von Hindernissen die Offenbarung Gottes dämpfen kann. *„Wissen wir doch nicht einmal, wie wir beten sollen, damit es Gott gefällt!"* Seien wir ehrlich und geben zu, dass es stimmt!

Uns diesem Blick des Heiligen Geistes zu unterwerfen hat zur Folge, dass wir wie „Bettler" demütig alles vom Herrn erwarten. Wenn unser Gebet wie ausgetrocknet erscheint, dann sollten wir nicht aufgeben und zu etwas anderem übergehen, sondern an jenes geheimnisvolle Wirken des Geistes denken und still – mit erhobenen, geöffneten Handflächen – vor dem Herrn verharren. Auch wenn wir nichts spüren, dürfen wir sicher sein, dass diese Glaubenshaltung dem Herrn gefällt und er auf geheimnisvolle Weise in uns arbeitet.

Gott kann also durch seinen scheinbaren Rückzug den Wunsch in uns wecken, uns noch intensiver nach ihm auszustrecken. Doch es gibt noch einen anderen möglichen Grund für seine gefühlte Abwesenheit: Sie soll uns die Augen öffnen für eine Sünde, die unsere Gemeinschaft mit ihm unterbrochen hat und Reue und Bekenntnis unsererseits erfordert. Gottes Schweigen kann uns zu einer Selbstprüfung motivieren, um zu sehen, wo wir auf unserem Glaubensweg stehen. Und schließlich gibt es noch eine andere Ursache für die gefühlte Abwesenheit Gottes: Die geistliche Genusssucht, die von geistlichem Hochmut begleitet wird. Wenn wir jedes Mal beim Beten ein Gefühl der Fülle empfinden würden, könnten wir in die Illusion verfallen, wir hätten das wahre, tiefe Gebet erreicht und könnten auf die anderen herabsehen, die mit ihrem Gebetsleben kämpfen und die wir für weniger geistlich halten. Durch seinen gefühlten „Rückzug" hinterfragt Gott die Qualität unseres Gebets und bewahrt uns vor dem trügerischen Gefühl, wie seien große Beter geworden. Solcher Hochmut „*... tritt leicht auf den Plan, wenn unsere Liebe zum Herrn größer wird. Dann laufen wir Gefahr, den anderen und auch uns selbst gegenüber arrogant zu werden. So wird die scheinbare Abwesenheit Gottes ein Mittel, um unsere Liebe zu läutern [...] Die Gegenwart Gottes hat eine reinigende Wirkung und seine gefühlte Abwesenheit auch; Letztere läutert uns von den Schlacken des Hochmuts, von dem Wunsch, bevorzugt zu sein.*"[096]

Gott in seiner Abwesenheit wahrnehmen

Sollte Gott wirklich so schweigsam und abwesend sein, wie uns unsere Erfahrungen glauben machen? Sind nicht *wir* diejenigen, die taub und blind sind? Wir wünschen uns, dass er durch eine leuchtende Vision, durch eine außergewöhnliche, umwälzende Emotion zu uns spricht. Doch meistens spricht er durch scheinbar unbedeutende Zeichen zu uns. Wir haben uns bereits daran erinnert, dass er durch ein leises, sanftes Säuseln zum Propheten Elia sprach, während dieser vermutlich mit einer spektakulären Offenbarung Gottes gerechnet hatte, um von seiner Mutlosigkeit geheilt zu werden. Ist es nicht unsere Wahrnehmung, die sich ändern muss, damit wir Gott in den scheinbar unbedeutenden Dingen erkennen können? Er spricht unablässig zu uns – durch einen Blick, durch eine Geste der Liebe, des Mitgefühls oder der Zärtlichkeit. Der allmorgendliche Sonnenaufgang ist ein Zeichen seiner Güte. Gott spricht viel mehr, als wir ahnen, doch in der Geschäftigkeit unseres Lebens nehmen wir seine Gegenwart oft nicht wahr und sind unfähig, seine Stimme in unserem Herzen zu hören.

Jedes Mal, wenn wir den Wunsch verspüren, in die Stille zu gehen oder über sein Wort nachzudenken, wurde dieser Wunsch durch den Heiligen Geist in uns geweckt. Jedes Mal, wenn wir uns auf den Herrn besinnen, hat der Geist dieses Verlangen nach ihm in unser Herz hineingeflüstert. Doch wie gehen wir damit um? Gott öffnet uns pausenlos Wege und wartet geduldig auf unsere Antwort. Er spricht, aber wir hören nichts; er handelt, und wir sehen es nicht …

In unserer von Bildern und spektakulären Auftritten geprägten Welt wünschen wir uns eindrucksvollere Offenbarungen, möglichst mit viel „*Bling-Bling*“. Manchmal kann es durchaus vorkommen, dass Gott sich so eindrücklich zeigt, doch es ist nicht seine übliche Sprache. Wir sollten also lernen, sein Flüstern wahrzunehmen und der Stimme seines Geistes zu lauschen. *„Und keiner kann bekennen: ‚Jesus ist der Herr!', wenn er nicht den Heiligen Geist hat"* (1. Korinther 12,3). Der Heilige Geist ist also auf geheimnisvolle Weise anwesend, wenn wir den Namen des Herrn Jesus Christus aussprechen und seine Herrschaft anerkennen. Besonders geheimnisvoll ist diese Anwesenheit des Geistes, wenn der Namen Jesus lässig oder oberflächlich ausgesprochen wird. Und doch ist es der Heilige Geist, der in uns flüstert – beinahe trotz unser selbst! Wenn wir uns doch nur an dieses Flüstern des Geistes klammern und uns auf ihn stützen würden, um wie Jakob beim Erwachen aus seinem Traum in Bethel sagen zu können: *„Tatsächlich – der Herr wohnt hier, und ich habe es nicht gewusst!"* (1. Mose 28,16).

11.
Gebet verwandelt

Das von der Bibel genährte Gebet ist der Königsweg, auf dem Gott uns führt, um uns in das Bild seines Sohnes zu verwandeln (s. Römer 8,29) *„[...] bis wir alle hingelangen zur Einheit des Glaubens und der Erkenntnis des Sohnes Gottes, zur vollen Mannesreife, zum Maß der Reife der Fülle Christi"* (Epheser 4,13; ELB). Auf diesem Weg des geistlichen Wachstums ist es entscheidend, dem Gebet vollständig freien Raum zu geben, damit es sein Werk der Umgestaltung in uns vollbringen kann. Der Herr benutzt diese Momente des Dialogs und der Gemeinschaft mit ihm, um uns seine Liebe zuzuflüstern. Es ist schwer, einer solchen Liebe zu widerstehen!

Gebet, das unser Herz beruhigt

Wenn wir im Gebet zum Herrn kommen, müde von der Last des Lebens, kann der Herr uns Gnade schenken und uns von seinem Frieden schmecken lassen – einem Frieden, der sich von allem unterscheidet, was die Welt uns bieten kann: *„Ja, meinen Frieden gebe ich euch – einen Frieden, den euch niemand sonst auf der Welt geben kann"* (Johannes 14,27). Wenn wir diesen Frieden erfahren, empfinden wir ihn wie ein Gegenmittel gegen die Ängste und Spannungen des Lebens.

Jesus lädt uns dazu ein, uns nicht zu fürchten, und bietet uns dauerhafte Ruhe für unsere Seele an. Wenn wir nach dem Gebet zu unseren Aktivitäten zurückkehren, erfüllt vom Frieden Christi, und wenn dieser Friede sich nicht von der ersten Widrigkeit erschüttern lässt, können wir wirklich sagen, dass wir dem Herrn begegnet sind.

Gebet, das uns zutiefst berührt

Manchmal bleibt unser Herz gleichgültig oder kalt gegenüber den Worten der Liebe, die Gott uns zuflüstert. Glücklicherweise gibt es jene Momente, in denen sich der Himmel zu öffnen scheint und die Worte, die bis dahin nur ein schwaches Echo in uns fanden, unser Herz in Brand setzen.

Warum öffnet sich mit einem Mal der Himmel, sodass Worte, die wir schon so oft gelesen und meditiert haben, plötzlich diese Relevanz für uns haben? Hat Gott geheimnisvolle Hindernisse überwunden, die die Quelle daran hinderten, zu sprudeln? In solchen Momenten dringen wir in eine neue Tiefe des Gebets vor, in der Gott nicht nur unser Herz zur Ruhe bringt, sondern uns besondere Gnade zuwendet und einen kleinen Teil des Schleiers lüftet, um uns etwas von seiner Größe und Schönheit sehen zu lassen.

Eine solch umwälzende Erfahrung seiner grenzenlosen Liebe ist eine seltene, vielleicht sogar einzigartige Erfahrung, die wir gerne wiederholen würden – doch selbst wenn sie einzigartig bleiben sollte, können wir den Rest unseres Lebens davon zehren. Wir bewahren dann tief in unserem Herzen die Erinnerung an diese lichtvolle Begegnung mit dem Herrn, bei der wir *„den Saum seines Gewandes"* (s. Markus 5,28) berühren durften, und diese Erinnerung erfüllt uns, bis wir eines Tages in das volle Licht der ewigen Gegenwart Gottes eintreten.

Wenn der Herr uns die Gnade einer solchen Erfahrung schenkt, sollten wir uns bewusst sein, dass wir sie nicht aus eigener Anstrengung reproduzieren können. Wir können uns wünschen und darauf hoffen, dass es eine Wiederholung gibt, aber es ist allein Gottes Sache, uns in seiner Souveränität zu geben, was er will.

Eine so umwälzende Erfahrung Gottes kann unterschiedlich intensiv erlebt werden, aber immer muss unser Herz demütig erkennen, dass wir nur ansatzweise, aus lauter Gnade ein klein wenig von Gottes Güte schmecken durften. Wir dürfen voll staunender Freude diese besondere Gnade genießen. Gleichzeitig wird sie zur Folge haben, dass wir uns hinterfragen: Sind wir dieser Gnade würdig? Wie könnten wir uns mitten im Licht Gottes befinden, ohne die Flecken und Schlacken zu sehen, die unser Herz verunreinigen? Die franziskanische Nonne Angèle de Foligno (13. Jhd.) drückte es treffend aus:

> *„Je mehr wir Gottes überwältigende Güte erkennen, desto tiefer erkennen wir unsere eigene Armut. Und je mehr wir unsere Armut erkennen, desto intensiver entfalten sich unser Lob und unsere Anbetung für diesen unfassbaren Herrn.“* [097]

Als der Prophet Jesaja von der Vision des Herrn in seiner Herrlichkeit ergriffen wird, ist seine erste Reaktion Angst. Er wirft sich zu Boden und ruft:

> *„Ich bin verloren! Denn ich bin ein Sünder und gehöre zu einem Volk von Sündern. Mit jedem Wort, das über unsere*

Lippen kommt, machen wir uns schuldig! Und nun habe ich den Herrn gesehen, den allmächtigen Gott und König!" (Jesaja 6,5).

Das Bewusstwerden unserer Armut kann uns buchstäblich zu Boden werfen. Unter dem Blick Gottes erkennen wir, wie arm, elend, blind und nackt wir tatsächlich sind. Doch dieser Blick auf uns ist nie der Blick eines Richters, sondern der eines Arztes, der unsere Wunden berührt, um sie zu heilen. Wenn Gott uns unsere tiefe Armut offenbart, dann will er uns umgehend mit dem Öl seiner Vergebung salben. Er will nicht, dass wir am Boden bleiben, sondern flüstert uns Worte der Liebe und Barmherzigkeit zu. Ja, unser Gott ist unendlich gut – er will nicht den Tod des Sünders, sondern sein Leben! Gott kommt zu uns und sagt uns wie dem Propheten seine Vergebung zu: *„Deine Schuld ist jetzt weggenommen, dir sind deine Sünden vergeben"* (Jesaja 6,7). Eine umwälzende Erfahrung, die zu völliger Wiederherstellung führt.

Gebet, das uns die Augen öffnet

Das Gebet kann unser Herz beruhigen, und es kann umwälzende Wirkung haben – es kann uns aber auch die Augen über uns selbst öffnen, wie der New Yorker Pastor Timothy Keller schreibt: *„Beten führt zu einer Selbsterkenntnis, die wir auf keine andere Art bekommen können."* [098]

Gott ist der Einzige, vor dem wir nichts verbergen können. Er kennt uns besser, als wir uns selbst kennen. Wir sollten das Gebet nicht meiden, das uns zeigt, wer wir wirklich sind – jedes authentische christliche Gebet sollte davon geprägt sein. Wir brauchen uns nicht davor zu fürchten, unsere Unwürdigkeit zu erkennen, sondern sollten diese Erkenntnis als Zeichen echter geistlicher Reife verstehen:

> *„Wenn wir unsere Identität vor Gott erkennen, fühlen wir uns arm und bloß. Es bringt uns zum Weinen (s. zweite Seligpreisung). Doch unsere Tränen zeugen von einer tiefen geistlichen Sensibilität, denn sie haben ihren Ursprung in unserer Selbstprüfung im heiligen Licht Gottes.“* [099]

Diese Selbstprüfung kann sehr schmerzlich sein und uns unsere Illusionen über uns selbst rauben. Wir sehen uns, wie Gott uns sieht. Er stellt die Mechanismen unseres tiefsten Inneren bloß, wie der Hebräerbrief erinnert:

> *„Gottes Wort ist voller Leben und Kraft. Es ist schärfer als die Klinge eines beidseitig geschliffenen Schwertes, dringt es doch bis in unser Innerstes, bis in unsere Seele und unseren Geist, und trifft uns tief in Mark und Bein. Dieses Wort ist ein unbestechlicher Richter über die Gedanken und geheimsten Wünsche unseres Herzens. Gottes Augen bleibt nichts verborgen; vor ihm ist alles sichtbar und offenkundig. Jeder Mensch muss Gott Rechenschaft geben“* (Hebräer 4,12–13).

Wie sehr können wir uns selbst täuschen und meinen, wir wären am Ziel angekommen, während wir tatsächlich noch am Anfang des Weges sind! Wir brauchen einen klaren Blick, der unser Leben hinterfragt und die Geheimnisse unseres Herzens offenbart. In seinem Brief an die Gemeinde in Sardes sagte der Herr: *„Hast du denn ganz vergessen, wie du Gottes Botschaft gehört und aufgenommen hast? Besinn dich wieder darauf und kehr um zu Gott“* (Offenbarung 3,3).

Es stimmt, dass wir auf dem Weg vorankommen, doch der Weg ist noch lang, bevor wir alles erfüllt haben, was Gott für uns vorgesehen hat. Wenn wir uns in Erinnerung rufen, was wir von Gott gehört und empfangen haben, können wir entdecken, was in unserem Leben noch umgestaltet werden muss. Es ist unerlässlich für unser geistliches Wachstum, uns dieser Prüfung im Licht Gottes auszusetzen. Sicherlich werden wir nicht jedes Mal, wenn wir beten und die Bibel lesen, mit unserer Armut konfrontiert; doch wenn wir sie nie empfinden, sollten wir die Aufrichtigkeit unseres Gebets hinterfragen. Wenn wir beim Beten das trügerische Gefühl haben, alles sei in bester Ordnung, dann befinden wir uns in großer Gefahr, geistlich blind zu sein.

Wir kommen nicht umhin, uns von Gott erforschen zu lassen, wenn wir wollen, dass der Herr uns verwandelt. David beschreibt diese Erfahrung in Psalm 139:

> *„Herr, du durchschaust mich, du kennst mich durch und durch [...] Durchforsche mich, o Gott, und sieh mir ins Herz, prüfe meine Gedanken und Gefühle! Sieh, ob ich in Gefahr bin, dir untreu zu werden, und wenn ja: Hol mich zurück auf den Weg, den du uns für immer gewiesen hast!“* (V. 1.23–24)

David hat keine Angst vor dem Blick Gottes, im Gegenteil – er ist von freudigem Staunen erfüllt, weil er weiß, dass diese Prüfung vor Gott zu einer tieferen Gemeinschaft mit ihm führt.

Unsere Heiligung gehört zum Plan Gottes für unser Leben. Martin Luther hat den berühmten Satz geprägt: *„Zugleich gerecht und Sünder“* (*Simul justus et peccator*). Die Gegenwart Gottes öffnet uns die Augen für die Wahrheit dieser doppelten Realität. Wir bleiben von unserer alten Natur geprägt, die Gottes Gnade und Barmherzigkeit erfordert, und gleichzeitig sind wir in Christus eine neue Schöpfung (s. 2. Korinther 5,17) – wir sind Töchter und Söhne Gottes. Wie können wir im Licht Gottes bestehen? Gott legt den Finger auf unsere innere Armut, unsere Sünde, aber er tut es nie mit dem Ziel, uns an unserer Schuld verzweifeln zu lassen, sondern im Gegenteil, um uns zu vergeben und wiederherzustellen, wie Kallistos Ware treffend beschreibt:

> *„Die Reue ist keine Entmutigung, sondern sehnsüchtige Erwartung; nicht das Gefühl, in einer Sackgasse zu sein, sondern einen Ausweg gefunden zu haben; nicht Selbsthass, sondern Bestätigung meines wahren Selbst, das im Bilde Gottes geschaffen wurde. Wenn wir unsere Sünden bereuen, dann schauen wir nicht nach unten, auf unsere Unzulänglichkeiten, sondern nach oben, auf die Liebe Gottes; nicht nach hinten, voller Selbstvorwürfe, sondern nach vorn, voller Vertrauen. Es bedeutet nicht, auf das zu sehen, was man bisher nicht zu sein geschafft hat, sondern auf das, was man durch die Gnade Christi noch wird.“* [100]

Gebet, das heilt

Wenn der Herr uns im Gebet unsere wahre Natur offenbart, dann tut er es, um uns zu vergeben und zu heilen und uns auf einen Weg der Verwandlung und des geistlichen Wachstums zu führen. Er will uns zeigen, was in unserem Leben veränderungsbedürftig ist. Jean Lafrance hat es mit diesen einfachen Worten erfasst: *„Gott liebt dich nicht, weil du wundervoll bist, sondern er liebt dich, damit du es wirst!“* [101]

Wir sind im Werden begriffen, und dieser Prozess zieht sich bis zu unserem letzten Atemzug hin. Im verborgenen Raum des Gebets begegnet uns Gott und zieht uns auf einen Weg der Verwandlung, Erneuerung, Heiligung, um seinem Sohn ähnlich zu werden. Unser Wunsch, uns verändern zu lassen und auf diesem Weg Fortschritte zu machen, ist ein Zeichen für die Wahrhaftigkeit unseres Gebetslebens. Wenn wir dagegen beten und keinen Bedarf nach Veränderung verspüren, dann sollten wir uns fragen, wie authentisch unser Gebet ist.

Wir können beim Beten Frieden und Trost spüren und dürfen diese Gnade dankbar als Geschenk annehmen. Allerdings sollten wir uns nicht von einem Gefühl des Friedens täuschen lassen, das sich systematisch einstellt, denn wenn wir uns aufrichtig Gott nahen, wird er uns auch Aspekte unseres Lebens zeigen, an denen er arbeiten muss. Was *nach* unserem Gebet geschieht, ist ein Test für die Frage, ob wir wirklich Gottes Geist verspürt oder uns in einer falschen Sicherheit gewogen haben:

> *„Wenn mein Gebet zur Folge hat, dass ich aggressiv gegenüber Störenfrieden bin, verächtlich gegenüber denen, die eine andere Methode befolgen, oder nicht verfügbar für diejenigen, die meine Hilfe erwarten – dann sollte ich unbedingt meine Illusion begraben! Die Nächstenliebe, die Bereitschaft, dem anderen zu dienen: Das ist das entscheidende Kriterium für die Bewertung der Qualität meines Gebets. Alles andere ist nebensächlich.“* [102]

Gebet der Demut

Wenn wir eine regelmäßige Gebetsdisziplin befolgen und ein Gefühl der Ruhe dabei empfinden, könnten wir uns in der Illusion wiegen, „große Beter“ zu sein. Dann laufen wir Gefahr, uns mit denen zu vergleichen, die unserer Meinung nach ein weniger erfülltes Gebetsleben haben. Wie schnell kann man die Haltung des Pharisäers einnehmen, der voller Stolz seine Frömmigkeit ins Licht stellt (s. Lukas 18,11) – eine Haltung, die von Jesus klar verurteilt wird. Wer sich über seine Spiritualität Illusionen macht, der befindet sich völlig neben der Spur. Der Zöllner ging gerechtfertigt nach Hause, nicht der Pharisäer, der glaubte, keine Vergebung nötig zu haben.

Alle „großen Beter" haben die Demut, zu sagen, dass sie – selbst an ihrem Lebensabend – Anfänger bleiben, die noch alles zu lernen haben. Wenn unser Gebet uns nicht zur Demut und Barmherzigkeit gegenüber uns selbst und den anderen führt, dann müssen wir die Authentizität unseres Gebetslebens überprüfen. Die Haltung Johannes des Täufers kann uns hier inspirieren: *„Christus soll immer wichtiger werden, und ich will immer mehr in den Hintergrund treten"* (Johannes 3,30). Johannes hatte seine Mission erfüllt: Einige seiner Jünger hatten ihn bereits verlassen, um sich Jesus anzuschließen. Er wusste, dass sein Ende gekommen war, und klammerte sich nicht an seine Berufung, sondern trat zurück, um den kommenden Christus ins Zentrum der Aufmerksamkeit zu stellen. Er hatte großartige Momente erlebt, als die Menschen in Scharen gekommen waren, um von ihm getauft zu werden. Er hatte den „Ruhm" einer unstrittigen geistlichen Ausstrahlung erlebt … und doch hatte er die Demut, sich nicht an diesen Ruhm zu klammern.

Wie oft kommt es vor, dass wir Gott benutzen, um uns selbst aufzuwerten? Auch wenn wir das, was wir tun, für den Herrn tun, hoffen wir doch oft unbewusst, dass wir Dankbarkeit und Lob dafür ernten. Henri Nouwen drückte in einem Gebet diese Gefahr, Gott für unsere persönliche Ehre zu benutzen, wie folgt aus:

„Herr, mit dir und durch dich muss ich mir selbst sterben, um dich erkennen zu können, wenn du mir als der Auferstandene erscheinst. Es gibt so viele Dinge in mir, die sterben müssen: falsche Zuneigungen, Begehrlichkeit, Wut, Ungeduld, Kleinlichkeit.

O Herr, ich bin auf mich selbst konzentriert, von mir selbst erfüllt, von meiner Karriere, meiner Zukunft, meinem Ruf. Oft habe ich den Eindruck, mich deiner zu meinem eigenen Vorteil zu bedienen. Wie grotesk, traurig, frevelhaft! Herr, ich muss aufrichtig gestehen: Ich habe oft von dir gesprochen und in deinem Namen gehandelt um meiner eigenen Ehre und meines persönlichen Erfolges willen.“ [103]

Gebet der Barmherzigkeit

Der geistliche Hochmut ist gewissermaßen ein negativer Test der Wahrhaftigkeit unseres Gebetslebens. Umgekehrt gibt es auch positive Tests, wovon an erster Stelle die Liebe Gottes zu nennen ist. Wenn wir ein tiefes Bewusstsein seiner Liebe entwickeln, dann können wir nicht anders, als unserseits zu lieben. Wer sich von Gott geliebt weiß, wird diese Liebe weitergeben und Barmherzigkeit und Fürbitte üben. Wenn unser Gebet uns nicht für die Bedürfnisse der Welt öffnet, dann sollten wir erneut die Wahrhaftigkeit unserer Gebete hinterfragen.

Franz von Assisi verbrachte ganze Nächte damit, im Gebet über die Welt zu weinen. Er wiederholte immer wieder: *„Die Liebe wird nicht wiedergeliebt!“* James Haggerty erklärt:

„Laut Paulus bedeutet authentisches Christsein, das göttliche Leben – agape –, wie Christus es vorgelebt hat, zu empfangen und weiterzugeben, jeder entsprechend der Berufung, die er vom

Herrn empfangen hat […] Wie kann das geschehen? Indem wir einander lieben, nicht um Gottes Liebe zu erlangen, sondern ausgehend von der Liebe Gottes zu uns.“ [104]

Diese Liebe, diese Barmherzigkeit motiviert uns, für unsere Angehörigen, unsere Brüder und Schwestern im Glauben, aber auch für alle Menschen und sogar für die Schöpfung zu beten, die leidet und sich nach Erlösung sehnt:

„Darum wartet die ganze Schöpfung sehnsüchtig und voller Hoffnung auf den Tag, an dem Gott seine Kinder in diese Herrlichkeit aufnimmt […] dass sie zusammen mit den Kindern Gottes einmal von Tod und Vergänglichkeit erlöst und zu einem neuen, herrlichen Leben befreit werden“ (Römer 8,19.21).

Nur tiefe Gemeinschaft mit dem Herrn befähigt uns, so zu lieben, wie Gott die Welt liebt.

Ob wir wollen oder nicht – wenn wir beten, bilden wir mit allen anderen Betenden eine Gemeinschaft – eine spirituelle Gemeinschaft, in der wir einander tragen. Das Vaterunser ist kein einsames Gebet, auch wenn wir es in unserer verbogenen Kammer beten. Das „unser“ verbindet uns mit allen Betenden in der Welt.

Zu wissen, dass wir mit Millionen Menschen weltweit in Gebetsgemeinschaft sind, verleiht unserem Gebet eine universelle Dimension. Doch wir entdecken auch, dass wir auf diese Weise alle diejenigen tragen können, die selbst nicht zu beten imstande sind – weil ihr Leid zu groß, ihre Verbitterung oder Auflehnung zu tief sind oder aber ihr Leben mit seinen Ablenkungen sie vom Gebet entfernt hat.

„Für jemanden zu beten bedeutet nicht nur, seine Not vor Gott auszubreiten und ihn um Hilfe anzurufen; man kann auch im Namen des anderen beten. Es ist durchaus möglich, das stille Gebet in diesem Sinne zu beten, indem man sich im Namen derer, die nicht beten, die leiden, die man eventuell zu Beginn des Gebets namentlich erwähnt, in Gottes Gegenwart aufhält. Mit ihnen halte ich am Gebet fest; das kann ein großer Anreiz zur Treue sein – ich komme nicht nur täglich in Gottes Gegenwart, um meine eigene Seele zu nähren, sondern auch, um für die anderen, in ihrem Namen, zu beten. Es ist meine Verantwortung, für sie zu beten, so wie Mose mit erhobenen Händen auf dem Berg betete, während das Volk in der Ebene kämpfte (2. Mose 17,8–16).“[105]

Für diejenigen zu beten, die es selbst nicht können oder wollen, wird auch in dem Bericht von den vier Freunden illustriert, die ihren gelähmten Gefährten zu den Füßen Jesu niederlegen (siehe Markus 2,1–12). Angesichts der tragischen Situation ihres Freundes nehmen sie die Dinge in die Hand und überwinden alle Hindernisse – die Menschenansammlung und das Dach des Hauses, das sie kurzerhand abdecken, um den Gelähmten durch das Loch des Daches zu Jesus hinabzulassen. Doch damit ist ihre Mission beendet – sie können ihn nur der Barmherzigkeit des Herrn überlassen.

Wir sind zu derselben Barmherzigkeit aufgerufen. Der Ausgang unserer Gebete hängt nicht von uns ab, sondern von der Gnade Gottes. Unsere alleinige Verantwortung – und sie ist groß! – besteht darin, uns für die Leidenden als „Freunde“ zu erweisen.

Jesus spricht wiederholt von der Umsetzung des gehörten Wortes, unter anderem im Gleichnis vom Säemann und im Gleichnis von dem Mann, der sein Haus auf den Felsen baut, das wir am Ende der Bergpredigt finden: „*Wer nun auf das hört, was ich gesagt habe, und danach handelt, der ist klug […]*" (Matthäus 7,24). Die Frucht wird sich im Alltag zeigen, aber auch in der Beziehung zu den anderen – die Liebe wird größer, die Barmherzigkeit authentischer werden. Uns von Gott geliebt zu wissen wird in uns den Durst anfachen, ihn immer mehr in seinem Wort zu entdecken. Dieser Durst lässt sich nicht erzwingen oder durch Anstrengung erreichen. Er wird durch das Mysterium genährt, das wir erleben, wenn Gottes Liebe sich offenbart. Könnte ein Bräutigam gleichgültig bleiben und die Briefe, die seine Barut ihm schickt, ungeöffnet lassen?

Uns von Gott geliebt zu wissen wird in uns den Durst anfachen, ihn immer mehr in seinem Wort zu entdecken.

Alleiniges und gemeinschaftliches Gebet

Wenn wir uns von Gott geliebt wissen, wird dies unseren Blick auf die christliche Gemeinde tief greifend verändern. Es wird dazu beitragen, dass wir sie trotz ihrer Schwächen und ihrer Unvollkommenheit lieben, so wie Christus selbst sie liebt (siehe Epheser 5,25). Die Gemeinschaft der Gläubigen gering zu achten und seinen Glauben für sich allein zu leben, sind dahingehend Zeichen für eine angeschlagene geistliche Gesundheit: Eine in sich gekehrte Spiritualität, die sich von ihrer Quelle losgelöst hat.

Ein von der kirchlichen Dimension abgekoppeltes Gebetsleben kann ein gefährlicher Weg sein. Es ist Gottes Wunsch, dass wir unseren Glauben im Kontakt mit unseren Brüdern und Schwestern im Herrn leben. Wir können und müssen alle voneinander lernen, auch wenn dies nicht ohne Reibungen und Spannungen geschieht. Das gemeinschaftliche Gebet erlaubt es uns, die Erfüllung der Verheißung Jesu zu erleben: *„Denn wo zwei oder drei in meinem Namen zusammenkommen, bin ich in ihrer Mitte"* (Matthäus 18,20).

Es ist also ein besonderer Segen mit dem gemeinschaftlichen Gebet verbunden. Wenn wir allein in unserer Kammer für andere beten und ihnen dann in der Realität begegnen, sind es nicht mehr nur Namen auf dem Papier, sondern Personen aus Fleisch und Blut. Dann wird unsere Fürbitte noch konkreter, und wir können sie mit ihren spezifischen Anliegen im Gebet tragen.

12. Unsere Erwartungen an Spiritualität

„Dem Protestantismus wird ständig vorgeworfen, zu streng, zu trocken, zu intellektuell und zu moralisierend zu sein (wobei der spirituelle Reichtum des Protestantismus oft völlig ignoriert wird). Und es stimmt, dass unsere Zeitgenossen, die auf einer spirituellen Suche sind, sich nur selten an die Kirchen der Reformation wenden, um ihren Durst zu stillen, vielleicht, weil diese Kirchen nicht gut zuhören, was den Durst und die Erwartungen der Menschen betrifft; sie schlagen zu schnell Antworten vor, ohne die Fragen der Menschen wirklich zu berücksichtigen. Auch kümmern sie sich mehr um die ‚Rechtgläubigkeit', Fragen der Moral und die Verteidigung von Institutionen, die sich im ‚Leerlauf' befinden, anstatt sich zu fragen, was hinter den Fragen, Praktiken und Überzeugungen steckt, die sie als seltsam und verwirrend empfinden. Denken wir nur an unsere scharfe Verurteilung der New-Age-Bewegung, ohne uns die Zeit zu nehmen, zu verstehen, was unsere Zeitgenossen in dieser Form der Spiritualität zu finden hoffen." [106]

Diese Feststellung von Pastor Michel Cornuz trifft weitgehend zu, auch wenn wir sie nuanciert betrachten und einräumen müssen, dass sie nicht für alle protestantischen Gemeinschaften gilt. Die Situation ändert sich mittlerweile, sowohl in den reformierten Kirchen als auch im evangelikalen Milieu.

Bereits zuvor wurde auf eine mögliche Verwechslung des wiederholten Jesusgebets mit dem Wiederholen von Mantras östlicher Spiritualität hingewiesen.[18] Nun möchte ich noch einen Schritt weitergehen. Am Ende der Reflexionen wollen wir uns Zeit nehmen, uns mit den spirituellen Erwartungen unserer Zeitgenossen zu beschäftigen. Im Bewusstsein der Komplexität des Themas werden wir überlegen, welche konkreten Antworten wir anzubieten haben, welche möglichen Übereinstimmungen wir herausstellen können und welche eventuellen Gefahren zu beachten sind.

Die meditative Suche hat unsere westliche Welt erfasst. Man braucht nur die Regale einer Buchhandlung entlangzugehen, um festzustellen, dass die Sparte „Spiritualität/Esoterik" vor Angeboten überquillt. Im Internet verhält es sich nicht anders: Reißerisch aufgemachte Webseiten und Youtube-Videos, die das Erreichen von Glück, heiterer Ruhe, innerem Frieden und Selbstvertrauen versprechen. Sie verheißen ein besseres Leben, Selbstentfaltung und Zufriedenheit, eine sanfte, tiefe und natürliche Metamorphose, deren Resultate für das Umfeld des Meditierenden sichtbar sind. Diese Angebote sind das Zeichen einer zunehmenden Unzufriedenheit innerhalb einer Gesellschaft, die das „Haben" vor das „Sein" gestellt hat. Sollte der westliche Mensch endlich begriffen haben, dass *„der Mensch nicht vom Brot allein lebt"* (s. Matthäus 4,4)? Die entscheidende Frage lautet: Von welchem „Brot" kann und will er sich ernähren?

18 Siehe Abschnitt „Ein Hauch von Orient?" in Kapitel 6, S. 130.

Unsere Gesellschaft sucht nach Ruhe für Körper und Seele. Doch ist sie bereit, zu hören, dass die wahre Ruhe in Christus zu finden ist? Und sind *wir* bereit, davon Zeugnis zu geben?

Jesus sagte: *„Kommt her zu mir, alle ihr Mühseligen und Beladenen! Und ich werde euch Ruhe geben. Nehmt auf euch mein Joch, und lernt von mir! Denn ich bin sanftmütig und von Herzen demütig, und ihr werdet Ruhe finden für eure Seelen"* (Matthäus 11,28.29; ELB). Die vermehrte Suche nach Ruhe und Frieden ist seit mehreren Jahrzehnten in einer Reihe verschiedener Strömungen zu beobachten, die sich entweder von jahrtausendealten Traditionen inspirieren lassen oder aber auf der Welle des Synkretismus surfen. Dem Politiker und Publizisten André Malraux wird der Satz nachgesagt, das einundzwanzigste Jahrhundert werde entweder religiös geprägt oder aber nicht existent sein. Ob er diese Worte tatsächlich so gesagt hat oder nicht, spielt letztlich keine Rolle – sie haben sich in jedem Fall bewahrheitet. Das „Spirituelle" kehrt mit Macht in eine Gesellschaft zurück, der angesichts eines alles beherrschenden Materialismus, der seine Versprechen nicht halten kann, der Atem ausgeht. Neue Formen der Religiosität bahnen sich ihren Weg, aber auch fundamentalistische und radikale Bewegungen nehmen zu, was tatsächlich Anlass zur Besorgnis ist.

Ein Markt für sich

In diesem Kontext hat der Begriff „Spiritualität" großen Auftrieb gewonnen. Dieser etwas vage Begriff umfasst verschiedene Formen, Praktiken, Denkweisen und Lebenskonzepte, die in allen möglichen religiösen oder philosophischen Konzepten wurzeln. Man spricht heute sogar von „nicht konfessioneller Spiritualität", um darauf hinzuweisen, dass ein Teil der zeitgenössischen Spiritualität den Rahmen des Religiösen verlassen hat. Für manche Menschen geht es bei der spirituellen Suche darum, die Reinheit alter Glaubensbewegungen wiederzufinden, eine Art Rückkehr zu den Ursprüngen – doch für die meisten ist die spirituelle Suche mit einem weitläufigen Synkretismus verbunden, wo jeder das für sich in Anspruch nimmt, was ihm gefällt. Was nicht zusagt, wird verworfen, und zwar nach völlig individuellen Maßstäben oder in Anlehnung an das, was gerade „in" ist. Was dem Ego schmeichelt und persönliche Entfaltung verspricht, wird gern angenommen, während das, was stört, was schockiert oder eine Dimension der Verpflichtung enthält, abgelehnt wird. Der evangelikale Theologe Henri Blocher schrieb treffend:

> *„Der Begriff Spiritualität hat sich auf andere Bereiche ausgeweitet, und zwar um den Preis der Verwischung seiner Konturen. Gerade diese Verschwommenheit bringt den Erfolg mit sich. Jeder kann die Spiritualität nach seinem Gutdünken begreifen, und jeder kann sich mit einer nebulösen Halbwahrheit zufriedengeben, in der keine störenden Fragen zur Sprache kommen."* [107]

Die New-Age-Bewegung mit ihren nebulösen Anhängern könnte gut und gern die Spiritualität unseres Jahrhunderts sein: Eine Art Religion mit zahlreichen Wahlmöglichkeiten, aus der man sämtliche Zwänge und Verbote ausradiert hat. Die meditativen Techniken des Orients überschwemmen die westliche Welt. Die transzendentale Meditation, der Zen-Buddhismus und der tibetanische Buddhismus finden immer mehr Anhänger. Jüngsten Statistiken zufolge gibt es aktuell in unserem Land mehr als 5 Millionen Anhänger der Buddhismus, die ihn entweder praktizieren oder sich seiner Denkweise nahe fühlen. Von den Ansprüchen und der Strenge des ursprünglichen Buddhismus ist der im Westen praktizierte Buddhismus dabei allerdings weit entfernt.[19] Die *Achtsamkeit* nimmt in der aktuellen Meditationslandschaft immer mehr Raum ein und erobert auch zunehmend Terrain in der Medizin und Pädagogik.

Im Kontext dieser großen Nachfrage nach Innerlichkeit und Meditation rückt auch das Christentum wieder mehr in den Fokus. Zahlreiche Klöster und klosterähnliche Gemeinschaften versuchen, auf dieses Bedürfnis zu antworten. Immer mehr Klöster bieten Raum für Gäste an, die ein paar Tage lang innere Einkehr praktizieren wollen. Man kann allein kommen oder sich einer Gruppe anschließen, die eine spezifische biblische Unterweisung oder praktische Ratschläge für meditative Einkehr erhält. Erwähnenswert ist auch die *Taizé*-Gemeinschaft, die sich an ein jüngeres Publikum wendet und Tagungen organisiert, an denen mehrere Tausende junge Menschen teilnehmen.

Der Durst nach Innerlichkeit ist groß, und es gibt eine Reihe von konkreten Antworten im christlichen Milieu, sei es die Pfingstbewegung oder andere charismatische Gemeinschaften, sowohl protestantischen als auch katholischen Ursprungs – auch wenn sie nicht exakt auf die gleichen Erwartungen von Innerlichkeit und Meditation antworten. Diese sehr große Bewegung, die die Mehrheit der protestantisch-evangelikalen Familie ausmacht, ist von dem Willen gekennzeichnet, zu einer Spiritualität zurückzukehren, die ein besonderes Augenmerk auf die konkreten Auswirkungen der Gegenwart Gottes im Leben des Gläubigen legt. Sie lehnt eine rein intellektualisierende

19 Der Buddhismus präsentiert sich als Weg des Heils oder der Befreiung durch die Loslösung von sämtlichen Wünschen und Begierden, die als Quelle allen Übels angesehen werden. Erstaunlicherweise entdeckt man immer wieder Stars des Showbusiness, die sich als Buddhisten bezeichnen und zugleich im Luxus leben.

Lektüre der Bibel ab und prorisiert den Ansatz der geistlichen Erfahrung, in der die Emotionen eine wichtige Rolle spielen. Man legt großen Wert auf die „Sichtbarkeit" des Heiligen Geistes durch konkrete Offenbarungen in Form von Zungenreden, Prophezeiungen und Heilungen.

All diese Initiativen sind grundsätzlich zu begrüßen und können für diejenigen, die sich nach einem tieferen geistlichen Leben und tieferer Gemeinschaft mit Gott sehnen, ein Segen sein. Natürlich gibt es gerade bei größeren Veranstaltungen, wie zum Beispiel von *Taizé* organisiert, auch manche Teilnehmer, die ein christliches „Happening" genießen und viele Leute kennenlernen wollen, ohne von einer authentischen geistlichen Suche motiviert zu sein. Doch wir sollten solche Ereignisse nicht zu kritisch betrachten, denn so oder so wird anhand der Bibellesungen und Gottesdienste *„Christus verkündigt"* (s. Philipper 1,18), und der Geist Gottes wirkt, wie es ihm gefällt.

Wir dürfen nicht die Augen davor verschließen, dass viele meditative Ansätze – ob individuell oder gemeinschaftlich, religiös oder nicht konfessionell – in erster Linie die Selbstverwirklichung zum Ziel haben. Das *Ich* wird in den Vordergrund gerückt. Der Anreiz meditativer Techniken liegt vor allem in ihrer relativen Effizienz. Die Haltung des Körpers, die Atmung, die Entfernung äußerer Störungen „garantieren" ein Gefühl des Friedens und Wohlbefindens. Die Aufforderung, eine innere Leere anzustreben, sorgt für eine mentale Ruhe, die mitten im Stress unseres westlichen Lebens wohltuend ist. Doch die authentische Suche nach Gott ist hier quasi nicht vorhanden. Es geht nicht darum, Gott zu begegnen, sondern darum, sich selbst zu finden, um in größerem Einklang mit seinem *Ich* zu leben. Entscheidend ist, dass man konkrete Ergebnisse erzielt, die den gewählten Ansatz rechtfertigen. Wenn es funktioniert, ist es gut – egal, um welchen Preis. Es ist offensichtlich, dass ein solcher Ansatz Missbrauch und Manipulation Tür und Tor öffnet.

Legitimes Misstrauen?

Verständlich, dass man in manchen christlichen Kreisen voller Misstrauen reagiert, wenn von Meditation die Rede ist. Der Beigeschmack östlicher Spiritualität sowie die scheinbar vordergründige Subjektivität lösen große Bedenken aus. Und doch können wir nicht ignorieren, dass die Meditation ein Herzstück der Heiligen Schrift ist und einer jahrtausendealten Tradition folgt.

Aber was genau ist mit Meditation in ihrer biblischen Dimension gemeint? Das Beispiel von Maria, die mehrere Offenbarungen der Gnade Gottes erlebte, kann uns hier Klarheit verschaffen: *„Maria aber merkte sich jedes Wort und dachte immer wieder darüber nach"* (Lukas 2,19). Was sie gesehen und gehört hat, war so wundervoll und von so großem geistlichem Reichtum, dass sie ihre Seele im Stillen davon nährte. Der Apostel Paulus erinnerte den jungen Timotheus daran, dass er das Wort Gottes lehren soll, nachdem er sich selbst davon ernährt hat: *„Wenn du dies den Brüdern vorstellst, so wirst du ein guter Diener Christi Jesu sein, der sich nährt durch die Worte des Glaubens und der guten Lehre, der du gefolgt bist"* (1. Timotheus 4,6; ELB). Timotheus wird dazu aufgefordert, das Wort Gottes zu überdenken, „wiederzukäuen", abzuwägen, um nicht nur ein theoretisches Wissen über Gott zu haben, sondern eine tiefe Erkenntnis Gottes, eine Kenntnis des Herzens zu erlangen.

Im Vergleich mit den tausendjährigen Traditionen Indiens mit ihren zahlreichen Wandlungen braucht sich die christliche Meditation also keineswegs zu verstecken, doch sie schlägt einen radikal anderen Weg vor: Es geht nicht darum, sich der „Leere" zu öffnen, wo man die Kontrolle über den Verstand verliert, sondern es geht darum, einen Raum der Begegnung vorzubereiten: Begegnung mit dem „ganz Anderen", der uns nicht gleichgültig lassen kann – eine Begegnung, die von Dialog und Gemeinschaft geprägt ist. Wenn wir über Gottes Wort nachdenken und beten, sind wir nicht allein – wir öffnen einen Raum, wo Gott uns begegnet und zu uns spricht.

Die östlichen spirituellen Strömungen und die nicht konfessionellen Meditationen sind wirkungsvoll durch die Techniken, die dabei angewandt werden. Die christliche Meditation kann nicht wirklich damit verglichen werden. Sie ist zwar auch Quelle inneren Friedens, beschränkt sich aber nicht auf diese einzige Dimension. Wenn der Herr uns während unserer Meditation begegnet, dann offenbart er uns ein wenig von ihm selbst, spricht zu unserem Herz, um uns zu ermutigen und zu segnen, doch manchmal auch, um uns zu korrigieren und in eine andere Richtung zu lenken. Michel Cornuz erklärt:

> *„Der christliche Mystiker hält nicht innere Einkehr, um sich zu begeistern, sondern um sich selbst loszulassen und dem Geist Christi Raum zu geben, der ihn von sich selbst weglenkt und ihn dem Nächsten und der Welt gegenüber öffnet."* [108]

Sich selbst loslassen, um dem Allerhöchsten Raum zu geben! Doch wir sollten keine überzogenen Erwartungen hegen und meinen, wir müssten jedes Mal, wenn wir vor Gott in die Stille gehen, eine Erfahrung der „Glückseligkeit" machen. Es ist nicht das vorrangige Ziel der christlichen Meditation, „sich selbst etwas Gutes zu tun“, wie man es von anderen Meditationen erwartet. Es wäre sogar gefährlich, damit zu rechnen, bei jeder Meditation und jedem Gebet eine Art geistliche Ekstase zu erleben. Tatsächlich passiert manchmal nichts, und selbst wenn wir solche Momente der „Dürre“ erleben, wie wir bereits früher gesehen haben, handelt es sich dennoch um wichtige Augenblicke. Jeder Moment der Stille vor Gott bietet ihm Raum, auf geheimnisvolle Weise in uns zu wirken, so wie der Samen in der Erde langsam und allmählich heranreift, bis eines Tages die Pflanze hervorkommt und Frucht trägt. Es ist daher wichtig, uns beim Beten nicht ausschließlich auf unsere Gefühle zu stützen, auch wenn diese Dimension durchaus eine gewisse Rolle spielt.

Wenn der Herr in seiner Gnade uns beim Beten und Meditieren seine Gegenwart in besonderer Weise spüren lässt und uns mit Freude erfüllt, dann ist das wundervoll, aber kein Resultat, das wir systematisch erwarten können. Viele stellen sich daher die Frage: „Warum sollen wir dann beten?“

Ja, es stimmt, das Gebet ist keine Garantie für ein bestimmtes, gesuchtes Resultat, wie es bei allen anderen Formen der Meditation der Fall ist. Manchmal ist der Weg des Gebets sogar entmutigend, weil wir die bereits erwähnte „Trockenheit“ spüren. Doch wir sollten nie aus den Augen verlieren, dass es nicht um irgendwelche Erfolg versprechenden Techniken geht, sondern um die Begegnung mit dem lebendigen Gott. Unser Gebet kann ihn zu nichts zwingen, sondern ist immer ein Raum der Gnade:

> *„Man betet nicht, um sich selbst etwas Gutes zu tun, denn das würde bedeuten, das Gebet zu instrumentalisieren und Gott die Rolle eines Medikaments zuzuschreiben. Das Gebet ist nicht in die Kategorie ‚nützlich‘ einzureihen.“* [109]

Antwort geben statt Angst haben

Die Nachfrage nach Spiritualität in unserer westlichen Gesellschaft stellt uns vor eine echte Herausforderung. Wie sollen wir mit der Fülle von Büchern, Seminaren und Veranstaltungen jeder Art umgehen, die uns Wege der Innerlichkeit und des inneren Gleichgewichts versprechen? Gibt es einen möglichen Dialog zwischen dem christlichen Glauben und der Fülle von Angeboten meditativer Techniken?

Zwei Antworten scheinen sich abzuzeichnen:

1. Die einfachste Antwort wäre die der strikten Ablehnung: Wir halten diese Wege für gefährlich und fürchten, sie könnten uns vom Glauben wegführen. Wir können sehr leicht Argumente finden, um uns von der Leere und Illusion dieser Wege zu überzeugen und sie zu bekräftigen. Warum sollten wir uns auf solchen Pfaden verirren, wo wir doch in Jesus Christus alles haben!
2. Die zweite Antwort ist wesentlich anspruchsvoller. Sie lädt uns dazu ein, die Motivationen zu bedenken, die so viele unserer Zeitgenossen auf diese Wege führt. Für die meisten geht es darum, in einer zunehmend entmenschlichten Gesellschaft Frieden und Gleichgewicht zu finden. Die Menschen haben einen tiefen geistlichen Durst und sehnen sich danach, dass ihr Durst gestillt wird, wie es die samaritische Frau am Brunnen Jesus gegenüber ausdrückt: *„Dann gib mir von diesem Wasser, Herr, damit ich nie mehr durstig bin [...]“* (Johannes 4,15). Wir könnten hier ein Terrain des Dialogs finden und durch unser Zeugnis unsere Gesprächspartner entdecken lassen, dass allein die frohe Botschaft von Jesus Christus diesen existenziellen Durst des Menschen löschen kann. Statt uns hinter einer Haltung des Misstrauens und der Angst zu verbarrikadieren, sollten wir

auf diejenigen zugehen, die sich nach Innerlichkeit sehnen. Oft ist die Hinwendung zum Spirituellen der erste Schritt der Wegwendung vom Materialismus und von der in der Gesellschaft vorherrschenden Oberflächlichkeit. Tägliche Meditation – auch wenn sie in erster Linie darauf abzielt, innere Spannungen zu lösen – kann der Ausdruck eines tieferen Durstes nach innerer Einheit sein, eine grundsätzliche Suche nach Harmonie. Der französische Psychiater Christophe André schreibt aus seiner persönlichen Erfahrung:

„Seit 15 Jahren ist die Meditation eine große Hilfe für mich. Ich meditiere jeden Morgen mindestens 10 bis 15 Minuten und auch mehrmals während des Tages. Die Meditation ermöglicht mir eine größere Lebensqualität und Achtsamkeit und hilft mir, mich auf das Wesentliche zu konzentrieren, indem ich weniger Zeit im Internet oder vor dem Fernseher verbringe." [110]

Haben wir nicht erfahren, dass unser wahres inneres Gleichgewicht nur in Gott allein zu finden ist? Und sollten wir nicht anderen nahebringen, dass Jesus Christus den Durst der Seele stillt? Wir sollten die spirituelle Suche unserer Mitmenschen nicht gering achten, sondern darauf eingehen und uns bewusst machen, dass oft sehr tiefe Erwartungen damit verbunden sind.

Was sucht ihr?

Als die Jünger von Johannes dem Täufer nach dessen Bekenntnis (s. Johannes 1,38) Jesus nachfolgen, dreht dieser sich um und stellt ihnen die einfache Frage: *„Was sucht ihr?"* Diese Frage lädt zum Dialog ein und ist für jedes mögliche Bedürfnis offen.

Auch wir können diese Frage stellen, wenn wir mit jemandem zu tun haben, der auf der Suche ist. Je nach Antwort können wir dann wie Jesus sagen: *„Kommt, und ihr werdet sehen"* (Johannes 1,39; ELB). Das ist eine Einladung, die sich nicht aufzwingt, sondern die Freiheit des Gegenübers respektiert; sie spiegelt wider, dass wir dem anderen zugehört haben und seine Erwartungen und seinen Schmerz ernst nehmen. Dann können wir mit Feingefühl und Takt darauf hinweisen, was eine Begegnung mit Jesus Christus für sein Leben bedeuten kann.

Wir werden oft mit Menschen zu tun haben, die nicht genau wissen, wonach sie suchen, abgesehen von einer gewissen Ruhe und Ausgeglichenheit. Sie haben erkannt, dass unser modernes westliches Leben die wesentlichen Fragen unserer Existenz erstickt, und suchen nach neuen Werten. Sie haben Durst, können aber ihren Durst nicht unbedingt präzisieren.

Unsere Welt hat Durst! Die Niedergeschlagenheit und das Unwohlsein, das so viele unserer Zeitgenossen spüren, zeugen davon. Doch wie könnte man diesen Durst beschreiben? Trägt er den Namen Gottes in sich? Geht es nicht bei vielen einfach um die Hoffnung, inneren Frieden mitten im Stress unseres modernen Lebens zu finden? Der moderne Mensch sucht nach einer meditativen Technik oder Methode, die ihm diesen inneren Frieden garantiert. Die Suche nach Transzendenz spielt dabei oft keine oder nur eine untergeordnete Rolle. Der zunehmende Erfolg der *Achtsamkeitsmeditation (mindfulness meditation)*, die sowohl in nicht konfessionellen als auch in christlichen Kreisen angeboten wird, zeigt dies deutlich. Die Achtsamkeitsmeditation ist gewissermaßen eine westlichen „Neuauflage" des Buddhismus und ermöglicht es dem Meditierenden, seinen eigenen Gedanken, Taten und Motivationen eine bewusste, geschärfte Aufmerksamkeit und achtsame Präsenz zuzuwenden. Mithilfe von Ratschlägen und Übungen kann der Meditierende sich stärker des aktuellen Augenblicks bewusst sein. Dadurch soll dazu beigetragen werden, Stress, Spannungen, Schmerzen, Angst und schließlich Krankheit zu überwinden. Das angestrebte Ziel ist das Glück des Meditierenden ohne Bezugnahme zur Transzendenz. Zwar wird durchaus manchmal eine Bezugnahme zu Gott erwähnt, doch sie hat nichts mit der biblischen Offenbarung Gottes gemein.

Viele Ratschläge, die im Rahmen dieser Meditationstechniken übermittelt werden, sind relativ einfach und vernünftig, doch der Glaube an Gott spielt keine Rolle. Die alleinige, von Gott abgekoppelte Suche nach Harmonie mit uns selbst durch meditative Techniken ist letztlich eine neue Form des Hedonismus, und wenn in weiterentwickelten Praktiken ein Weg der Fusion mit der Natur angeboten wird, dann haben wir es mit einer Form des Pantheismus zu tun. Nicht Gott wird gesucht, sondern eine allmähliche Verschmelzung mit dem „großen Ganzen". Das biblische Denken ist davon weit entfernt: Die Bibel spricht nie von einer wie auch immer gearteten Fusion, sondern von Einheit und Gemeinschaft, in der die individuelle Realität gewahrt bleibt. Es ist wichtig, dass wir hier auf der Hut sind und klar unterscheiden, wie Pablo Martinez bereits vor zwanzig Jahren erinnerte:

> *„Worin liegt die Gefahr? Sie liegt in der scheinbar ungefährlichen Präsentierung dieser Formen der Meditation und der Psychotherapie. Es handelt sich um technische, ‚aseptische' Mittel, die Ängste und Spannungen des Alltags zu bewältigen. Sie werden uns wie neutrale, wissenschaftliche Instrumente vorgestellt. Doch dahinter befindet sich immer eine Philosophie, eine Religion."* [111]

Die *Achtsamkeitsmeditation* wird immer häufiger auch in christlichen Kreisen praktiziert, und wir müssen uns die Frage stellen, zu welchem Zweck das geschieht. Soll die christliche Meditation der Persönlichkeitsentwicklung des Einzelnen dienen, oder geht es darum, unseren Glauben an Jesus Christus zu vertiefen? Geht es darum, mir selbst etwas Gutes zu tun, oder verfolge ich mit der Meditation das Ziel, einen Raum des Friedens zu öffnen, in dem das Wort Gottes in mir wirken kann? Auf diese Frage versucht der katholische Priester Patrice Gourrier in seinem Buch *„Deviens ce que tu es“* [112] („Werde, wer du bist“) zu antworten. Der Autor leitet selbst *Mindfulness*-Workshops, die Achtsamkeit und christliche Verwurzelung miteinander verbinden.

Gott im Stress und in der Geschäftigkeit unseres Lebens zu begegnen ist kein leichter Weg. Wenn wir innehalten und lernen, unsere täglichen Beanspruchungen zu kontrollieren und zu relativieren, kann das nur hilfreich sein und dazu beitragen, unseren Blick und unsere Gedanken auf den Herrn zu lenken. Doch es kann auch passieren, dass wir durch korrekt angewandte meditative Techniken zu einer inneren Ruhe und „Heilung“ gelangen, von der wir glauben, sie komme von Gott, obwohl sie in Wirklichkeit das Ergebnis einer psychologischen Arbeit an uns selbst ist. Es kann sogar vorkommen, dass wir an einer Sitzung „Meditation und Gebet“ teilnehmen und die Begegnung mit dem Herrn verpassen, weil wir gar nicht ihn, sondern allein unser inneres Wohlbefinden gesucht haben.

Wenn wir vor Gott in die Stille gehen, dann geht es darum, ihm einen Raum zu öffnen, in dem er sich uns offenbaren kann – durch ein Wort des Trostes, der Ermutigung, des Zuspruchs – oder durch ein Wort, das uns unsere Schwächen, unsere Sünden mit Blick auf

> Die authentische Begegnung mit dem Herrn ist immer darauf ausgerichtet, uns zu verwandeln.

unsere Heiligung zeigt. Die authentische Begegnung mit dem Herrn ist immer darauf ausgerichtet, uns zu verwandeln und uns letztendlich *„vollkommen zu machen in Christus"* (s. Kolosser 1,28).

Meditation und Schuldgefühle

Wenn wir über die verschiedenen nicht konfessionellen meditativen Techniken nachdenken, stellt sich auch noch eine andere Frage. Egal, ob die Meditation allein oder in einer Gruppe durchgeführt wird, der Meditierende ist letztlich immer mit sich selbst allein. Seine Meditation führt in diesem langen Prozess der Reifung immer zu ihm selbst, und es liegt an ihm, durch die richtige Anwendung der Meditationstechnik eine Regulierung seiner inneren Spannungen zu erreichen. Doch was geschieht, wenn er dabei mit seinen inneren Widersprüchen oder gar mit tiefer liegenden seelischen Verletzungen konfrontiert wird? Auf welche Antworten darf er hoffen, wenn er tiefe Schuldgefühle in sich entdeckt?

Wenn man Bücher und Internetseiten zum Thema Meditation durchforstet, stellt man fest, dass es keine echten Antworten auf diese Frage gibt. Der Meditierende wird dazu ermuntert, seine Fehler und Irrtümer zu relativieren und sich zu bemühen, sie zu vergessen. Er soll seine inneren Spannungen mit entsprechenden Techniken abbauen. Keine wirklich befriedigende Antwort – durch die Relativierung seiner Fehler wird man keinen inneren Frieden finden, es sei denn in Form einer Art Amnesie, sofern das möglich ist.

Wer kann ein Wort der Vergebung schenken? Wer kann sagen: *„Deine Sünden sind vergeben, deine Fehler ausgelöscht"*? Wer kann vergeben, es sei denn Gott allein? Hier gelangen die meditativen Techniken an ihre Grenzen. Sie können einen gewissen inneren Frieden hervorbringen, doch sie können niemals auf das tiefe Bedürfnis der Versöhnung mit Gott antworten!

All dies sollte von uns berücksichtigt werden, wenn wir mit suchenden Menschen im Dialog stehen – wir können ihnen die Grenzen der meditativen Techniken, die von Gott abgekoppelt sind, aufzeigen. Es geht nicht darum, diese Techniken und ihre Anwendung zu verdammen, sondern die existenzielle Leere ins Licht zu stellen, die davon nicht gefüllt wird. Mit Takt, Liebe und Sensibilität können wir dann unser Gegenüber dazu einladen, den Weg des Lebens und der Gemeinschaft zu entdecken, den Gott uns anbietet.

Um einen solchen Dialog sinnvoll und wirkungsvoll zu führen, müssen wir in der Lage sein, das zu teilen, was wir in unserer persönlichen Begegnung und Gemeinschaft mit Jesus Christus erfahren haben. Unsere Worte werden nur dann bedeutsam und authentisch sein, wenn wir wirklich Gemeinschaft mit dem Herrn haben und ihm regelmäßig in der Stille, in der Mediation seines Wortes und im Gebet begegnen. Dann können wir von unserer persönlichen Erfahrung Zeugnis geben, den Reichtum eines Lebens mit Gott herausstellen. Und wir können vor allem klarmachen, dass wir uns an jemanden wenden, der so viel größer ist als wir, und dass wir uns Dingen öffnen, die unseren menschlichen Verstand übersteigen. Was der Herr uns in den Momenten der Stille mit ihm schenkt, ist letztlich nur ein kleiner, aber wertvoller Vorgeschmack dessen, was er in seiner ewigen Herrlichkeit für uns bereithält.

Epilog

Das Gebet ist keine Nebensächlichkeit in unserem Glaubensleben. Ich habe versucht, diese Wahrheit mit Überzeugung und Nachdruck auf den Seiten dieses Buches darzulegen. Am Ende habe ich den Eindruck, zu viel und zugleich nicht genug über dieses wichtige Thema gesagt zu haben. So viele Worte, um etwas zu beschreiben, das eigentlich so selbstverständlich wie das Atmen sein sollte! (Man hört oft, das Gebet sei wie das Atmen der Seele …) Ich hoffe, dass dieses Buch in Ihnen das Verlangen (wieder) geweckt hat, die Gemeinschaft mit dem Herrn zu vertiefen und Ihre Beziehung zu ihm gründlich erneuern zu lassen.

„Jesus Christus hat uns in seiner göttlichen Macht alles geschenkt, was wir brauchen, um so zu leben, wie es ihm gefällt“ (2. Petrus 1,3). Mit anderen Worten: Gott hat alle seine Karten in unser Spiel hineingegeben, das Pik-Ass genauso wie den Kreuz-König. Trotzdem spielen wir meistens nur die schwachen Karten – und verlieren dabei. Gott hat uns mit seinem Wort und mit dem Dialog des Gebets alles gegeben, was wir brauchen, um geistlich zu wachsen, ihn immer besser kennenzulernen und mit ihm Gemeinschaft zu haben – die Frage ist: Was tun wir damit?

Es braucht Zeit, um Gottes Wort im Zentrum unseres Seins wirken zu lassen, damit die Worte, die wir hören und teilweise seit vielen Jahren kennen, ein inneres Feuer in uns entfachen und uns verändern. Es kann hilfreich sein, Worte der Bibel langsam zu wiederholen, damit sie von unserem Verstand in unser Herz dringen. Aber wir brauchen auch Zeit, um uns von Gott zähmen zu lassen und den Weg der tiefen Gemeinschaft mit dem Herrn zu entdecken, der eine Quelle des Friedens, der Ausgeglichenheit, der Ruhe des Herzens, der Liebe und Barmherzigkeit ist. Es ist kein leichter Weg – er erfordert Willenskraft, Durchhaltevermögen und Disziplin. Doch wenn wir uns darauf einlassen, werden wir entdecken, dass uns eine „Wolke von Zeugen" (s. Hebräer 12,1) vorangegangen ist, die auf diesem Weg tiefen Sinn und Erfüllung für ihr Leben gefunden hat, wie die zahlreichen Zitate in diesem Buch belegen. Wir sind nicht allein auf diesem Weg! Der Herr selbst ist uns vorangegangen und hält sich an unserer Seite. Er ruft uns zu: *„Wer Durst hat, der soll zu mir kommen und trinken!"* (Johannes 7,37). Er allein kann all unseren Hunger und Durst stillen! Ich hoffe, dass der Leser durch diese Lektüre Durst nach tieferer Gemeinschaft mit dem Herrn bekommen hat – dem Herrn, der uns von Ewigkeit an und bis in alle Ewigkeit liebt.

Jeder Einzelne von uns ist dazu eingeladen, auf diesem Weg *Leben im Überfluss* (s. Johannes 10, 10) zu finden – mitten in den Freuden, aber auch den Schmerzen und Spannungen des Alltags. Dabei ist es wichtig, demütig zu bleiben: Es ist der Weg eines ganzen Lebens, und wir werden das Ende des Wegs erst in der ewigen Herrlichkeit sehen, im „nicht geschaffenen Licht", wie unsere orthodoxen Brüder und Schwestern es ausdrücken.

Ich möchte dieses Buch mit den Worten eines Achtzigjährigen beschließen, der am Ende seines Lebens Bilanz zieht und im Blick auf sein Gebetsleben mit großer Demut sagt:

> *„Endlich! Ich habe den Weg gefunden, dachte ich … Einige Jahre später begriff ich, dass ich noch auf dem Pfad war, der zu*

diesem Weg führt. Die Jahre vergingen, und ich sah, dass ich noch am Anfang des Pfades war. Und heute, mit vom Alter gebeugtem Rücken, danke ich dir, Herr, dass du mich den ersten Schritt des Pfades entdecken lässt!" [113]

Anhang

I.
Gebetszeit strukturieren

Wie können wir ganz praktisch eine Zeit der Andacht, der Stille, der Meditation organisieren? Im Folgenden einige Hinweise, die von „großen Betern" inspiriert sind.

Wenn wir beschlossen haben, uns mehr Zeit für die Meditation der Bibel und das Gebet zu nehmen, haben wir möglicherweise das Gefühl, wie ein Schriftsteller vor einer leeren Seite zu sitzen und nicht zu wissen, wie es weitergeht. Wie können wir diese Zeit strukturieren, um eine echte Begegnung mit dem Herrn zu haben?

Die Jünger baten Jesus, ihnen beizubringen, wie man betet – wir sollten uns also nicht schämen, heute dieselbe Frage zu stellen. Der große Reformator Martin Luther wurde eines Tages von seinem Barbier mit dieser Frage konfrontiert, und Luther antwortete darauf mit einem kleinen Büchlein – *Wie man beten soll: Für Meister Peter den Barbier* – in dem er demütig und ohne Anmaßung seinen persönlichen Weg des Gebets beschrieb.

Wenn wir davon überzeugt sind, dass das Gebet uns zu einer echten Begegnung mit Gott einlädt und dass es sich nicht auf einen Monolog beschränkt, in dem wir Gott unsere Bedürfnisse aufzählen, dann kann es hilfreich sein, einige Hinweise zu beachten, damit diese Zeit mit Gott so fruchtbar wie möglich wird.

Entwurf einer Struktur

Wie können wir den Übergang von einer Aktivität zu einer Zeit der Stille vor Gott gestalten? Manche hören Musik, ein christliches Lied oder ein Instrumentalstück, das wie ein Flüstern erlebt wird und innerlich auf die Begegnung mit Gott einstimmt. Vor allem dürfen wir uns immer wieder daran erinnern, dass Jesus uns in Matthäus 6,6 eine erstaunliche Zusage schenkt: Wenn wir die Tür zu unserer „verborgenen Kammer" öffnen, dann ist er bereits da und wartet auf uns. Einige Minuten der Stille können uns helfen, uns dieser wundervollen Wahrheit der Annahme und Gegenwart des Herrn bewusst zu werden. Es ist gut, sich die Zeit zu nehmen, um diese Augenblicke zu genießen und mehr durch eine Bewegung unserer Seele als mit Worten unsere tiefe Freude darüber auszudrücken, dass wir am Tisch des Königs willkommen sind. Diese Momente besänftigen unser Herz und bereiten uns darauf vor, das Wort zu empfangen, das der Herr an uns richten will. Von dieser geheimnisvollen, unsichtbaren Gegenwart zu schmecken kann unser Herz mit Freude erfüllen, uns beruhigen, wenn wir unruhig oder ängstlich sind, uns zum Sündenbekenntnis führen, wenn wir mit der Last unserer Fehler zu ihm kommen, um dann den unfassbaren Reichtum der Vergebung Gottes zu erfahren. Wir sollten diese Momente nicht gering achten, denn sie können eine wertvolle Vorbereitung auf die Meditation des Wortes Gottes sein.

Bevor wir die Bibel aufschlagen, können wir den Heiligen Geist bitten, uns für sein Wort empfänglich zu machen. Wir können auch ein Dankgebet sprechen für ein Wort, das Gott uns geschenkt hat und das im Laufe einer langen Geschichte zu uns gelangt ist.

Es ist gut, darauf zu achten, dass unser Gebet stets von einem Wort der Heiligen Schrift genährt wird. Das kann der vorgeschlagene Text eines Andachtsbuches sein oder ein Abschnitt einer fortlaufenden Lektüre eines Buches der Bibel. Nicht ratsam ist das „zufällige" Öffnen der Bibel und das Lesen des erstbesten Textes, der sich uns präsentiert oder den wir besonders gern lesen. Es ist wichtig, dass wir vor dem Öffnen der Bibel wissen, **welchen Text wir lesen und meditieren werden.** Vergessen wir nicht, dass es hier nicht um eine exegetische Studie der Schrift geht. Wenn der Text in uns den Wunsch weckt, ihn auf diese Weise zu analysieren, können wir uns das für einen anderen Moment aufheben.

Die Lektüre sollte nicht zu lang sein. Wir könnten beispielsweise einen Psalm lesen und vielleicht ein Dutzend Verse eines anderen biblischen Buches, um Nahrung für unseren Tag zu finden. Natürlich hängt die Länge des meditierten Textes von seiner Dichte ab. Ein erzählender Text des Alten Testaments erfordert nicht dieselbe Aufmerksamkeit wie ein Abschnitt in einem der Briefe des Neuen Testaments. Ausgearbeitete Bibellesepläne schlagen die Lektüre der gesamten Bibel innerhalb eines Jahres vor, was in etwa vier Kapiteln pro Tag entspricht. Diese Form der Lektüre sollte jedoch nicht ihren Platz in der hier behandelten Zeit der Andacht und Meditation finden, sondern zu einem anderen Zeitpunkt geschehen, damit nicht das Lesen des Textes den ganzen Raum einnimmt und für Stille, Meditation und Gebet keine Zeit mehr bleibt.

Martin Luther schlug seinem Barbier vor, ganz besonders die Psalmen zu meditieren, außerdem über jedes der zehn Gebote sorgfältig nachzudenken, des Weiteren ein besonderes Augenmerk auf das Vaterunser zu haben und auch das Glaubensbekenntnis zu meditieren.

Wenn wir genügend Zeit zur Verfügung haben, können wir die Lektüre der Bibel **mit einigen Seiten eines geistlichen Buches ergänzen**. Das kann uns eine frische Sicht auf den gelesenen Text schenken, denn oft sind tiefe persönliche Erfahrungen des Autors damit verbunden. Ich persönlich habe häufig erlebt, dass mir gute Sekundärliteratur den Geschmack an Gottes Wort und an der Meditation zurückgab, wenn ich gerade eine Periode der Dürre durchlief. Es ist immer bereichernd, zu lesen, was andere Gläubige durch persönliche Schwierigkeiten und Freuden hindurch mit Gott erlebt und wie sie seine überwältigende Liebe erfahren haben. Allerdings werde ich keine Empfehlungen für Sekundärliteratur geben, denn jeder von uns hat unterschiedliche Sensibilitäten und Erwartungen - je nach augenblicklicher Lebenssituation. Die bibliografischen Angaben in den Endnoten dieses Buches können aber durchaus als Hinweise gelten.

Wenn wir genug Zeit zur Verfügung haben, sollten wir nicht davor zurückschrecken, **einige Minuten still zu bleiben, ohne uns zu bewegen**. Auch wenn nichts passiert und uns keine besonderen Gedanken kommen, sind wir doch bewusst in der Gegenwart des Herrn, verharren voller Respekt vor ihm und bereiten uns darauf vor, von ihm zu empfangen, was er uns schenken will. Einfach still vor ihm zu verharren ist schon an sich eine Gnade – sich der Stille seiner Gegenwart und seinem leisen Flüstern zu öffnen. Die aktuell trendigen meditativen Techniken öffnen den Meditierenden für einen „leeren" Raum, **während uns die christliche Meditation für die Gegenwart und das Reden Gottes öffnet**.

Unser Gebet nährt sich von Gottes Wort, zugleich können wir Gott unsere Freuden, Sorgen und Schmerzen bringen und für unsere Angehörigen und Freunde und ihre Bedürfnisse beten. Die Liste der Fürbitte kann lang sein! Wir sollten auch auf jeden Fall unserer Dankbarkeit Ausdruck geben – Dankbarkeit für die Liebe des Vaters, der uns so annimmt, wie wir sind.

Inspiration durch das Vaterunser

Manchmal fällt uns das Beten schwer - wir wissen nicht so recht, wofür oder wie wir beten sollen. Dann kann es hilfreich sein, das Vaterunser zu sprechen und uns langsam jeden Satz auf der Zunge zergehen zu lassen.

„Geheiligt werde dein Name, dein Reich komme, dein Wille geschehe" – dieses Gebet hilft uns, den Blick von uns weg und auf Gott zu richten. Der Herr, an den wir uns wenden, ist im Himmel, seine Größe und seine Herrlichkeit sind grenzenlos. Wir dagegen befinden uns auf der Erde und wenden uns in unserer Bedürftigkeit mit unseren Bitten an Gott.

„Unser tägliches Brot" – das sind unsere persönlichen Bedürfnisse und die der Menschen, die uns nahestehen. Wir dürfen sie Gott bringen: unsere Bitten bezüglich unserer Arbeit, Gesundheit, unseres Gefühlslebens, aber auch unsere spirituellen Erwartungen.

„Vergib uns … wie wir vergeben …" – Diese Bitte macht uns bewusst, welche Herausforderung das Leben mit unseren Mitmenschen bedeutet. Sind wir in der Lage, zu vergeben, wie uns vergeben wurde? Es handelt sich um ein folgenschweres Gebet! Es erinnert uns daran, dass wir eine tiefe Erneuerung unserer Sicht auf uns selbst und auf die anderen benötigen. Bin ich ein Friedensstifter, oder hege ich Bitterkeit und Groll?

„Versuchung …“ – wir erinnern uns unserer Schwachheit. Wir benötigen Gottes Hilfe, um uns nicht selbst in heikle Situationen zu begeben, und seinen Schutz, damit wir uns nicht auf Wegen wiederfinden, die uns von ihm entfernen. Wir können auch darüber nachdenken, welchen Raum die Befriedigung unserer Wünsche in unserem täglichen Leben einnimmt …

„Dein ist das Reich und die Macht und die Herrlichkeit in Ewigkeit. Amen.“ Dieser abschließende Lobpreis drückt aus, dass dem Herrn allein alle Ehre gebührt. Er ist ein Ausdruck tiefer, überströmender Hoffnung, die unser Herz beruhigt und unsere Ängste stillt: Eines Tages werden wir seine Herrlichkeit teilen!

Könnte es ein besseres „Schema“ für ein Gebet geben? Es ist alles darin enthalten: Gott, unser Leben, unsere Erwartungen, unsere Hoffnung. Dieses Gebet langsam und bewusst zu sprechen kann unserer Gebetszeit Nahrung geben.

II. Biblische Textvorlagen für geflüsterte Gebete

Es gibt verschiedene Wege, der Aufforderung des Apostels Paulus nachzukommen, ständig im Gebet zu sein. Wir haben über das „Jesusgebet“ oder die „Namensanrufung“ sowie das „Atemgebet“ nachgedacht, und hier sind nun einige Vorschläge für „geflüsterte Gebete“.

Wenn wir nach einem kurzen Gebet suchen, das wir uns zu eigen machen und ruhig wiederholen können, so finden wir in den Psalmen entsprechende Vorgaben, die wir je nach augenblicklicher Lebenssituation sprechen können: *„Ich liebe dich, Herr“ – „Herr, du bist meine Kraft“ – „Herr, du bist groß, du tust Wunder“ – „Herr, ich suche dich, meine Seele dürstet nach dir“* usw. Wir können aber auch die Worte einiger Psalmen auswendig lernen, die wir in Momenten, die nicht unsere gesamte Aufmerksamkeit erfordern, in unserem Herzen „abrufen“ können. Dieses Vorgehen ist wohltuend und schenkt uns inneren Frieden. Wir suchen nicht selbst nach Worten des Gebets, sondern Gottes Wort inspiriert uns direkt. Im Folgenden einige Texte, die sich zum Auswendiglernen eignen. Natürlich ist die Liste nicht erschöpfend. Jeder von uns kann selbst in den Psalmen und anderen Bibelbüchern Verse finden, die dazu beitragen können, unsere persönliche Gemeinschaft mit dem Herrn zu vertiefen.

Ausdrücke unserer Liebe zum Herrn und unserer Dankbarkeit

- *„Ich liebe dich, Herr! Du bist meine Kraft!“* (Psalm 18,2)

- *„Um eines habe ich den Herrn gebeten; das ist alles, was ich will: Solange ich lebe, möchte ich im Haus des Herrn bleiben. Dort will ich erfahren, wie freundlich der Herr ist, und still nachdenken in seinem Tempel.“* (Psalm 27,4)

- *„Ich will den Herrn allezeit preisen; nie will ich aufhören, ihn zu rühmen. Von ganzem Herzen lobe ich ihn; wer entmutigt ist, soll es hören und sich freuen!“* (Psalm 34,2–3)

- *„Herr, du allmächtiger Gott, wie sehr liebe ich den Ort, wo du wohnst! Ich kann es kaum noch erwarten, ja, ich sehne mich danach, in die Vorhöfe deines Tempels zu kommen! Mit Leib und Seele juble ich dir zu, du lebendiger Gott!“*
(Psalm 84,2–3)

- *„Denn du bist groß und vollbringst Wunder, nur du bist Gott, du allein!“* (Psalm 86,10)

- *„Ich will den Herrn loben von ganzem Herzen, alles in mir soll seinen heiligen Namen preisen! Ich will den Herrn loben und nie vergessen, wie viel Gutes er mir getan hat.“*
(Psalm 103,1–2)

- *„Halleluja – lobt den Herrn! Dankt dem Herrn, denn er ist gut, und seine Gnade hört niemals auf! Wer könnte seine mächtigen Taten alle aufzählen? Wer könnte ihn jemals genug loben?“*
(Psalm 106,1–2)

- *„Herr, von ganzem Herzen will ich dir danken! Dir und keinem anderen Gott will ich singen. Vor deinem heiligen Tempel werfe ich mich nieder, ich preise dich für deine Gnade und Treue. Ja, du hast bewiesen, wie zuverlässig dein Wort ist und wie überragend dein ruhmreicher Name.“* (Psalm 138,1–2)

- *„Dich will ich ehren, mein Gott und König, deinen Namen will ich preisen für alle Zeit! Jeden Tag will ich Gutes von dir reden und deinen Namen für immer loben! Groß ist der Herr! Jeder soll ihn rühmen! Seine Größe kann niemand erfassen.“*
(Psalm 145,1–3)

In Zeiten der Dürre

- *„Wie ein Hirsch nach frischem Wasser lechzt, so sehne ich mich nach dir, o Gott!“* (Psalm 42,2)

- *„Gott! Du bist mein Gott! Ich sehne mich nach dir, dich brauche ich! Wie eine dürre Steppe nach Regen lechzt, so dürste ich, o Gott, nach dir.“*
(Psalm 63,2)

In Zeiten der Unruhe und Angst

- *„Beschütze mich, Gott, denn bei dir suche ich Zuflucht! Ich bekenne: Du bist mein Herr und mein ganzes Glück!"* (Psalm 16,1–2)

- *„Gott ist unsere Zuflucht und Stärke, ein bewährter Helfer in Zeiten der Not."* (Psalm 46,2)

- *„Nur bei Gott komme ich zur Ruhe; geduldig warte ich auf seine Hilfe. Nur er ist ein schützender Fels und eine sichere Burg. Er steht mir bei, und niemand kann mich zu Fall bringen."* (Psalm 62,2–3)

- *„Gott, ich bitte dich: Rette mich, komm mir schnell zu Hilfe! … Ich bin hilflos und ganz auf dich angewiesen; Gott, sorge für mich, denn du bist mein Helfer und Befreier! Komm rasch zu mir! Herr, zögere nicht länger!"* (Psalm 70,2.6)

Vor dem Aufschlagen der Bibel

- *„Gott, du bist gut – dir verdanke ich so viel! Lass mich deine Ordnungen verstehen!"* (Psalm 119,68)

- *„Herr, ich bin nicht hochmütig und schaue nicht auf andere herab. Ich strecke mich nicht nach Dingen aus, die doch viel zu hoch für mich sind. Ich bin zur Ruhe gekommen, mein Herz ist zufrieden und still. Wie ein kleines Kind in den Armen seiner Mutter, so ruhig und geborgen bin ich bei dir!"* (Psalm 131,1–2)

III. Eine *lectio divina* leiten

Die lectio divina *wird meistens individuell gelebt, kann aber auch in einer Gruppe durchgeführt werden. Ich hatte das Vorrecht, in den letzten Jahren rund fünfzig lectio-divina-Sitzungen zu leiten und berichte hier von meinen Erfahrungen.*

In den Achtzigerjahren baten einige junge Leute den damaligen Erzbischof von Mailand, Monsignore Martini, sie in die Meditation der Heiligen Schrift einzuführen. Daraufhin organisierte der Erzbischof *lectio-divina*-Abende, die im Laufe der Monate mehrere Tausende junge Leute anzogen. Diese „*Ecole de la Parole*" („Schule des Wortes") genannte Bewegung hat in mehreren Regionen Fuß gefasst, darunter in der französischsprachigen Schweiz.

Es gibt also eine Nachfrage nach einer gemeinschaftlichen Erfahrung des Wortes Gottes, die sich vom traditionellen „Studium der Schrift" unterscheidet, indem mehrere Teilnehmer einer Gruppe denselben Bibeltext lesen und jeder freimütig seine Gedanken dazu äußern kann.

Bei einer *lectio divina* spielt die **Stille** eine herausragende Rolle. Sie ist das besondere Element dieser Augenblicke. In einer traditionellen Bibellesegruppe werden die Teilnehmer nach ein- oder zweimaligem Lesen des Textes eingeladen, sich zu Wort zu melden. Bei einer *lectio-divina*-Sitzung wird eine längere, festgelegte Zeit der Stille praktiziert, während der sich jeder Einzelne allein mit dem Text befindet. Die Zeit der Stille ist wesentlich, um eine oberflächliche Lektüre des Textes zu vermeiden, und sollte idealerweise etwa 30 Minuten andauern. Jeder Teilnehmer hat eine Fotokopie des vorgeschlagenen Textes in der Hand und kann ihn immer wieder neu lesen und meditieren, um möglichst viele Schätze darin zu finden. Dadurch wird vermieden, dass man – sofern es sich um einen bekannten Text handelt – in die Versuchung gerät, zu einem anderen Text überzugehen, was oft geschieht, wenn man allein ist, nach dem Motto: *„Ich kenne diesen Text in- und auswendig, warum sollte ich ihn erneut lesen und darüber nachdenken?"*

Doch hier ist keine „Flucht" möglich, und man kehrt „gezwungenermaßen" zum vorgeschlagenen Text zurück und beginnt – ihn mit anderen Augen zu sehen – er beginnt sich langsam mit all seinem Reichtum zu erschließen. Die Tatsache, dass man gewissermaßen in diese Zeit der Stille „eingeschlossen" ist, entfaltet so ihren Sinn. Die Teilnehmer erkennen in der Regel einstimmig an, dass die „erzwungene" Stille die Vertiefung des Textes und die Entdeckung ungeahnter Schätze begünstigt.

Nach dem Moment der Stille beginnt der Teil des Austausches, bei dem der Reichtum des gelesenen Wortes erfahrbar wird, sofern dem Geist Gottes Raum gegeben wird. Es geht nicht darum, eine Exegese des Textes durchzuführen, sondern das Ohr des Herzens für das zu öffnen, was der Herr jedem Einzelnen durch das Wort sagen will.

Ich habe es mir zur Gewohnheit gemacht, allen Teilnehmern eine Fotokopie mit allen Elementen der Sitzung zu geben: Gebete, Parallellektüren, meditative Lektüren … Dadurch kann jeder Teilnehmer immer wieder während des

Abends zu einem gehörten Wort zurückkehren und es mit anderen Elementen und Momenten der *lectio divina* in Verbindung bringen.

Es folgt eine Präsentation des Schemas einer *lectio divina*-Sitzung

1. Eintritt in die Meditation (20 bis 25 Minuten)
Die Erfahrung zeigt, dass wir nur schwer die Unruhe unseres Lebens hinter uns lassen und innere Stille finden, um uns auf Gottes Wort einzulassen. Daher werden als Einleitung, quasi als „Appetitanreger", einige kurze Texte vorgeschlagen, die aus geistlichen Schriften entlehnt sind und unseren Wunsch zum Ausdruck bringen, vor dem Herrn still zu werden, sodass er sich unseren Herzen offenbaren kann. Diese kurzen Texte – Auszüge aus dem AT oder NT sowie niedergeschriebene Gebete – sollen also auf die Konzentration auf den Bibeltext vorbereiten, der im Mittelpunkt der Begegnung steht. Einige Takte Musik können das Ganze vervollständigen. Dabei hat es sich als sinnvoll erwiesen, während der gesamten Sitzung an *einem* gewählten Musikstück festzuhalten, vorzugsweise aus dem Bereich der meditativen Musik, wobei nicht mehr als 3 oder 4 Minuten nötig sind.

2. Lektüre des Bibeltextes und Meditation (30 Minuten)
Bevor einer der Teilnehmer gebeten wird, den zu meditierenden Bibeltext laut vorzulesen, wird ein kurzer Moment der Stille vorgeschlagen und ein Gebet gesprochen, um den Heiligen Geist zu bitten, uns für das Wort Gottes empfänglich zu machen.

Auf die Lektüre des Bibeltextes folgt eine Stille von 30 Minuten. Jeder Teilnehmer hält die Fotokopie des Textes in Händen. Er kann auch seine Bibel benutzen, allerdings ist das nicht ratsam. Ziel ist es, allein bei dem gelesenen Text zu verweilen. Jeder kann auf der Fotokopie Unterstreichungen oder Anmerkungen vornehmen und vorbereiten, was er in der späteren Phase des Austausches sagen will. Man könnte auch ein kleines Gebet formulieren als Antwort auf das, was man während der Meditation des Textes entdeckt hat.

Die Beibehaltung der zeitlichen Planung ist ganz entscheidend. Manche würden gern nach 15 Minuten aufhören, andere die Zeit verlängern ... die festgelegte halbe Stunde hat den Vorteil, einen Rahmen vorzugeben, an den sich alle Teilnehmer halten.

Während der Meditation kommen viele Teilnehmer auf die anderen Elemente der Fotokopie zurück, die in der ersten Phase der Sitzung vorgeschlagen wurden, und entdecken, dass sie den meditierten Text noch einmal anders beleuchten.

3. Austausch (30 Minuten, variabel je nach Anzahl der Teilnehmer)

Jeder Teilnehmer hat die Freiheit, sich zu äußern oder auch nicht. Es geht nicht darum, den Text zusammenzufassen, sondern hervorzuheben, was uns besonders berührt hat, und dies mit wenigen Sätzen mit den anderen zu teilen. Je größer die Gruppe, desto kürzer sollten die einzelnen Beiträge sein.

Es gilt besonders darauf zu achten, dass niemand in eine „Predigt“ über den meditierten Text hineingleitet, denn das ist nicht der geeignete Moment und vor allem nicht Sinn der *lectio divina*. Jeder hat die Freiheit, zu sagen, was der Text in ihm ausgelöst hat, ob positiver oder negativer Art. Es geht keinesfalls darum, verschiedene Standpunkte miteinander zu konfrontieren oder mit den anderen Teilnehmern zu diskutieren.

Es geht einfach darum, zu hören, was der andere vom Herrn empfangen, was er ihm in der Stille zugeflüstert hat.[20]

4. Gebet (Bezug zum meditierten Text)

In dieser letzten Phase der *lectio-divina*-Sitzung wird jeder Teilnehmer dazu eingeladen, auf der Grundlage des meditierten Textes zu beten. So kann ausgedrückt werden, was man empfangen oder entdeckt hat, und in Form eines Dankgebets oder einer spezifischen Bitte das Entdeckte vertiefen. Auf diese Weise kann sich das Wort Gottes in unserem Leben verwurzeln und Frucht tragen. Man kann auch die Teilnehmer dazu auffordern, während der Phase der Meditation ein kurzes Gebet aufzuschreiben, das in dieser vierten Phase der Begegnung vorgelesen werden kann.

5. Abschluss der Sitzung und Entsendung

Der Abend endet mit einem Segenswort und dem gemeinsamen Rezitieren des Vaterunsers.

20 Ich erinnere mich an einen *lectio-divina*-Abend, an dem eine Teilnehmerin sehr heftig ihre Abneigung gegen den Text aus einem der Briefe des Paulus, der zur Meditation vorgeschlagen wurde, zum Ausdruck brachte. Ich habe sie ausreden lassen, ohne irgendeinen Kommentar zu ihren Worten abzugeben, obwohl sie relativ aggressiv waren. Am Ende der Zeit des Austausches bat sie erneut ums Wort und entschuldigte sich vor allen Teilnehmern. Sie räumte ein, den Text mit ihren Vorurteilen gelesen zu haben und an den Schätzen des Textes völlig vorbeigegangen zu sein. Ihre Sicht hatte sich allmählich verändert, während sie den anderen Teilnehmern zuhörte …

IV.
Kleine morgendliche Liturgie

Im Folgenden werden einige Elemente vorgeschlagen, die uns helfen können, eine persönliche Liturgie aufzubauen. Jeder kann die Elemente auswählen, die seinen Erwartungen entsprechen.

Herr, höre mein Gebet.
Mein Gott, mein König, höre auf mein Rufen,
ich wende mich an dich
vom frühen Morgen an, Herr, höre mich!
Vom Morgen an bereite ich mich auf deine Gemeinschaft vor,
und dann warte ich auf dich. (nach Psalm 5,1–4)

***

Ehre sei dem Vater, dem Sohn und dem Heiligen Geist.
Ehre sei Gott, der da ist, der war und der kommt,
für alle Zeiten.

Gott für sein Wort danken

Herr, danke für dein Wort.
Wie sollte ich ohne dein Wort Licht für meinen Weg finden?
Danke für alle, die du inspiriert hast,
die dein Wort aufgeschrieben haben, in dem Bewusstsein, Unaussprechliches weiterzugeben.
Danke für alle, die dein Wort treu abgeschrieben und übersetzt haben, sodass es in unsere Hände gelangt ist.
Ich empfange dein Wort wie ein Geschenk von unschätzbarem Wert.
Zu wem sollte ich gehen? Du hast Worte ewigen Lebens.

Vor der Meditation der Bibel

Herr, öffne meinen Geist für dein Wort
und schenke mir ein brennendes Herz, während du zu mir sprichst.
Wie der Regen die Erde tränkt und Frucht hervorkommen lässt, schenke, Herr, dass dein Wort
in meinem Leben seinen Auftrag – deinen Willen – erfüllt.
Möge dein Wort mein Leben befruchten
und Frucht hervorbringen.
Ja, lass dein Wort die Wahrheit meines Lebens sein,
das Licht, das meine Schritte lenkt,
zur Ehre deines Namens.

Gütiger Vater, dein Wort erklingt heute
und wir danken dir, dass du nicht müde wirst, es verkünden zu lassen.
Dein Wort erklingt manchmal mit Kraft,
um unser Leben zu erschüttern,
manchmal mit unendlicher Sanftheit,
um unsere Herzen zu erwärmen,
manchmal in der Ferne,
manchmal ganz nah.
Doch immer trägt es einen Namen: Jesus Christus.
Vor diesem Namen beugt sich jedes Knie.
In ihm wurde dein Wort Fleisch und auch dein Schweigen.
Komm durch deinen Heiligen Geist und mache unsere Herzen empfänglich.
Hilf uns, still zu werden, um deine Stimme wieder zu hören,
um zu staunen, uns zu freuen,
uns vor dir niederzubeugen und dich anzubeten.
O Herr, unser Vater, unser Friede, in der Unendlichkeit deiner Liebe, im Namen unseres Herrn Jesus Christus.

(nach einem Text von Daniel Bourguet)

Um still zu werden

Nimm mich in deine Stille hinein,
weit weg vom Lärm und der Unruhe der Welt.

In eine Stille, in der mein ganzes Sein sich in Wahrheit wiederfindet in seiner Nacktheit, seiner Bedürftigkeit,
denn diese Stille macht es mir möglich, mich selbst zu entdecken.

Bring in mir zum Schweigen, was nicht von dir kommt,
was nicht deiner Gegenwart entspringt.
Bring zum Schweigen:
meine Wünsche,
meine Launen,
meine Fluchttendenzen,
die Gewalt meiner Leidenschaften.

Präge meine Natur mit deiner Stille;
denn meine Natur ist zu ungeduldig
und neigt zu Lärm und Aktion.

Lass deine Stille in mein tiefstes Inneres strömen
und lass diese Stille zu dir hinaufsteigen
als Würdigung deiner Liebe.

Gebet der Hingabe und Entsendung

Herr, in der Stille der Morgendämmerung
bitte ich dich um deinen Frieden, deine Weisheit und deine Kraft.

Ich möchte die Welt heute voller Liebe sehen,
möchte geduldig sein, verständnisvoll und sanftmütig.
Ich möchte deine Kinder so sehen, wie du sie siehst,
ohne mich von der äußeren Erscheinung beeinflussen zu lassen, und nur das Gute in jedem sehen.

Verschließe du meine Ohren vor jeder Form von übler Nachrede, bewahre meine Zunge vor böswilligen Worten,
behüte meine Augen vor entwürdigenden Bildern,
nimm meine Gedanken gefangen
und lass nur segnende Gedanken in meinem Kopf und Herzen bleiben.

Hilf mir, so wohlmeinend und fröhlich zu sein,
dass alle, denen ich heute begegne,
deine Gegenwart in mir spüren.

Bekleide mich mit deiner Schönheit, Herr,
damit den ganzen Tag über alles in mir dich offenbart!

(freie Adaptation eines Gebets von Franz von Assisi)

V. Tiefer in die Gemeinschaft mit Gott hineinwachsen

Zum Abschluss möchte ich dem Leser noch zwölf Empfehlungen mit auf den Weg geben, deren Beherzigung dazu beitragen kann, in eine tiefere Gemeinschaft mit dem Herrn hineinzuwachsen.

Wir alle erleben dann und wann Momente, in denen wir uns nach einem tieferen geistlichen Leben sehnen. Eine Begegnung, eine Predigt oder eine Lektüre öffnen uns plötzlich für eine neue Dimension des Glaubens, in die wir gern vordringen möchten. Wir fassen gute Vorsätze, die jedoch nicht lange vorhalten. Der Stress und Tumult unseres Lebens holen uns ein, und die Zeit rinnt uns durch die Finger.

Als die Jünger Jesus baten, ihnen das Beten beizubringen, hatten sie zuvor bei ihm eine Qualität und Tiefe des Gebets gesehen, die sie beeindruckt und Sehnsucht in ihnen geweckt hat.

„*Beten lernen?*“ Soll das heißen, dass es tatsächlich einen Weg gibt, oder zumindest Hinweise, denen man folgen kann, oder

Etappen, die man bewältigen kann, um die Gemeinschaft mit dem Herrn zu vertiefen? Das Gebet ist nicht das Ergebnis einer Technik, die man anwendet. Aber es ist sinnvoll, bestimmte Vorschläge zu beherzigen, wenn uns daran gelegen ist, ein authentischeres und reicheres Gebetsleben zu führen.

Die folgenden Ratschläge sind keinesfalls als starre Regeln aufzufassen; sie drücken vielmehr eine Realität aus: Wenn wir von der Güte des Herrn geschmeckt haben, wenn wir ein wenig von seiner Liebe entdeckt haben und den Wunsch verspüren, auf dem Weg des Glaubens und der tieferen Gemeinschaft mit dem Herrn Fortschritte zu machen, dann liegt es an uns, Mittel in Anspruch zu nehmen, die dem Vorschub leisten. Die hier genannten Ratschläge sind wie „Türen"; wir sind eingeladen, durch diese Türen hindurchzugehen, um tiefere, liebevollere, intensivere Gemeinschaft mit dem Herrn zu erleben. Einige dieser „Türen" erscheinen uns leichter zu durchschreiten als andere, doch jede einzelne ist es wert, dass wir uns in Ruhe damit beschäftigen.

1. Nur in Gott finden wir wahre Erfüllung

Solange wir nicht erkannt haben, dass unser Leben allein in Gott seine wahre Erfüllung findet, werden wir keinen Wunsch nach einem reichen Gebetsleben verspüren. Dann bleibt das Gebet immer eine Nebensache, die auf Imperative reduziert wird: *„Man* muss *beten!"* oder *„Ein echter Christ betet eben"*.

Augustinus drückte es so treffend aus: *„Geschaffen hast du uns auf dich hin, o Herr, und unruhig ist unser Herz, bis es Ruhe findet in dir."* Wir sind im Bilde Gottes – *auf ihn hin* – geschaffen, und unsere Bestimmung als Mensch kann sich nur in der persönlichen Beziehung zu Gott entfalten.

Wer sich „am Herrn erfreut" oder „seine Lust am Herrn hat" (s. Psalm 37), der hat begriffen, dass Gott uns nicht mit

Gesetzen und Verboten erdrücken will, sondern tiefes, bleibendes Glück und Erfüllung für uns bereithält.

Gott lädt uns ein, zu ihm zurückzukehren, um mit ihm Gemeinschaft zu haben und in der Beziehung zu ihm erfülltes, sinnvolles Leben zu finden.

Gebet: *Herr, bitte öffne die Augen meines Herzens für deine Schönheit und für die Größe deiner Liebe. Hilf mir, zu begreifen, dass Glück und Erfüllung nur bei dir allein zu finden sind. Alles, was die Welt mir bieten kann, ist nur eine blasse Imitation dieses Glücks.*

2. Einen authentischen Durst nach Gott erbitten

Auch wenn wir vom Verstand her davon überzeugt sind, dass wir unser Glück in Gott finden, befinden wir uns noch außerhalb des Weges tiefer Gemeinschaft, den der Herr für uns bereithält. Wenn wir uns nach mehr von seiner Nähe sehnen, müssen wir zunächst aufrichtig und anhaltend beten, Gott möge in unserm Innern einen echten Durst und Hunger nach ihm wecken. Anfangs ist diese Bitte vielleicht schüchtern und zögerlich, weil wir uns bewusst sind, wie unvollkommen unsere Sehnsucht ist – aber es ist ein Gebet des Glaubens, und der Herr wird unserem Verlangen nach ihm Tiefe und Konsistenz verleihen.

Gebet: *Herr, ich möchte näher bei dir sein. Bewirke du selbst in mir einen tiefen Hunger und Durst nach deiner Gegenwart. Nur du allein kannst diesen Wunsch in mir vertiefen. Ich will, Herr – aber bitte hilf meinem Kleinglauben.*

3. Wege finden, um den Durst nach Gott zu vertiefen
Allzu oft bleiben wir im Stadium der guten Absichten stecken. Der Wunsch ist mehr oder weniger in uns präsent, doch er wird so schnell von unseren Aktivitäten, Sorgen und Vergnügungen erstickt. Das Gebet um tieferen Durst darf nicht nur dann und wann gesprochen werden, sondern sollte regelmäßig in uns aufsteigen. Wir brauchen Durchhaltevermögen, auch wenn nicht direkt etwas geschieht, denn dieses Gebet entspricht Gottes Willen, und er wird es zu seiner Zeit beantworten. Jakob hat eine ganze Nacht lang gekämpft, um den Segen Gottes zu erlangen. Das Gebet ist ein Kampf, der von unserer Seite Mut und Ausdauer erfordert.

Gebet: *Herr, bitte schenke, dass mein Hunger und Durst nach dir ein beständiges Anliegen für mich ist. Du kennst meine Vergesslichkeit und weißt, wie leicht ich mich von meinen Zielen entferne. Schenke mir Ausdauer, um das von dir zu erhalten, was du mir geben willst.*

4. Entscheidungen treffen und Prioritäten setzen
Ohne ein Minimum an Zeit und Mühe erreicht man nichts. Es ist sehr wichtig, dass wir mit unseren übervollen Terminkalendern zwischen dem Wesentlichen und dem weniger Wichtigen unterscheiden. Für jeden von uns sieht diese Unterscheidung anders aus, doch worum es geht, ist unsere Weigerung, uns von unseren Aktivitäten und Wünschen überrollen zu lassen. Wir messen unserer Arbeit, unserer Familie und unserer Freizeit eine Menge Bedeutung bei, während der Herr oft zu kurz kommt. Das muss nicht an unserem Willen liegen, sondern hängt damit zusammen, dass wir unsere Prioritäten nicht sorgfältig festgelegt haben. Wir müs-

sen unsere Prioritäten überdenken und uns klare geistliche Ziele setzen.

Gebet: *Herr, schenke mir Klarheit bei der Festlegung meiner Prioritäten. Ich kann nicht alles tun, unternehmen oder wünschen. Gib mir bitte Weisheit, zu verstehen, was ich loslassen soll, was überflüssig oder unnütz ist und zu viel Raum einnimmt. Bitte hilf mir aus Liebe zu dir zu begreifen, dass meine Suche nach deiner Gegenwart meine erste Priorität sein sollte.*

5. Ein Minimum an Disziplin ist unerlässlich

Damit Gott in uns wirken kann, müssen wir ihm Raum geben. Gott zwingt sich uns niemals auf und respektiert unseren Willen. Daher ist es extrem wichtig, dass wir ihm die Tür für sein Wirken öffnen. Die erste Tür ist die unserer Zeit. Wenn wir ihm wöchentlich nur einige Minuten widmen, zum Beispiel im sonntäglichen Gottesdienst, so werden wir nicht für seine Stimme empfänglich sein. Er braucht Zeit, um uns zu zähmen. Der Herr ist ständig bereit, uns zu begegnen, doch wie selten gehen wir darauf ein! Wir müssen also unbedingt Zeiten festlegen, in denen wir vor ihm in die Stille gehen und uns auf ihn konzentrieren. Diese Zeiten sollten lang genug sein, damit sich unser innerer „Lärm" legt und wir wirklich Raum für Gott haben.

In der Regel finden wir immer genug Zeit für das, was uns wichtig ist. Man findet immer genug Zeit für die Person, die man liebt.

Gebet: *Herr, mitten in der Geschäftigkeit meiner Tage brauche ich deine Hilfe, um Zeit für dich zu finden. Du kannst nicht in mir wirken, wenn ich dir nicht den Raum dafür gebe. Das Erste,* *was ich dir geben kann, ist die Zeit, die zu schnell vergeht. Lehre mich, die Zeit zu meinem Verbündeten zu machen auf der Suche nach deiner Gegenwart.*

6. Die Bibel in den Mittelpunkt unserer Gebete stellen
Die Bibel nimmt auf dem Weg zu tieferer Gemeinschaft mit Gott eine zentrale Stellung ein. Durch sie spricht Gott zu uns, durch sie tröstet, unterweist, korrigiert und heilt er uns … Sie ist die Grundlage unseres Gebets. Es liegt an uns, nicht zu schnell und oberflächlich zu lesen, sondern uns Zeit für die Lektüre und Meditation des Wortes Gottes zu nehmen. Nur so kann es in unser Inneres vordringen und *„das versteinerte Herz aus unserer Brust nehmen und uns ein lebendiges Herz geben"* (s. Hesekiel 11,19). Wenn wir morgens Gottes Wort lesen und ihm erlauben, den ganzen Tag über in unserem Herzen zu wirken, dann geben wir ihm Sinn und Tiefe für unser Leben.

Gebet: *Herr, bitte hilf mir, Freude an deinem Wort zu haben und mich davon zu ernähren. Bewahre mich vor einer oberflächlichen, zerstreuten Lektüre. Möge dein Wort mein Leben erleuchten und mein Gebet nähren!*

7. Eine gesunde Lebensweise entwickeln
Wir müssen Gott Zeit geben, in uns zu wirken, aber zugleich müssen wir ihm auch einen offenen, verfügbaren Raum in unserem Herzen und Leben schenken. Unser Geist wird von unzähligen Dingen, Sorgen und Anliegen beansprucht, von einer Fülle von Bildern überflutet und von Wünschen jeder Art angefüllt – und der Heilige Geist muss sich durch diese Anhäufung einen Weg zu unserem Herzen bahnen. Nach

einem Film voller Gewalt oder Unmoral wird uns das Beten zunächst schwerfallen. Manche Worte bleiben besser ungehört, manche Lektüre tut uns nicht gut, bestimmte Bilder können uns negativ beeinflussen oder gefährliche Träume in uns auslösen. Wir müssen also sorgfältig auswählen, was wir uns anschauen und hören und lesen. Paulus schrieb dazu: *„Alles ist mir erlaubt, aber nicht alles ist nützlich"* (1. Korinther 6,12; ELB).

Gebet: *Herr, lehre mich, die Kontrolle über meine Gedanken zu behalten. Du weißt, wie leicht der Geist der Welt in mich hineinströmt und von dir ablenkt. Hilf mir, dich in den Mittelpunkt meiner Gedanken zu stellen, um alles mit deinen Augen zu sehen und mit deinen Ohren zu hören.*

8. Für die Bedürfnisse der Menschen um uns herum und die Nöte der Welt sensibel sein

Die persönliche, tiefe Gemeinschaft mit Gott hat nicht zur Folge, dass wir uns von den anderen abkapseln, sondern wird uns im Gegenteil für die Bedürfnisse unserer Mitmenschen sensibilisieren. Das wahre Gebet öffnet uns für die Barmherzigkeit Gottes und macht uns zu aufmerksamen Zuhörern, die die Nöte ihrer Mitmenschen in Fürbitte verwandeln. Ein egoistischer Rückzug in sich selbst in einer Art „spirituellen Wohlbefindens" entspricht nicht den Gedanken Gottes. Gott hat uns als Erstes geliebt, und er befähigt uns dazu, unsererseits zu lieben. Diese liebevolle Öffnung für den Nächsten wird sich wiederum in unserem Gebetsleben niederschlagen.

Gebet: *Herr, du lädst mich ein, persönliche, tiefe Gemeinschaft mit dir zu haben. Und dann sendest du mich aus, um meine Mit-*

menschen mit deiner Liebe zu beschenken. Sensibilisiere mich für die Erwartungen derer, die mir nahestehen, und derer, denen ich auf meinem Lebensweg begegne, damit deine Liebe durch meine Haltung, meine Worte und Taten für sie erfahrbar wird.

9. Die Bedeutung des Fastens wiederentdecken

Häufig verbinden wir mit dem Begriff *Fasten* die Enthaltsamkeit von Nahrung. Doch es gibt auch andere Formen des Fastens. Wir sind von Bildern, Geräuschen und Worten übersättigt. Die Stille wiederentdecken, äußeren Lärm abstellen und auch die Beruhigung unseres inneren Tumultes – all das kann durch die Enthaltsamkeit von bestimmten Bildern, Geräuschen und Worten erreicht werden.

Diese Form des Fastens trägt dazu bei, dass wir die tiefe Mitte unseres Seins wiederfinden und uns der diskreten, verborgenen und fragilen Präsenz Gottes in uns bewusst werden. Konkret kann das so aussehen, dass wir einen Tag lang das Radio ausgeschaltet lassen, einen Abend lang nicht fernsehen, einen Tag lang unsere Worte auf das Wesentliche reduzieren. Natürlich können wir auch weniger essen, wenn es uns hilft, die innere Stille zu finden, in der Gott uns begegnen kann.

Es kann auch vorkommen, dass Gott uns so führt, dass wir einen oder mehrere Tage an einem Ort verbringen, an dem wir ganz allein mit ihm sind. Die Erfahrung der „Wüste“ macht uns vielleicht ein wenig Angst, doch sie fördert auf ganz besondere Weise die Begegnung mit Gott.

Gebet: *Herr, ich bin zu schwatzhaft und viel zu abgelenkt von allen möglichen Geräuschen und Bildern. Bitte hilf mir, in die Stille zu gehen, um wieder deine Stimme zu hören. Hilf mir, der Versuchung zu widerstehen, Zerstreuung zu suchen, indem ich* *mir ungeprüft irgendetwas Sinnloses anschaue oder anhöre oder an leeren, oberflächlichen Gesprächen teilnehme.*

10. Lernen, im Bewusstsein der Gegenwart Gottes zu leben

Wir glauben, dass Gott durch seinen Geist in jedem Gläubigen wohnt, und doch fällt es uns schwer, uns dieser göttlichen Gegenwart bewusst zu sein. Wir können tatsächlich so leben, als ob Gott nicht in uns wohnte – die Bibel spricht davon, dass man den Heiligen Geist „dämpfen" oder „auslöschen" kann. Wenn wir dagegen im Gebet die Nähe Gottes suchen, so bekräftigen wir unseren Glauben an seine Gegenwart und setzen alles daran, diese Gegenwart zu erfahren.

Beten ist also die bewusste Hinwendung zu Gott, die es uns ermöglicht, jeden Augenblick in der Erinnerung an seine Gegenwart in uns zu verbringen. Diese Hinwendung zum Herrn, die Disziplinierung unserer Gedanken und Gefühle im Gebet, fällt uns nicht immer leicht, ist jedoch extrem lohnenswert!

Gebet: *Herr, bitte hilf mir, jeden Augenblick meines Tages im Bewusstsein deiner Gegenwart zu leben. Hilf mir, zu begreifen, wie sehr diese innere Haltung meine gesamte Existenz mit Sinn erfüllt.*

11. In einer Haltung der Dankbarkeit leben

Wie oft sehen wir nur die negativen Dinge in unserem Leben! Wir sind blind für die zahlreichen Zeichen Gottes. Lässt er nicht seine Sonne „für Böse wie für Gute aufgehen" (s. Matthäus 5,45)? Ist nicht allein dies ein Zeichen seiner Güte und Gnade, die sich ununterbrochen erneuert? Wenn wir in einer Haltung der Dankbarkeit leben, wird das dazu beitragen, Eifersucht und Neid sowie üble Nachrede – lauter Dinge, die uns so leicht überwältigen – zu überwinden, um ein Leben voller Hoffnung und Glauben zu führen.

Gebet: *Herr, öffne meine Augen, damit ich deine Gegenwart in den vielen Situationen meines Lebens und den tausend Kleinigkeiten meines Alltags sehen kann. Du bist ein Vater voller Liebe und Güte, bitte hilf mir, mir dessen stärker bewusst zu sein, auch in den Schwierigkeiten, die ich durchmache. Möge die Gewissheit deiner geheimnisvollen, verborgenen Gegenwart mein Halt und mein Trost sein!*

12. Regelmäßig Bilanz ziehen

In vielen Bereichen des Lebens finden wir es ganz normal, Bilanz zu ziehen, Bewertungen und Überprüfungen vorzunehmen. Sollte das spirituelle Leben davon ausgeschlossen sein? Es ist gut, am Ende des Tages oder der Woche über unsere Erfahrungen mit Gott nachzudenken und die Realität seines Handelns in unserem Leben zu beleuchten. Manchmal werden wir entmutigt sein, weil uns bewusst wird, wie weit wir hinter den Erwartungen Gottes zurückbleiben, doch zugleich entdecken wir, wie Gott unser Scheitern in Sieg verwandelt und dass uns seine Vergebung gewiss ist. Gott zeigt uns voller Gnade sowohl unsere Schwächen als auch die langsamen Fortschritte auf unserem Glaubensweg – beides trägt zu unserem geistlichen Wachstum bei.

Gebet: *Herr, schenke mir den Mut, mich in deinem Licht zu sehen, so wie du mich siehst. Ich will immer wieder aufrichtig Bilanz ziehen, damit ich geistlich wachsen kann und dich immer besser kenne und liebe. Auch wenn ich manchmal mutlos bin, weiß ich, dass deine Gnade und Vergebung stets größer sind.*
Danke, Herr.

Quellenverzeichnis

001 André Louf, *Seigneur, apprends-nous à prier*, Paris, Lumen Vitae, 1993, S. 31 (Freie Übersetzung)

002 Frédéric Lenoir, *La puissance de la joie*, Paris, Fayard, 2015, S. 27 (Freie Übersetzung)

003 Daniel Bourguet, *Sur un chemin de spiritualité*, Lyon, Réveil Publications, 2000, S. 39 (Freie Übersetzung)

004 Henri Blocher, „Pour une théologie biblique de la prière", in *Théologie évangélique*, Bd. 5.2, 2006, S. 97 (Freie Übersetzung)

005 Henri Nouwen, „Nimm sein Bild in dein Herz: Geistliche Deutung eines Gemäldes von Rembrandt", © 2016 Verlag Herder GmbH, Freiburg im Breisgau, S. 23

006 Ebd.

007 Michel Cornuz, *Le ciel est en toi*, Genève, Labor et Fides, 2001, S. 32 (Freie Übersetzung)

008 Henri Nouwen, *De la peur à la grâce*, Québec, Bellarmin, 2002, S. 30 (Freie Übersetzung)

009 P. Jaime Boado Rati, *Revue cuadernos de oracion*, 1990, Nr. 81, zitiert von José Fernandez de Retana Arostegui, *Entrer dans la contemplation*, Paris, Éditions de l'Emmanuel, 1995, S. 191 (Freie Übersetzung)

010 Jean-François Robin, *La poursuite du vent*, Lausanne, PBU, 1991, S. 112 (Freie Übersetzung)

011 https://www.svhg.de/aktuell/unruhig-ist-unser-herz.pdf

012 Iain Matthew, *L'impact de Dieu*, Québec, La Clairière, 2010, S. 38 (Freie Übersetzung)

013 Christiane Rancé, *En pleine lumière*, Paris, Albin Michel, 2016 (Freie Übersetzung)

014 Sœur Myriam, *Seigneur donne-nous la prière*, Lyon, Éditions Olivétan, 2007, S. 105 (Freie Übersetzung)

015 Saint Augustin, *Confessions*, Livre 10, §27, S. 276 (Freie Übersetzung)

016 Siehe Betrachtung über das Abendmahl in: Claude Vilain, *Vivre la cène aujourd'hui*, Genève, Je Sème, 2009, Dossier Vivre n°30, S. 37–62 (Freie Übersetzung)

017 Richard Foster, *La prière, A la découverte de la vraie demeure du cœur*, Deerfield, Vida, 1995, S. 9 (Freie Übersetzung)

018 Jean Lafrance, *Jour et nuit*, Paris, Mediaspaul, 1992, S. 94 (Freie Übersetzung)

019 Francois Varillon, *La souffrance de Dieu*, Paris, Bayard, 1975, S. 828 (Freie Übersetzung)

020 Nicolas Cabasilas, *La vie en Jésus-Christ*, trad. S. Brousssaleux, Chèvetogne, Abbaye de Chèvetogne, 1960, S. 153 (Freie Übersetzung)

021 Saint Jean de la Croix, *La vive flamme de l'amour*, Paris, Seuil, 1995 (Freie Übersetzung)

022 Iain Matthew, *L'impact de Dieu*, S. 49 (Freie Übersetzung)
023 Eugene Peterson, *Les trois angles de la croissance*, Québec, La Clairière, 1998, S. 21 (Freie Übersetzung)
024 Hubert Goudineau, „Théologie et spiritualité" in der Sammlung *La spiritualité et le chrétiens évangéliques*, Band I, Collection Terre Nouvelle, Cléon d'Andran, Excelsis, 1997, S. 124 – 125 (Freie Übersetzung)
025 Daniel Bourguet, *Croire en Dieu est une chose, le connaître en est une autre*, in *Buisson ardent, Cahier Saint-Silouane l'Athonite* n° 5, S. 51 (Freie Übersetzung)
026 Ebd. S. 57 (Freie Übersetzung)
027 Michael Reeves, *Le Dieu inconcevable*, Québec, La Clairière, 2016, S. 74 (Freie Übersetzung)
028 Theophane le Reclus in Higoumène Chariton, *L'art de la prière, Spiritualité orientale n°18*, Bégrolles-en-Mauges, Abbaye de Bellefontaine, 1976, S. 176. *Unser gesamtes geistliches Leben besteht darin, von der ersten Stufe der Gemeinschaft zur dritten Stufe der Gemeinschaft zu gelangen.* (Freie Übersetzung)
029 John Piper, *Prendre plaisir en Dieu*, Québec, La Clairière, 1995, S. 139 (Freie Übersetzung)
030 Frei zitiert nach Daniel Bourguet, *La méditation de la Bible*, Lyon, Réveil Publications, 2000, S. 25 (Freie Übersetzung)
031 Theophan der Klausner, zitiert von Kallistos Ware in der Einleitung zu *L'Art de la prière*, S. 17 (Freie Übersetzung)
032 Ebd.
033 Dimitri de Rostov, „Le lieu intérieur du cœur" in *L'art de la prière*, S. 44 (Freie Übersetzung)
034 *La prière du cœur*, 1983, Website des Ordre des Chartreux : www.chartreux.org/fr/textes/priere-du-coeur.php. (Freie Übersetzung)
035 Dietrich Bonhoeffer, „Nachfolge", © 2021, Brunnen Verlag GmbH, Gießen. www.brunnen-verlag.de
036 Kallistos Ware, ebd., S. 14 (Freie Übersetzung)
037 Francois Cassingena-Trevedy, *Pour toi quand tu pries*, Vie monastique n° 37, Abbaye de Bellefontaine, 2000, S. 13 (Freie Übersetzung)
038 Daniel Bourguet, *Prions les Psaumes*, Lyon, Réveil Publications, 2000, S.7 (Freie Übersetzung)
039 Daniel Bourguet, *Prions les Psaumes*, S. 11 (Freie Übersetzung)
040 *La prière du cœur*, 1983, Website des Ordre des Chartreux: www.chartreux.org/fr/textes/priere-du-coeur.php (Freie Übersetzung)
041 Ebd.
042 Henri Blocher, „Pour une théologie biblique de la prière", in *Théologie évangélique*, Bd. 5.2, 2006, S. 88 (Freie Übersetzung)
043 Dietrich Bonhoeffer, „Nachfolge", © 2021, Brunnen Verlag GmbH, Gießen. www.brunnen-verlag.de
044 A. Juillard, *„Jésus! Jésus !"*, in *Chants de Victoire*, n°5, Neuchâtel, Delachaux & Niestlé, 1936 (freie Übersetzung)
045 Louis Schweitzer, *Les chemins de la vie spirituelle. Esquisse d'une spiritualité protestante*, Paris, Cerf, Cléon d'Andra, Excelsis, 2003, S. 120 (Freie Übersetzung)
046 Jean Cassien, *Conférences X*, Paris, Cerf, Sources chrétiennes, 1958, S. 90, zitiert von Jean-Marie Gueullette, *Petit traité de la prière silencieuse*, Paris, Albin Michel, 2015, S. 157 (Freie Übersetzung)

047 *Petite philocalie de la prière du cœur*, französische Übersetzung Jean Gouillard, Paris, Seuil, 1979, S. 252 (Freie Übersetzung)
048 Erfahrungen eines russischen Pilgers
049 Zitiert von Kallistos Ware in *Le Royaume intérieur*, Paris, Cerf, 1996, S. 49 (Freie Übersetzung)
050 Daniel Bourguet, *La repentance, une bonne nouvelle*, Lyon, Réveil Publications, 2002, S.9 (Freie Übersetzung)
051 Ebd., S. 57 (Freie Übersetzung)
052 Michel Cornuz, *Le ciel est en toi*, S. 55 (Freie Übersetzung)
053 Kallistos Ware, *Le Royaume intérieur*, S. 50 (Freie Übersetzung)
054 John Stott, *Les épitres de Jean*, Vaux-sur-Seine, Édifac, 1998, S. 134 (Freie Übersetzung)
055 Daniel Marguerat, *J'habiterai chez toi*, Le Mont-sur-Lausanne, Ouverture, 1985, S. 102 (Freie Übersetzung)
056 Jean Lafrance, *Jour et nuit*, Paris, Mediaspaul, 1992, S. 86 (Freie Übersetzung)
057 Anselm Grün: Exercices spirituels pour tous les jours, Paris Desclée de Brouwer, 2002, S. 77 (Freie Übersetzung)
058 Jean-Marie Gueullette, *Petit traité de la prière silencieuse*, S. 89 (Freie Übersetzung)
059 Olivier Clément, *La prière du cœur*, Spiritualité orientale n° 6, Abbaye de Bellefontaine, 1977, S. 46–47 (Freie Übersetzung)
060 Theophane le Reclus, in Higoumène Chariton, *L'art de la prière*, Spiritualité orientale n°18, Bégrolles-en-Mauges, Abbaye de Bellefontaine, 1976, S. 100 (Freie Übersetzung)
061 Theophan der Klausner, siehe : https://www.borisogleb.de/feofan2.htm
Kapitel 7
062 Richard Foster, La prière, A la découverte de la vraie demeure du cœur, Deerfield, Vida, 1995, S. 166 (Freie Übersetzung)
063 Ebd., S. 166–167 (Freie Übersetzung)
064 Elisabeth Behr-Sigel, *Le lieu du cœur*, Paris, Cerf, 1989, S. 78 (Freie Übersetzung)
065 Enzo Bianchi, *Prier la Parole*, Vie monastique n°15, Abbaye de Bellefontaine, 1983, S. 67 (Freie Übersetzung)
066 Siehe: Daniel Bourguet, *La méditation de la Bible*, Lyon, Réveil Publications, 2000, S. 50
067 Siehe: Daniel Bourguet, *Le soir, le matin et à midi, je loue et je médite*, Lyon, Réveil Publications, 2000, S. 8
068 Ronald Maton, *Seigneur, apprend-nous à prier*, Tournai, CDD Tournai, S. 24 (Freie Übersetzung)
069 Vincent Jordy, *L'art de la prière*, Paris, Cerf, 2002, S. 57 (Freie Übersetzung)
070 Richard Foster, *La prière*, S. 168 (Freie Übersetzung)
071 Frère Laurent de la Résurrection, *L'expérience de la présence de Dieu*, Paris, Sueil, Livre de Vie n°453, 1998, S. 82–83. Siehe auch: Frère Laurent, *Une vie dans la présence de Dieu*, Le Mont-Pèlerin, Raphael, 2000, S. 137–138 (Freie Übersetzung) Bruder Lorenz von der Auferstehung
072 Marcello de Carvalho Azevedo, *Prière dans la vie, effort et don*, Paris, Centurion, 1990, S. 232 (Freie Übersetzung)
073 Daniel Bourguet, *Lettres aux Veilleurs*, Cahier des Veilleurs n°9, S. 3 (Freie Übersetzung)
074 Elisabeth Behr-Sigel, *Le lieu du cœur*, Paris, Cerf, 1989, S. 118 (Freie Übersetzung)

075 Frère Pierre-Yves Émery, *La méditation de l'Écriture*, Vie monastique n°5, Abbaye de Bellefontaine, 1989, S. 11 (Freie Übersetzung)
076 Jean-Marie Gueullette, *Petit traité de la prière silencieuse*, S. 138 (Freie Übersetzung)
077 G. Bruel (éd.), *George Müller, sa vie et son œuvre* (1805–1898), 1946, S. 178, zitiert von John Piper in: *Prendre plaisir en Dieu*, Québec, La Clairière, 1995 (Freie Übersetzung)
078 Saint Jean Chrysostome, *Homélie sur Priscille et Aquilla*, zitiert von Richard Foster in: *La prière*, S. 187 (Freie Übersetzung)
079 Frère Pierre-Yves Émery, *La méditation de l'Écriture*, S. 41 (Freie Übersetzung)
080 Guillaume de Saint-Thierry, *Lettre d'or*, zitiert von Enzo Bianchi in: *Prier la Parole*, S. 57 (Freie Übersetzung)
081 Daniel Bourguet, *La méditation de la Bible*, S. 11-12 (Freie Übersetzung)
082 Siehe Richard Foster, *La prière*, S. 193-196
083 Ebd., S. 198 (Freie Übersetzung)
084 Enzo Bianchi, *Prier la Parole*, Vie monastique n°15, Abbaye de Bellefontaine, 1983, S. 19 (Freie Übersetzung)
085 Enzo Bianchi, *Prier la Parole*, S. 50 (Freie Übersetzung)
086 Henri Nouwen, *Henri Nouwen, „Nimm sein Bild in dein Herz: Geistliche Deutung eines Gemäldes von Rembrandt", © 2016 Verlag Herder GmbH, Freiburg im Breisgau, S. 29*
087 Frère Francois (Taizé) et Pierre-Yves Émery, *La méditation de l'Écriture*, S. 56 (Freie Übersetzung)
088 Christophe André, *Les états d'âme*, Paris, Odile Jacob, 2011, S. 343 (Freie Übersetzung)
089 Jean-Marie Gueullette, *Petit traité de la prière silencieuse*, S. 82 (Freie Übersetzung)
090 Daniel Bourguet, *Le soir, le matin et à midi, je loue et je médite*. Lyon, Réveil Publications, 2000, S. 36 (Freie Übersetzung)
Kapitel 10
091 Daniel Bourguet, *Sur un chemin de spiritualité*, Lyon, Réveil Publications, 2007, S. 28 (Freie Übersetzung)
092 Daniel Bourguet, *La méditation de la Bible*, Lyon, Réveil Publications, 2000, S. 25 (Freie Übersetzung)
093 Marion Muller-Colard, *L'autre Dieu*, Genève, Labor et Fides, 2014, S. 81 (Freie Übersetzung)
094 Daniel Bourguet, *Prions les Psaumes*, Lyon, Réveil Publications, 2000, S. 12 (Freie Übersetzung)
095 Vincent Jordy, *L'art de la prière*, Paris, Cerf, 2002, S. 153 (Freie Übersetzung)
096 Daniel Bourguet, *Sur un chemin de spiritualité*, S. 39 (Freie Übersetzung)
Kapitel 11
097 Angèle de Foligno, *Le livre des visions et instructions*, Paris, Seuil, 1991, S. 191 – 192, zitiert von Michel Cornuz, *Le ciel est en toi*, Genève, Labor et Fides, 2001, S. 51 (Freie Übersetzung)
098 Timothy Keller, Beten – dem heiligen Gott nahekommen, übersetzt von Friedemann Lutz, © 2014, „Brunnen Verlag GmbH, Gießen. www.brunnen-verlag.de
099 Pablo Martinez, *Psychologie de la prière*, Valence, LLB, 1995, S. 84 (Freie Übersetzung)
100 Kallistos Ware, *Le royaume intérieur*, Paris, Cerf, 1996, S. 50 (Freie Übersetzung)
101 Jean Lafrance, *Prie ton Père dans le secret*, Paris, Mediaspaul, 1993, S. 30 (Freie Übersetzung)

102 Jean-Marie Gueullette, *Petit traité de la prière silencieuse*, Paris, Albin Michel, 2011, S. 95 (Freie Übersetzung)
103 Henri J.M. Nouwen, *De la prière à la grâce*, Québec, Bellarmin, 2002, S. 24 (Freie Übersetzung)
104 James Haggerty, *Quitter Dieu pour Dieu*, Paris, Mame, 2009, S. 72 (Freie Übersetzung)
105 Jean-Marie Gueullette, *Petit traité de la prière silencieuse*, S. 147 – 148 (Freie Übersetzung)
106 Michel Cornuz, *Le protestantisme et la mystique*, Genève, Labor et Fides, 2003, S. 130 (Freie Übersetzung)
107 Henri Blocher, „Le corps, les sentiments et l'intelligence dans la spiritualité", in *La spiritualité*, Band 1, Collection Terre Nouvelle, Cléon-d'Andran, Excelsis, 1997, S. 31 (Freie Übersetzung)
108 Michel Cornuz, *Le ciel est en toi*, Genève, Labor et Fides, 2001, S. 58 (Freie Übersetzung)
109 Jean-Marie Gueullette, *Petit traité de la prière silencieuse*, Paris, Albin Michel, 2011, S. 131 (Freie Übersetzung)
110 Christophe André, *La Vie*, 25.08.2016, S. 14 (Freie Übersetzung)
111 Pablo Martinez, *Psychologie de la prière*, Valence, LLB, 1995, S. 121 (Freie Übersetzung)
112 Patrice Gourrier, *Deviens ce que tu es*, Paris, Éditions le Passeur, 2013
113 Zitiert von Jean-Marie Gueullette, *Petit traité de la prière silencieuse*, Paris, Albin Michel, 2011, S. 127 (Freie Übersetzung)

Verwendete Bibelübersetzungen: